新经济创业概论

王德禄◎主编

金城出版社
GOLD WALL PRESS
·北京·

图书在版编目（CIP）数据

新经济创业概论/王德禄主编. —北京：金城出版社有限公司，2023.8
ISBN 978–7–5155–2478–8

Ⅰ.①新… Ⅱ.①王… Ⅲ.①新经济–创业–概论
Ⅳ.①F272.2

中国版本图书馆CIP数据核字（2023）第072042号

新经济创业概论
XINJINGJI CHUANGYE GAILUN

作　　者　王德禄
责任编辑　丁洪涛
责任校对　高　虹
责任印制　李仕杰
开　　本　787 毫米 × 1092 毫米　1/16
印　　张　17.5
字　　数　180 千字
版　　次　2023 年 8 月第 1 版
印　　次　2023 年 8 月第 1 次印刷
印　　刷　天津旭丰源印刷有限公司
书　　号　ISBN 978–7–5155–2478–8
定　　价　66.00 元

出版发行　**金城出版社有限公司**　北京市朝阳区利泽东二路 3 号
邮编：100102
发 行 部　(010) 84254364
编 辑 部　(010) 84250838
交流邮箱　dinghongtaobooks@126.com
总 编 室　(010) 64228516
网　　址　http://www.jccb.com.cn
电子邮箱　jinchengchuban@163.com
法律顾问　北京植德律师事务所（电话）18911105819

前　言

随着新经济在世界范围内兴起，全球各界对新经济的讨论和认识不断深入，对新经济的重视程度不断加深。中共二十大报告指出，我们要加快构建新发展格局，着力推动高质量发展，建设现代化产业体系，支持专精特新企业发展，推动战略性新兴产业融合集群发展，构建新一代信息技术、人工智能、生物技术、新能源、新材料、高端装备、绿色环保等一批新的增长引擎。新常态下，新经济成为我国推动产业转型升级、实现创新驱动发展的重大机遇之一。我们认为，新经济是创业的经济，是以数据为资源的经济，是传统工业经济发生重大变革后的经济。现在的新经济有四大重点领域，分别是数字经济、分享经济、平台经济和智能经济，所追求的目标是企业非线性爆发式成长。新经济的“四新”创新范式是新场景、新赛道、新物种、新治理，场景是创新创业起点，改变世界的场景，来自创业者的创意，如果成功引爆，企业会成为新物种，产业会形成新赛道，在这个过程中新经济发展与传统管理模式的矛盾凸显，从而走向新治理。

中共二十大报告中强调，教育、科技、人才是全面建设社会主义现代化国家的基础性、战略性支撑，我们要深入实施科教兴国战略、人才强国战略、创新驱动发展战略，开辟发展新领域新赛道，不断塑造发展新动能新优势。《新经济创业概论》作为创业管理专业系列教材的首本书，将会为该专业的人才培养体系注入新动能，为社会培养更多的创业型人才。创业管理专业为2020年度普通高等学校本科专业新增特设专业，长城战略咨询与宁波财经学院合作共建的长城商学院为全国首个开设该专业的学院。该专业依托校企双方的教学优势、行业优势和资源优势，以新型的培养模式和特色的教学资源，旨在培养适应新经济和社会发展需要，能够洞见新规律、抓住新机会、适应新环境，具备洞见与创新能力、商业模式设计与实践能力、企业创新运营管理能力的创业型管理人才。本书为创业管理专业必修课《新经济创业概论》的配套教材，由长城战略咨询成立近三十年以来关于新经济与创新创业的理论研究、实践探索所形成的知识成果转化而来，旨在让学生全面深入地理解新经济与新经济创业，了解新经济创业者应具备的精神及能力，引导学生自觉提升创新创业能力。

全书共四大篇、十二章内容。第一篇分三章介绍新经济创业，主要讲述了新经济、新经济创业以及新经济创业者。第二篇分三章介绍中国创新创业发展里程碑，主要讲述了小康社会建设中的创新创业、国家火炬计划与科技创业以及中关村创新创业发展路径。第三篇分两章介绍新经济孵化器，主要讲述孵化器及其主要类型。第四篇分四章介绍新经济四新范式与创业，讲述了新场景与创业、新物种与创业、新赛道与创业以及新治理与创业。

本书由王德禄担任主编，赵慕兰、武文生、刘志光担任副主编，在编委会成员的通力合作下共同完成。具体编写分工如下：第一章、第二章、第三章由王德禄、岳渤、杨洋、单洁洁编写；第四章由刘志光编写；第五章由杨跃承、王凌云编写；第六章由赵慕兰编写；第七章、第八章由刘佳薇、王凌云编写；第九章由王奋宇、周桂新编写；第十章由王胜男、杜酝鑫编写；第十一章由郝坤、安彤编写；第十二章由石妍妍、雷鸣编写。全书由陈飞燕、童琳、单洁洁、王凯玲、李丹丹负责内容修改校对，王德禄负责统稿和定稿。

本书适用于任何专业、任何年级学习新经济、新经济创业知识的学生；本书既可以作为创业管理专业课程的教材，也可以作为高校创业教育教学的教材；还适用于创业者、企业家或有创业意愿的社会人士。

由于编者能力、精力及视野的限制，加之时间仓促，书中难免有纰漏或错误之处，敬请广大读者批评指正，以便进一步修改完善。

2023 年 5 月

目 录

第一篇

新经济创业概述

第一章　新经济

目前，中国正处于新旧动能转换升级的关键阶段，转换升级的根本，在于新动能改变旧动能，产生跨界，实现爆发式成长。在此背景下，新的投入要素、组织形式、资源配置、生产工具、空间形态、产业边界催生出数字经济、平台经济、共享经济、智能经济、虚拟经济、跨界经济等新形态经济。经济新常态下，这些新形态经济将成为我国推动产业转型升级、实现创新驱动发展的重大机遇之一。

第一节　新经济的概念及特征

一、新经济的概念

目前，各界对新经济的内涵尚未形成统一解释，多数对新经济的定义只是简单总结其特征，并未充分解释新经济的内涵。新经济最早出现在 1996 年美国《商业周刊》的一组文章中，当时，新经济用于描述经济全球化背景下，由信息技术革命带动、以高新科技产业为龙头的高增长、低失业率、低通胀率、低赤字率的经济。随着社会经济发展，新经济的内涵也不断推陈出新，2014 年，上海市政府提出“四新”经济概念，即“新技术、新业态、新模式、新产业”。2015 年，财智 BBD 发布新经济指数，提出了三个判断“新经济”的标准：一是高人力资本投入、高科技投入、轻资产；二是可持续的较快增长；三是符合国家未来资源禀赋结构与世界产业发展方向。中国社会科学院工业经济研究所所长黄群慧认为，新经济是由于新一轮科技和产业革命带动新的生产、交换、消费、分配活动，这些活动表现为人类生产方式进步和经济结构变迁、新经济模式对旧经济模式的替代。长城战略咨询认为，新经济是创业的经济，是以数据为资源的经济，是传统工业经济发生重大变革后的经济，现在的新经济有四大重点领域，分别是数字经济、分享经济、平台经济和智能经济，所追求的目标是企业非线性爆发式成长。

在现有的理论基础上，结合长城战略咨询关于新经济的理解，可将新经济定义为在新一轮科技和产业革命推动下，从生产、交换、消费到分配各个环节，新经济模式对旧经济模式的替代和再造，并由此带动生产的进步和经济结构的进化。其内涵外延主要为：

（一）新的投入要素

新的投入要素主要表现为以数据和信息投入为核心的数字经济。原经济体系中，投入要素主要指土地、劳动力、资本、技术等。新经济条件下，除上述要素外，数据和信息等新要素成为经济发展的重要投入，以大数据、云计算为代表的数字经济正在崛起。以数字为主要驱动因素的企业，其边际成本为零，较易实现产业跨界和爆发式成长。阿里云、腾讯云在 2016 年中国独角兽榜单中分别排在第 3 名、第 20 名。

（二）新的组织形式

新的组织形式主要表现为资源组织成本极低的平台经济。原经济体系中，存在企业与市场两种资源组织形式，当管理成本小于交易成本时，经济动力促使企业整合产业链上下游资源，形成规模经济，企业替代市场，当交易成本小于管理成本时，企业便不再扩展，不再试图将市场上的交易主体内化为企业内部的部门或员工，市场替代企业。新经济背景下，平台成为企业、市场之外第三种有效的资源组织形式，其组织成本远小于企业和市场，将企业间、市场中的供应、买卖、竞争关系转变为合作、分享关系，是产业生态的主要组织者。以百度、阿里巴巴、腾讯、京东四大互联网公司为代表的全球 15 大互联网公司，均基于平台模式运营。阿里巴巴搭建了面向绝大部分供应商、服务商、生产商和消费者的交易平台；滴滴搭建了沟通私家车主和出行用户的平台；基于 IP 知识产权付费的 IP 经济也是平台经济的代表。

平台经济是中国走向新经济的重要里程碑。在新冠病毒感染期间，中国的平台型企业发挥了重要的作用。生鲜商城、社区电商、新零售电商平台等通过食材配送、物流配送使得无须出门就能够买到新鲜食材和生活用品成为现实。此外，通过互联网平台如各校企开发的专属在线网课平台或是钉钉、企业微信、腾讯会议等远程办公软件解决了学校延迟开学、企业延迟复工的问题。

（三）新的资源配置

新的资源配置主要表现为能够将闲置资源最大化利用的共享经济。原经济体系中，资源往往被所有者独占，或利用程度较低，造成资源闲置和产能过剩等问题。新经济背景下，共享经济通过云计算、大数据、网络与智能终端等力量的聚合，形成全新资源配置方式，使得人人都能分享资产和服务，实现了社会闲置资源的最优化配置。京东众筹提高了个人闲置资金的利用效率；滴滴出行使得私家车资源利用程度最大化；摩拜单车创建了全球首个智能共享单车模式。

（四）新的生产工具

新的资源配置主要表现为能够实现生产、生活和社会治理效率几何级数提升的智能经济。原经济发展模式下，研发、生产、销售、管理等一系列行为和决策，主要由人基于有限信息作出，其效率和正确性都受到较大限制。新经济背景下，以人工智能、虚拟现实、增强现实等技术为代表的智能技术与经济社会各领域深度融合，催生出自组织、自学习、自调整的智能经济，为生产、生活和社会管理提供了全新生产工具，使生产、生活和社会治理的效率在原来基础上实现几何级数的提高。

智能经济是在平台形式之下、互联网形式之上发展起来的，其核心价值是新一代信息技术与先进制造的跨界融合，可能会产生全新业态、原创新兴产业。纵观人类文明的发展历程，传统产业是一维产业，加互联网是二维产业，加智能经济就是三维产业。云计算、互联网要有大数据思维，即通过计算找到数据之间的关联性。IBM（国际商业机器公司）在 2009 年提出的智慧地球战略，迅速上升为美国国家战略；以德国工业 4.0 为代表的智能制造是智能经济的典型代表；滴滴人工智能调度系统能收集每个城市、每一时刻所有交通出行相关的数据，在极短时间内完成成千上万乘客与空闲车辆间的最优匹配，以及导航路线规划和车费估算，从而提高出行效率。

（五）新的空间形态

新的空间形态主要表现为以突破空间限制的虚拟空间、虚拟产品为代表的虚拟经济。原经济发展模式下，实体空间是难以忽略的因素，区位条件、物流基础在较大程度上决定了企业和产业的布局。新经济则突破了空间限制，以虚拟经济为代表的新经济形态极大减少了空间对人才、技术等要素的束缚，产生了网络游戏道具等虚拟产品。比特币在交易市场的价格不断攀升；王者荣耀等电子竞技产品引领了新的消费；成都高新区探索出虚拟注册、离岸创新创业基地等新的管理和服务模式。

（六）新的产业边界

新的产业边界表现为实现价值网络交互协同的跨界经济。原经济体系把产业划分为农业、工业和服务业，三大产业间、各产业细分领域间界限清晰。新经济条件下，产业跨界融合发展，价值链上下游的分工转变为价值网络上的交互协同，产业内部的精耕细作转变为跨界的组合式创新，产生集成不同行业优势的新业态。“互联网 +”、“+ 互联网”、金融科技都是跨界经济的典型代表。纵观全球产业链的三次运动，便能发现中国取得现有产业优势的原因。

产业分解阶段，制造环节从产业链上分解，在空间集聚，导致大量制造业脱离欧美在中国落地；产业融合阶段，中国竞争优势增强，形成多类型供应商，而高技术含量的供应商大部分聚集在中国的高新区；产业跨界阶段，产业链发生突变，中国相较于各国具有更大优势。如电子商务平台阿里巴巴，依靠支付宝随时存取转账、小额支付等功能，跨界金融领域，对传统银行形成较大冲击；以滴滴出行为代表的网约车平台，借助社会闲置车辆和运力，通过大数据智能匹配，大幅降低了乘客的出行成本，冲击了传统交通运输业。

表 1.1　新经济的内涵外延

新经济的内涵外延	具体表现
新的投入要素	以数据和信息投入为核心的数字经济
新的组织形式	资源组织成本极低的平台经济
新的资源配置	将闲置资源最大化利用的共享经济
新的生产工具	生产、生活和社会治理效率几何级数提升的智能经济
新的空间形态	突破空间限制的虚拟空间、虚拟产品等虚拟经济
新的产业边界	实现价值网络交互协调的跨界经济

综上所述，新经济作为整体性概念，其各个环节和内容既互相独立，也存在有机联系。典型的新经济企业往往涉及其中一个或几个方面，如滴滴出行涉及平台经济、共享经济和智能经济，阿里巴巴涉及平台经济和跨界经济。涉及新经济领域越多的企业，其在新经济条件下的发展潜力就越大。新经济既有旧动能的颠覆升级，比如互联网+、从制造到智造升级、从制造到制造+服务融合；也有以人工智能技术突破引领的智能经济等全新动能。当前中国在某种意义上正处于新旧动能转换升级的关键阶段，转换升级的根本，在于新动能改变旧动能，产生跨界，从而实现爆发式成长。

二、新经济的特征

新经济主要源于颠覆式技术创新，而非传统的渐进式技术创新和工艺改进。新经济“新”在创新，要发展出不同于旧动能的新经济，颠覆式、引领式的创新必不可少，突出体现为技术创新、商业模式创新。技术创新是经济发展新动能的重要来源，内燃机技术催生出汽车、飞机制造等一大批新产业，晶体管和互联网的诞生将人类带入信息产业时代，未来人工智能、大数据、虚拟现实、基因工程将带来更多的新产业、新业态。商业模式创新也是新经济的重要来源，比如滴滴和共享单车，都是通过商业模式创新，颠覆原有行业，孕育出全新的产业形态，甚至带动了相关传统行业发展。

新经济本质上是创业经济，创业成为新经济的第一驱动力。美国等先进国家都在开展全球创业活动，中国也提出“大众创业、万众创新”是未来中国经济发展的双引擎。以创业驱动创新，创业打破了原有封闭的产业资源组织方式，使全社会的产业资源、智力资源自由充分流动，产业业态不断裂变，新思想、新技术、新产品、新产业、新模式和新市场不断涌现，带动科技研发和经济增长。

新经济主体的成长方式是跃迁式成长，而非传统主体渐进式的线性成长。新经济条件下的企业呈现出“创业企业—瞪羚企业—独角兽企业—龙企业”的跃迁式成长路线，具体表现为：一个技术突破或是模式创新可以促成一个产业；涌现出大量的瞪羚和独角兽企业，它们成为新时代的产业引领者；三五年内出现一个引领世界的高技术大公司。在当前中国经济转型升级和新常态下，拥有爆发式成长机制的瞪羚企业和独角兽企业是带动经济快速增长的引擎。一个地方出现独角兽意味着出现了跨界融合，出现了新业态，出现了爆发式成长，已经具备了较好的创新创业生态，说明这个地方走在新经济的前沿。

新经济的培育土壤是开放式跨界融合生态。在新经济时代，创新创业生态是区域新经济发展的基础。新经济的创新创业生态系统形成后，一旦越过发展的"奇点"，产业就会呈现爆发式增长。新一轮科技和产业革命的孕育兴起不仅加速了传统产业的变革，也推动了新产业、新技术、新业态、新模式的不断涌现。产业跨界融合发展能够集合不同行业的优势，形成新的业态并带来爆发增长，如"互联网+"渗透到经济社会各个领域并形成多个全新业态。伴随新一代信息技术发展以及互联网经济兴起，推动跨界融合创新打造产业生态，是区域抢占新兴产业发展先机、实现新经济快速崛起的重要机会。

表 1.2　工业经济与新经济的对比

维度	工业经济	新经济
源头	技术创新	技术创新、商业模式创新
动力	要素驱动、投资驱动	创业驱动
成长方式	线性成长	跃迁式成长
培育土壤	制造业、服务业全球化	开放式跨界融合生态

第二节　新经济的四新范式

从创业开始，新经济将经历以下循环：首先是新场景，由于数字技术赋能，中国在新冠病毒感染之后产生了诸多世界级场景，而创业的伟大之处便是创造改变世界的新场景；其次，场景突破实现爆发孕育出新物种；再次，新物种发展壮大出现新赛道；最后，产业跨界产生了新的治理问题，需要新的治理方式，同时产生新场景。新经济的四新范式循环往复，由点到面，迅速扩张。其中，新经济从创业开始，而新经济创业的核心是打造新物种。

一、新场景

新场景是指由互联网、大数据、人工智能等新技术催生的，由创新型企业创造出来的，具有前沿性、科技感、体验感和创造性的新的生产生活方式，可以理解为新技术、新商业模式综合应用、迭代更新的环境。下面将从技术应用、产业创新等视角分析场景和新经济的关系。

新经济时代，场景为王。互联网、移动互联网为新场景的诞生提供了必要基础支撑；社交化平台成为场景创新的基础设施；社群作为链接的重要载体，成为塑造商业场景的核心要素之一；碎片化分享催生了新的商业模式，诞生了新场景，成为商业的新入口。新场景成为新流量入口，成为移动互联网时代我们与世界之间的重要链接方式。

场景创新模式的关键机制如下：技术应用创意是场景创新的起点，新物种企业是场景创新的主体，真实环境是场景创新的实验室，微生态是场景创新的有效机制，技术与商业互促迭代是场景创新的结果。

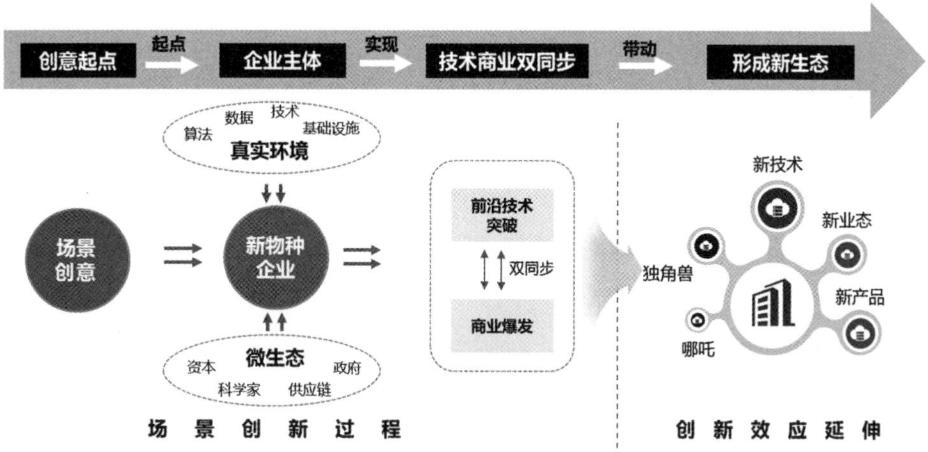

图 1.1　场景创新的机制运行图

场景创新是城市发展新经济、培育高成长企业的重要手段。在新经济时代，拥有“全景化”应用场景的城市变得越来越有价值，主动培育和供给场景的能力成为城市发展新的竞争点。一是城市运行存在的问题为场景创新提供天然灵感，二是城市人群的多样化需求带来多样化的新场景。此外，不断涌现的新场景为人类的衣、食、住、行、游、购、医、娱等带来了颠覆性的体验，创造了广阔蓝海市场，为新经济企业发展提供巨大空间和难得机遇。

疫情后，从“无人”到“非接触”，是场景创新的新方向。疫情前，大数据、云计算等因“无人”场景已开始获得爆发式成长，人工智能产业也因此获得了萌芽的基础。随着人工智能技术在抗疫中更广泛的应用，“非接触”场景诞生。“非接触”是“无人”场景的最新发展，为各种技术的创新和集成提供了更加强有力的加速度，并带来了新的赛道和新的业态。

二、新物种

新物种是指新经济时代实现非线性爆发式成长的企业。新经济时代，信息和知识成为企业新的生产要素，企业成长路线发生了变化，哪吒、瞪羚、潜在独角兽、独角兽等新物种企业层出不穷。目前国内多个新经济高地已经聚集了一大批新物种企业，成为各地培育壮大新动能的关键主体。创业是个试错的过程，只有极少数创业企业能够跨过死亡谷，通过跨界、搭平台、自成长和建立生态圈等模式，爆发式成长为独角兽企业。

新物种形成的三个基本条件为基因改变、自然选择和隔离。与自然生态中新物种诞生的过程类似，新经济新物种的出现需满足三个条件：一是“基因突变”，前沿技术的突破、数据成为新的生产要素、商业模式创新等带来企业基因的改变；二是“自然选择”，创新生态和产业生态的变化都影响着企业的进化方向；三是“物种隔离”，一个新的应用场景、一条全新的赛道、一种新的制度供给都能使新旧物种分隔发展，从而促成了新物种的形成。因此，对新物种企业的培育应从认知新物种出现的上述三个条件着手，以营造优质创新创业生态为核心，重点从新场景、新赛道、新制度三方面为新物种企业成长创造有效的“隔离”条件。

三、新赛道

新赛道是具备跨界属性的、投资机构关注的、有爆发式增长潜力的新业态。创新创业生态和产业生态活跃的区域/园区最易涌现和培育新赛道。产业促进是产业生态化发展逻辑下新的产业组织方式，也是新赛道培育的重要路径，其核心是推动赛道内的创业、研发、服务资源在某个区域/园区集聚，形成该赛道微生态。

GEI（长城战略咨询）通过分析2017—2019年独角兽企业分布的赛道，发现新晋独角兽主要分布于互联网社交、交通出行、数字文娱等赛道。提出新赛道是识别、培育新物种的新方法，也是大力扶持未来产业的前瞻性举措。

图1.2 2017—2019年中国独角兽企业分布的赛道

（资料来源：2017—2019年《中国独角兽企业研究报告》）

2021 年已形成 21 个主赛道和 80 个新赛道。其中，商业方向包括新电商、垂直电商、Z 世代体验、新金融、智慧物流 5 个主赛道，生鲜电商、无人零售、跨境电商等 22 个新赛道；民生方向包括人居生活、数字文创、交互娱乐 3 个主赛道，体育科技、智慧家庭、在线旅游等 12 个新赛道；社会方向包括互联网教育、互联网医疗、智慧出行 3 个主赛道，AI 诊疗、互联网医院、智适应教育等 12 个新赛道；数字方向包括人工智能、数链科技、云安全 3 个主赛道，AI 芯片、大数据、物联网等 9 个新赛道；产业方向包括产业互联网、企业服务、智能制造 3 个主赛道，工业互联网、云会议、工业机器人等 14 个新赛道；科技方向包括量子信息、前沿新材料、商业航空航天、医疗科技 4 个主赛道，卫星互联网、量子信息等 11 个新赛道。

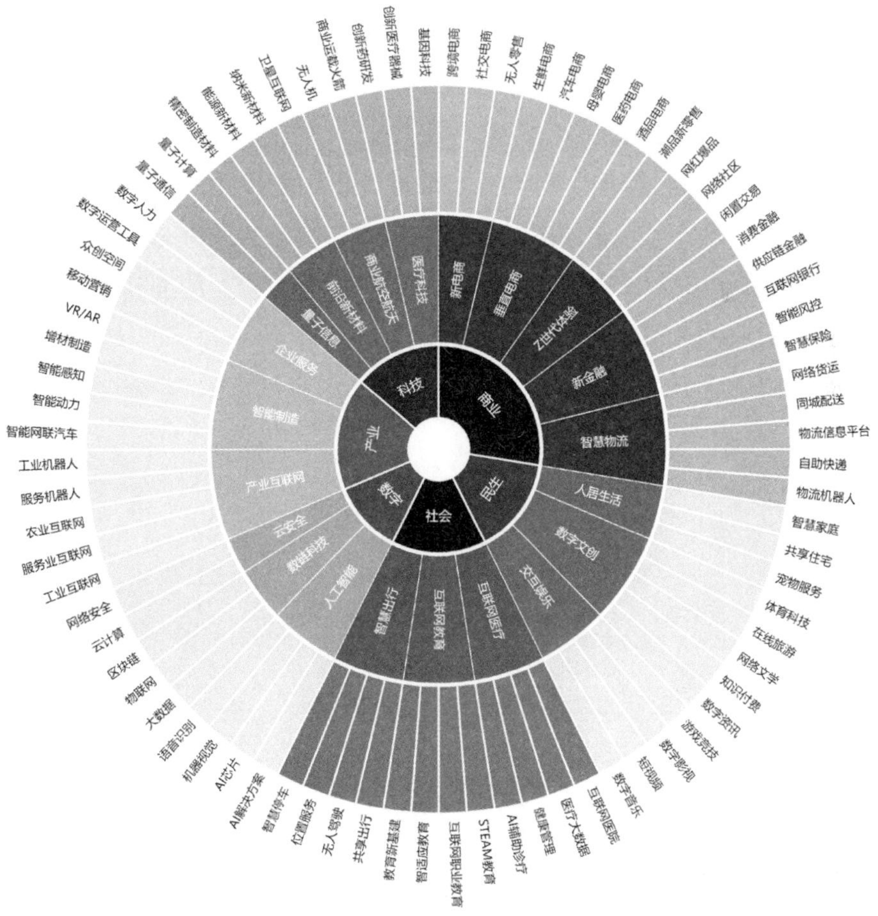

图 1.3　GEI 新赛道体系示意图

四、新治理

新治理是促进新物种企业发展的新准则。新物种对制度的需求与传统工业经济截然不同，“老办法”难以有效管制“新业态”，“从严监管”“一刀切监管”“分业监管”等传统监管方式，显然不适应新物种企业的发展。

新经济生态化本质引发三大治理之变。一是治理对象复杂化。新经济时代催生了诸多新物种，而新物种意味着对现有体系的破坏式创新。新经济治理强调构建价值共创、共赢、共同演化的开放创新网络。二是治理边界模糊化，决策者、执行者、谋划者的边界逐渐模糊。政府决策者公共职能逐步社会化，引入竞争机制、激励社会参与。“下沉渗透、生态化、社会责任觉醒”促使平台型企业“社会性”逐步放大。三是治理手段现代化，大数据、人工智能、区块链等新技术为政府实现“智治”提供了有效工具。借助技术思维、技术平台、数据资源，防止政府在决策过程中凭个别领导经验进行决策，助推决策科学化、防控一体化、服务便捷化。

新经济下，战略与管理走向创意与治理。由于数字化的发展，传统工作逐渐被自动化程序替代。工业经济时代的转型期，在新的竞争态势之下，战略与管理逐步退出中心位置，创意和治理逐步取得中心位置，精准预测、技术治理将成为新的社会治理方式。

第三节　新经济的四大驱动

一、认知驱动

认知指人获得知识或应用知识的过程，包括人的感觉、知觉、记忆、思维和语言等。人脑接受外界输入的信息，经过头脑的加工处理，转换成内在的心理活动，进而支配人的行为，这一过程便是认知过程。

认知驱动在四大驱动中是第一驱动，属于基础驱动，决定了价值如何体现、数据如何使用、生态如何演化。认知驱动的关键在于洞见力和想象力，核心则在于认知升维，只有实现认知升维才能打破思维边界，进行“思想破冰”，洞见常人看不见的新经济规律，探索新规则并快速抢占新的制高点，形成自身独特竞争优势。新物种企业的成功就取决于认知升维，能在新经济中爆发的企业，都属于认知超前的企业，能洞悉到行业所在领域的未来然后付诸实践。

二、价值驱动

价值驱动是第二驱动力，体现的是企业家在新治理中担当的社会责任，也是创造改变世界的场景的最大动力。新一代的创业者们几乎都是价值观领先的社会企业家，他们以价值驱动为根本，拥有改变世界的梦想。

新经济时代，创新的本质表现为对人的价值驱动，而改变世界的梦想和愿望正是人类创造力的价值所在。怀揣改变世界梦想的创业者构建了物理产品与世界价值需求之间的通道。以硅谷为例，改变世界的新产业之所以能够在硅谷不断出现，相当程度上归功于硅谷“改变世界”的创业文化和在这种文化中涌现的怀有改变世界梦想的创业者。

三、数据驱动

“大数据”一词于1998年正式出现在《科学》杂志，此后《自然》杂志于2008年出版“大数据”专刊，“大数据”一词得到普遍认可和使用。数据驱动之时利用统计学、机器学习等方法从大量的数据中提取数据背后的信息和规律。数据驱动是新型要素的驱动，同时属于方法类驱动。新经济时代，数据成为继资本、土地、人才、技术之后新的生产要素，且具有可复制、可共享、无限增长等特点。数据的赋能和技术的加速，助力颠覆式创新快速渗透扩散。

四、生态驱动

新经济生态是创新驱动经济的成熟形态，是新动能内生性的最佳体现。新经济生态包括创新创业生态和产业生态，从新经济发展的角度来看，创新创业生态体现出源头作用，具有强大的内生动能，当创新创业生态跨界融合、持续发展，渐渐衍生出产业生态。

生态驱动是组织形式。新经济最终会自演化生成一个开放的生态组织。创业团队本身是一个生态，和外部的关系也是一个生态，创业团队成功与否，其核心在于人员结构，创业团队的发展需要源源不断的人员加入，同时也需要组织结构具备适应性的变化能力，即具有生态属性的特征。

第四节　新经济与新就业

一、新经济时代的就业形势

教育报告指出，2021 年高校毕业生首次突破 900 万人，达到 909 万人，2022 年高校毕业生规模超过 1000 万人。这些大学毕业生所面临的将是一个复杂的人力资源市场。人工智能技术的大量普及，将带来岗位需求的巨变。根据近期世界经济论坛发布的《2020 年未来就业报告》的研究结论，到 2025 年，自动化和人机之间全新的劳动分工将颠覆全球 15 个行业中的 8500 万个工作岗位。相较机器而言，人类仍能够在管理、咨询、决策、沟通和互动交流等领域维持相对优势。因此，岗位需求减少的职业包括数据录入、会计、行政服务等，而创意设计、内容创作、人工智能、技术开发、关怀经济等领域的岗位需求将增加。

双创推动社会就业、择业观念改变。一个又一个创业的励志故事和财富“神话”，激励着全社会越来越多的人投身到创新创业的浪潮中来。从目前的创业者分布来看，大学生创业占比高达 21%，连续创业者占比 15%，原大企业高管人员创业占比 10%，科研人员创业占比 9%，留学生创业占比 4%。在促进科技成果转化、鼓励科研人员创业等政策促动下，50% 左右科研人员有创业意向，相比 2015 年之前翻倍。留学人员回国创业引力增强，2019 年留学回国人员达 35.35 万人，约 16% 的留学归国人员选择创业。大学生创业群体持续扩大，2019 年，新登记注册 16—30 岁青年创业者 446.7 万人，其中大学生创业者 74.1 万人，较 2015 年增加 18.3 万人[1]。

从就业的领域来看，数字经济成为新就业最大的蓄水池。2019 年以新业态形式出现的平台型企业员工达到 623 万人，平台带动的就业人数约 7800 万人。

[1]　数据来源：《中国留学回国就业蓝皮书（2020）》。

随着“平台型就业”“生态圈就业”不断发展，“斜杠青年”新势力不断壮大。预计到 2025 年，我国数字经济规模有望突破 80 万亿元，占 GDP（国内生产总值）比重达到 55%，数字经济带动就业人数将达到 3.79 亿元[1]。

二、新兴产业催生新岗位

新经济时代的就业形势可以用智能化、创业化、数字化来概括。那么在这些趋势的背景下，新的岗位将不断从新兴产业领域涌现出来。近年来，国家频繁发布新的岗位认定，2020 年，人社部先后发布了 25 个新职位，越来越多的“新领”职业加入到人才需求市场。

所谓“新领”职业，是伴随着人工智能产业兴起而出现的，是指由新一轮工业革命兴起带动出现的智能化、数字化、信息化的工作模式。在科技进步引领行业加速变革的今天，“新领”职业在带来数以万计新工作岗位的同时，也为我们提供了打开通往智能时代大门的一种渠道。

拓展知识

专栏 1-1：疫情后灵活就业模式深刻变革

一方面，疫情黑天鹅给传统产能带来巨大压力，国际劳工组织预测，因疫情 2021 年造成的全球就业缺口为 7500 万，即使 2022 年经济反弹，全球仍将减少 2300 万个工作岗位。与此同时，新动能也遭遇了用工荒，要素的跨区域流动受限使结构性失业更为严重。

而另一方面，疫情后一系列新赛道的逆势爆发，带来了用工模式的革新，非接触、远程办公等催生了“灵活用工”和零工经济的大发展。

白领也进入了可以自由安排工作时间的灵活办公模式，走向了放飞自我的新生活。截至目前，中国灵活就业从业人员规模达 2 亿左右，其中有 7800 万人从事依托互联网平台的新就业形态。

新物种企业也开始探索突破传统雇佣关系的灵活用工机制。平台型企业创新“共享员工”灵活用工模式。比如，疫情后盒马鲜生快速推出了“共享员

[1] 数据来源：《中国共享经济发展报告 (2020)》。

工”计划，激发了劳动力共享流动，使传统餐饮或娱乐企业、电商零售平台和员工三方都缓解了燃眉之急。短视频平台带来新的岗位，再如，疫情中众多的短视频平台带火了直播带货，催生了主播、线上导购等新的岗位。

（资料来源：作者参考相关资料编写）

本章小结

本章主要阐述了新经济的内涵与特征，对新经济的四新范式：新场景、新物种、新赛道、新治理做了系统论述，展开说明了新经济的四大趋势，并结合时代发展特征，论述了新经济时代的新就业。

推荐阅读

- 王德禄著，《创业是中国的希望：我在中关村做新经济咨询》，金城出版社，2018。
- 王德禄著，《与创业者谈心：26 年来我对创业的思考》，金城出版社，2019。
- [英] 保罗·梅森著，熊海虹译，《新经济的逻辑：个人、企业和国家如何应对未来》，中信出版社，2017。
- [美] 彼得·蒂尔、布莱克·马斯特斯著，高玉芳译，《从 0 到 1：开启商业与未来的秘密》，中信出版社，2015。
- [美] 伊藤穰一、杰夫·豪著，张培、吴建英、周卓斌译，《爆裂：未来社会的 9 大生存原则》，中信出版社，2017。

思考题

- 结合本次课程，从多个角度比较工业经济与新经济的区别，并谈谈你对新经济的理解。

第二章　新经济创业

传统创业是指以土地、劳动力、资本和技术为主要生产要素的农业经济及工业经济时代中的创业，而新经济创业是指以信息、数据、知识为关键生产要素的新经济时代的创业，其生产要素相较于传统耗损型生产要素最大的区别就是外部性带来的零边际成本，企业在用户获取和成长方面都呈现爆发式成长态势。随着新经济的发展，新兴产业出现新的增长点，给新经济创业者带来诸多新的创业机会和挑战。

第一节　传统创业与新经济创业

一、中国创业传统

创新创业是中国传统文化的深化。中国是一个农业国家，自先秦时代以来，就有“劝农”“劝学”与“劝业”的传统。历代君王都把农业看作国家的根本，国家对农业的重视形成了范本、模式和传统，政府劝农便是其中之一。中国的“劝学”思想也源远流长，先秦时期的《荀子·劝学篇》开启了“劝学”思想的先河。然而，更能激发社会活力的思想和政策是“劝业”，“劝业”一词出自《史记·货殖列传》中的“各劝其业，乐其事”。清政府于1905年在北京设立了劝工陈列所，附设劝业场，如今“双创”活动在全国范围内如火如荼地开展，这种“劝创业”可以说沿袭了中国历代“劝农”“劝学”“劝业”的传统。新经济时代，劝创业成为中国传统创业的新形式。

改革开放后，中国的创业动员能力就是“劝创业”的重要表现，中国的领导人继承了劝创业的传统，出台了大量与创业相关的政策，包括商事制度改革、实施千人计划、鼓励跨区域创业、建设众创空间、发展天使投资以及营造创新创业氛围等，可以说中国是全世界创业文化最为活跃、创业政策最为丰富的国家。分析中国创业的成功经验，也是分析劝创业的成功经验。例如，武汉青桐汇通过鼓励创业带来了东湖高新区瞪羚、独角兽等新物种的蓬勃发展，为光谷创新创业环境打造作出了巨大贡献，是典型的劝创业模式。湖北省、武汉市、东湖高新区几乎每一任领导都曾亲临青桐汇现场，与创业者面对面交流，聆听青年创业者分享创业故事，助力营造良好的双创氛围。

中国改革开放的重要经验是创业式创新。可以说全球除了硅谷，中国给人类做的最大贡献就是创业式创新，这种创业式创新更多的是为发展中国家带来的创新模式，有了创业式创新，经济就有了发展动力。例如，中国的中关村起步于一代代的创业者，当创业取得成功之后投入研发的资源越来越多，中国的华为、中兴也是如此，是创业者把企业做大后再投入研发。可见，中国创业驱动创新走了一条不同于欧日的道路，欧日是从研发到创新，再到经济增长，而在中国，创业推动经济增长，在此条件下再增加研发投入，创业创新成为中国创新政策的核心话题。回顾中国创新政策的三个阶段，早期主要是支持大公司设立研发中心，而后政策转向推动中小企业创新，近几年在创新驱动战略下，支持创业成为创新政策的核心，中国科技发展进入了跟跑、并跑、领跑并行的发展阶段。

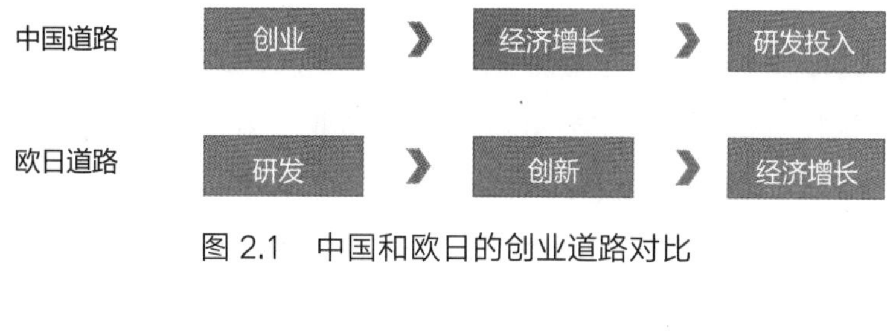

图 2.1　中国和欧日的创业道路对比

在中国传统文化中，还有悠久的游学和书院传统。现阶段中国在国外开设了很多孔子学院，主要以讲授中文为主，但这远远不够。我们应充分利用中国的创业传统文化创造更多样化的选择，例如在世界范围内开设阳明书院、老子创业学院、科技园经营学院等，将中国的新经济创业文化发扬光大。

二、传统创业到新经济创业的演变

在从传统创业到新经济的创业演变过程中，创业体现为三种类型：一是生存型创业，即创业是为了解决生存问题，如乡镇企业创业和城市个体户创业，此类创业主要为了解决人活下去的问题，其创业者的特点是胆大、敢干；二是发展型创业，即人们选择创业并不仅仅为了活下去，而是为了活得更好，以实现更有价值的人生，如知识分子下海创业和留学生回国创业，都是为了谋求更好的人生发展，创业者不仅要胆大还要善于抓机会；三是变革型创业，即通过科技研发、模式创新实现改变世界、改善生活的理想，如当前这轮科技创业、互联网创业，其侧重点就是变革型的创业，变革型创业者需要具备洞见能力，找到改变世界的新场景并实现爆发式增长。

生存型创业和发展型创业解决了经济发展环节中的若干问题，是对国民经济的改善和补充。如今这轮全民创业浪潮则是全方位的，将彻底成为经济发展的动力。随着业态的创新和新经济的发展，新的增长点将出现在原创新兴产业中，而原创新兴产业来源于拥有“改变世界梦想”的人产生的原创想法，这类原创想法往往是具有颠覆式特性的创新。在创新驱动下，产业组织将发生重大变化。过去说“企业是创新的主体”，现在还应加上“创业是创新的中心”。在新的产业组织中，大企业的作用和功能发生了变化，过去大企业是产业的引领者，现在大企业应该成为创新创业的平台，高成长企业或瞪羚企业成为新兴产业的引领者。

此前中国多数创业企业主要依靠商业模式创新，未来更具引领力的创业将越来越依靠科技创新。目前主要有以下几类创业：第一类是数据驱动创业，这类创业以商业模式创新为核心，主要分布在分享经济、平台经济、智能经济、数据经济领域，例如滴滴、春雨医生等大部分独角兽企业。第二类是硬科技创业，是研发和产业化同时发生、科学家和企业家紧密结合的创业，探索未来是新科研的方向。第三类是前沿科技创业，需要具有超前意识，敏锐捕捉产业未来发展趋势，提前布局未来技术，例如人工智能、新能源、新社交等领域。

第二节　新经济创业的动力

新经济时代的创业不同于工业经济时代的创办实业，从本质上看是以知识为核心的价值创造过程。基于对知识的创造，新经济创业存在三方面的原动力。一是技术突破，目前正处在新一轮技术革命与产业变革的蓬勃发展时期，有大量的颠覆性技术呈现群体性爆发态势，而这些在长期科研探索中沉淀下来的新技术已经发展到了大规模应用落地的阶段，给新经济的创业活动提供了丰富的燃料。二是模式突破，数字经济时代的新商业规律、新组织规律、新配置方式都带来了商业模式的巨变，只有在商业逻辑上实现突破，新经济创业才能成功。三是未来引领，所谓伟大创业者，关键是能够看见未来，能以更美好的未来为目标，通过自己的创业行为让梦想照进现实，从而引领整个社会的变革，这是新经济创业的核心价值。

一、技术突破

将前沿科技的研发与应用转化为商业。技术突破是创业的第一原动力，将前沿科技的研发与应用转化为商业活动，这是目前全球最流行的创业方向之一，即硬科技创业。近年来已成功落地应用的新技术集中在新一代信息技术领域，包括硬件和软件。“十三五”时期，生物科技、人工智能、虚拟现实、新能源技术、新材料技术、空间技术、无人驾驶技术等“硬科技”已成为全球创业的热门。

多元新场景推动新技术应用。新技术的应用落地越来越依赖于场景创新，目前很多地区都开始了城市级的场景实验。场景实验不同于传统研发创新链条中的小试、中试、产业化示范项目，而是将各种相关技术直接放在特定的场景中进行真实的社会性实验，再通过消费者反馈的真实数据反哺技术方案的迭代升级，从而倒逼技术在应用中创新、快速成熟。典型的实践案例比如厦门市的“无人驾驶汽车社会实验室”、杭州的“城市大脑”等。

二、模式突破

互联网平台拓展创新创业商业模式。新经济时代，互联网平台拓展了创新创业的商业模式，如今平台型创业愈加丰富。在开放创新条件下，创办企业所选择的商业模式，在某种程度上也取决于如何利用各种平台所提供的开放式创新条件，“互联网 +”为通过跨界实现创业式创新提供了弯道超车的机会。

社交化重构商业模式与运营管理模式。移动互联网发展起来后，社交化再一次重构了商业模式和企业运营管理方式，人人互联打破了传统的关系型社会，使得信息的流动更加畅通；进而人人都成为信息的生产者、传送者和消费者，形成了去中心化的新型组织关系；一切活动的数字化又带来了基于数据服务的新型商业关系，从而推动了社交化时代的到来。

在社交化时代，社群成为商业模式的新载体，出现了社交化融资—众筹、社交化研发 / 分工—众包、社交化营销—新零售、社交化管理—企业内部的社交网络工具，如微软推出的 Yammer、长城战略咨询推出了 ink、社交化的客服—微信、社交化销售—O2O。

场景是新经济创业的发动机。模式突破方面，场景也成为新的研发模式、商业模式和资源组织方式。在中国已经有很多的初创企业靠着对场景的创新突破而实现了爆发成长，比如房屋租赁的新场景、共享出行的新场景，以及互联网医疗、智慧安防、互联网教育、服务机器人的新场景等。

拓展知识

专栏 2–1：颠覆式创业三大要素

颠覆式创业能引发爆发式成长的创业，这种颠覆式创业有三大要素：平台、自成长、生态圈。

第一大要素：平台。新的创业者最好就是平台型创业，就是搭建大家都能来的平台，平台创业一旦成功，就会有非凡的意义。在过去 10 年中我国取得的最大成绩是出现了电商平台，比如阿里巴巴，现在中国也在探索创客平台，平台型公司是新时代最主打的方式。微笑曲线是工业经济时代产业组织方式，平台是新经济时代产业组织的形态。

第二大要素：自成长。自成长就是业务是在平台之下自动成长，而不是一个个买卖、一家家去谈。现在各种各样的自成长业务越来越多。新一代创业者出现颠覆式创业就是把过去很复杂的人和人之间的交易过程变成自动过程，比如原来银行经常看到很多人在排队办理业务，有了电子银行以后，这种现象正在逐渐减少，所有结账、转账等交易的过程都是自动发生的。在人群扎堆的不同场合都有可能出现新的商业模式，这些都是创业的机会。

第三大要素：生态圈。现在阿里巴巴、腾讯等，凡是互联网企业都在做的核心理论叫生态圈理论。过去企业之间是战略联盟关系，现在企业和外部是创新生态圈的关系。战略联盟关系企业之间分得很清楚，创新生态圈关系企业之间是自动的、生态的合作。创新生态圈做得最好的是腾讯，做“互联网+”将各个企业接入互联网平台，平台上各个企业的愿景就是腾讯的愿景，腾讯的使命就是联合大家在各个领域进行创新，腾讯提供支持。有一个很奇怪的现象，创新生态圈理论已经出现四五年了，只有百度、腾讯、阿里巴巴这样的公司在用，政府没有用，企业用得也不多，现在出现了变化，很多机构正在缓慢地转变开始使用这个理论。

凡是颠覆式创业都必须具备三个要素：形态是平台，业务是自组织，和外部的关系是创新生态圈。全世界产生颠覆式创业的第一大国是美国，中国是第二大国。这意味着什么呢，现在是改朝换代的时代，但这个改朝换代不是打仗、不是你死我活，是想法不同、创业团队不同，把旧的自动消亡，新的呈现出来。大家在上大学的时候遇到了这么一个千载难逢的改朝换代的时代，这个时代的创业者具有更多的机会，比过去多得多的机会。

（资料来源：王德禄《与创业者谈心：26 年来我对创业的思考》）

三、未来引领

未来引领的核心是伟大的创业要靠改变世界的创意来驱动。伟大的公司都是从想法开始的，如何才能拥有伟大的想法？这需要创业者用三种能力率先“看见”未来。三种能力具体为想象力、洞见力、行动力。

一是靠想象力。新时代的伟大创业者，需要拥有更多的雅·布伦诺斯基所谓“让思维穿过空间与时间的能力”，破出既有规则之外，以全新方法和未来视角审视当前问题，在不同事物之间建立新的联系，重新定义解决之道，形成新规则引领变革。

二是靠洞见力。拥有洞见力的创业者能够洞察市场机会和行业机遇。在新经济条件下，伴随产业运动规律从分解、融合到跨界，新经济的运行规律逐步从产业价值链运动上升到基于创新创业的新经济生态演化。在生态观条件下，各类创新主体、资源要素都积蓄着不同的能量，一旦越过发展的“奇点”，产业就会呈现出非线性特征的爆发式增长，新商业模式、新业态、新物种不断涌现。只有具有超然洞见力的创业者，才能洞见产业生态中的“奇点”，在巨量的信息与行业现象中，快速甄别市场机会和行业机遇，高效决策，根植商业实践，快速整合和梳理资源，构建新的产品和服务，抢占未来竞争制高点。

三是靠行动力。现代世界的改变，越来越需要拥有强大行动力的创业者。伟大的创业者总能在不断的变化中寻找机会，在行动的过程中探索创新，用行动去促进变化。在改革开放之后，中国整个国家的行动力大幅提升，这个时代的中国创业者，能够将想象和洞见积极转化为行动，在行动中不断挖掘新的增长点，形成源源不断的经济动力，这也使得中国作为一个发展中国家，独角兽数量与欧美等发达国家相比能一举领先，成为全球创新创业最火热的区域。

目前，很多伟大的创业都是由具有未来感、引领性的创意来驱动的，可以说正是这些创业者所想象出来的一些新场景，推动了经济的发展和社会的进步。比如在追求美好生活方面，大疆的无人机技术、Magic Leap 的增强现实技术丰富了人们的物质和精神生活。此外，探寻长生不老是目前生命科学领域创业的一个热点；在改变世界、增强人类自身能力方面，均形成了超前探索性的初创公司。

本章小结

本章内容对新经济创业进行了概述，通过介绍中国创业传统及传统创业到新经济创业的演变，讲述了传统创业与新经济创业。对新经济创业的动力、技术突破、模式突破以及未来引领做了系统论述。

推荐阅读

- [美] 彼得 · 蒂尔、布莱克 · 马斯特斯著，高玉芬译，《从 0 到 1：开启商业与未来的秘密》，中信出版社，2015。
- [美] 本 · 霍洛维茨著，杨晓红、钟莉婷译，《创业维艰：如何完成比难更难的事》，中信出版社，2015。
- [美] 吉姆 · 柯林斯、杰里 · 波勒斯著，真如译，《基业长青：企业永续经营的准则》，中信出版社，2009。

思考题

- 中国的创业传统文化主要体现在哪些方面，其对新经济时代的创业有何影响？

第三章　新经济创业者

伟大创业的本质就是创业者将对未来的想象力变为现实，构建出新的价值体系，从而改变世界。新经济时代，伟大创业者通常具备四大核心特质：预见未来的想象力、精准辨识的洞见力、快速执行的行动力、基于价值导向和社会责任感的企业家精神。想象力、洞见力、行动力与企业家精神呈现链锁式关系，其中，想象力打开未来之门，发现可能；洞见力勘破趋势，选择可能；行动力将选择变为现实，实现“知”到“达”的跃迁；“利己利人利天下之事”的企业家精神则推动创业者由“达”至“大道”，即伟大。

第一节　新经济创业者的特征

一、想象力

想象力重构表象世界，是创造力的核心。从生理学上看，想象是在大脑意识控制下，对感官感知并贮存于大脑中的信息进行分解与重组的思维运动。从现象上看，想象力是基于自身经验、表象和愿景将人类知识和经验的积累加工赋予新的特点和面貌，是创造新知识、经验和表象的催化剂与指南针，是感性和知性之间的一种中介性先天能力。想象分为无意想象与有意想象，有意想象就是按照预设目的，对已有对象、表象进行重构的过程。而对于创业者来说，创业想法的产生是典型的有意想象，是对问题表象的再理解和再组合，重构解决方式的触发器。

想象力不是无中生有，改变世界的想象力常从问题本质的探索开始，爱因斯坦从光的运动发现相对论，牛顿从苹果落地到发现万有引力，都源于对问题本质的追寻。带着“我是谁，从哪来，到哪去”的哲学式诘问，从发现问题到解剖问题，再到辩证、实证。穿过碎片化信息海洋，在波涛涌动的表象中探寻出问题的本质，是触发想象与创造的基石。

其次要用“未来式解法”引领新变革。认识问题的本质，是为了解决问题。当前世界正处于工业经济与新经济更迭发展之际，工业经济的运行规则越来越难以适应新经济的发展诉求，随着新技术不断突破，新范式时有产生，实现变革的机会愈加增多，每一次伟大创业的实现都是对旧运行规则的打破。例如，特斯拉 CEO（首席执行官）埃隆·马斯克的神经科技公司 Neuralink（神经连接）联合研究的“脑机接口”技术即来自科幻小说概念，将人脑与人工智能融合，未来将有可能治疗许多神经性疾病和肢体、器官修复，打破了人体自身的生理局限。

拓展知识

专栏 3-1：想象力从何而来

如何才能作出伟大的发现？主要有五个方面：一是中国文化中的“悟”；二是“悟”的三个前提条件；三是伟大公司的基因是创业时候的想法；四是颠覆式创新；五是实现颠覆式创新的非逻辑通路。

第一，中国文化中的“悟”。所有伟大发现是没有逻辑的，因为不可能出现一本《我该如何成为爱因斯坦》的指导说明书。虽然没有逻辑，但其中一定有“想法”。爱因斯坦是个比较有哲学头脑的人，他认为在科学发现出现和未出现之间，有个“惊险一跃”的阶段，实现“惊险一跃”并不存在逻辑的通道。在研究美国、欧洲的科学发展逻辑的时候，通常要用很长的一段话，才能把事实说清楚，但中国不同，中国文化中一个字“悟”就可以解决很多问题。“悟”是想清楚一件事情的渠道，如果用西方的语言来表达，类似于“惊险一跃”，并没有牵扯逻辑。相比东西方的语言，英语的表达能力很强，中文的表达能力比较弱，但在阐述“发现”这个问题上，中文似乎更加能够表达出一些无法言说的东西。欧洲的一位创意大师来到中国与我对话，他感叹我所描述的“悟”，对中国文化有了更深入的了解和体会。中国文化讲的是“模糊的”“大概的”，对综合性的判断和叙述性的语言有独到的见解，但是对“精细的”科学的语言表达叙述水平较差。

第二，“悟”有三个前提条件：一是怀疑精神；二是独立思考；三是偏执的爱好。

我认为首先要有怀疑精神。做科学的人，一定不要照本宣科，屈从权威。无论是科学上的伟大发现，还是成为一名成功的企业家，最重要的是要有怀疑精神。当别人都在说这个事情可行或不可行的时候，你要有怀疑精神。其次要有独立思考的能力。这三点不是逻辑通道，是“前提”。

第三，伟大公司的基因是创业时候的想法。基因是什么？基因是能够决定你成为的是蚂蚁还是大象；创业时的想法，决定了你是卖豆腐的，还是成就一个伟大的公司。我曾经在中关村的会议上说联想永远不能成为像Facebook（脸书）一样的改变世界的公司，也永远无法发展成为微软那样的公司，原因就在于，联想在创业的时候已经固定了创业的想法和目标。

第四，颠覆式创新。目前很多创新都是常规的，最缺乏的是“颠覆式”，别人完全想不到的。硅谷的厉害之处，就是硅谷的创业者都是具有颠覆式想法“想要改变世界”的创业者，其中很少一部分创业者可以实现创业梦想。

第五，实现颠覆式创新的非逻辑通路。有4种途径可能诞生原创的想法，实现颠覆式创新，分别是：头脑风暴、独特旅行、概念验证和“苗圃”。

非逻辑通路之一是头脑风暴。头脑风暴是新经济时代打开脑壳、激发创造性的必由之路。创新不再是串联的，而是并联的，发生于人与人之间的相互刺激之中。科学哲学家波兰尼提出的默会理论认为，人能够表达出来的知识只占其拥有的知识的一小半，另一大半是很难表达出来的，他称之为“隐性知识”，人与人之间的碰撞交流之所以重要就是基于这样的知识论和认识论。

非逻辑通路之二是独特旅行。这是我从硅谷中学到的有趣的经验之一。有次我去硅谷，一个旅游公司的负责人跟我说他们的旅程都是“独特”旅游体验，只为创业者带来“创意”。这有别于中国观光式的风景游，而是通过旅游带来头脑的震撼体验。如同乔布斯的印度之旅，只有产生震撼，新想法才能涌现，所以这种带来独特体验的行业最近在硅谷非常热门。

非逻辑通路之三是概念验证。科学研究有两类，一类是应用研究，一类是基础研究，而目前出现的第三类，叫概念验证。基础研究更多在大学里面做，应用研究更多在企业里面做，概念验证则更多是创业者在做，创业者需要检验他们创业的新东西能否成功。例如在 MIT（麻省理工学院）的媒体实验室中，就是检验新想法的创意实验室，越独特的想法越好，想法如果得到委员会的支持，就会得到资金支持创业，正因为这样，MIT 在去年的研究报告中排名全美创业型大学第一。2012 年一份研究报告显示，全球 50% 的新财富是和 MIT 的研究有关，现在美国政府也逐渐把概念验证纳入政府预算体系。

非逻辑通路之四是“苗圃”。现在中国非常重视“苗圃”建设，创业咖啡和媒体实验室都属于“苗圃”，中国的孵化器做了很多，而现在的“苗圃”重视的是在有想法的时期，公司还没有形成的时期，如何来支持和帮助创业者。这样的“苗圃”不管出现在哪个城市，都应该多去逛逛，这些都是让你得到新体验的地方。中国高新区的发展分为三段：孵化、加速和集群，现在在想法阶段也有了新的载体就是“苗圃”，这是在孵化器之前的新阶段，是中国经济新的增长来源，也是中国进行概念验证的地方。

（资料来源：王德禄《与创业者谈心：26 年来我对创业的思考》）

二、洞见力

洞见力于无常中见有常，是“知”的最高境界。洞见力是对现象获得准确和深刻理解的直觉领悟力，即《易经》中提到的“君子居则观其象而玩其辞，动则观其变而玩其占”，是可于无常之中见有常，也是创新发展的动力和源泉。拥有洞见力，即拥有独立且质疑的思考能力、多维跨界的视角、丰富深刻的见识和自我颠覆的勇气，能够于问题深处探寻真理，览全局、悉动态，最终促使创业者穿透时代的变迁对产业发展变革作出迅速、准确的判断。

拥有洞见力的创业者能够洞察市场机会和行业机遇。在新经济条件下，伴随产业运动规律从分解、融合到跨界，新经济的运行规律逐步从产业价值链运动上升到基于创新创业的新经济生态演化。在生态观条件下，各类创新主体、资源要素都积蓄着不同的能量，一旦越过发展的“奇点”，产业就会呈现出非线性特征的爆发式增长，新商业模式、新业态、新物种不断涌现。只有具有超然洞见力的创业者，才能洞见产业生态中的奇点，在巨量的信息与行业现象中，快速甄别市场机会和行业机遇，高效决策，根植商业实践，快速整合和梳理资源，构建新的产品和服务，抢占未来竞争制高点。

以小米科技为例，小米科技的爆发式成长与雷军对机会的洞见能力休戚相关。小米科技创始人雷军认为“创业考验创业者把握 1% 机会的能力”。在 2005 年左右，雷军精准地踏到了智能手机换机的时间点，小米科技应运而生。它用了一套全新的模式，在短短的 3 年时间里跻身中国第一，其成长速度远远超出人们的想象，成为新经济时代的独角兽企业。

三、行动力

行动力是指能够打破固有模式，敢于用新办法、新思路，立即采取行动，从而实现目标的能力。中国传统文化对“行动”和“变化”有着深刻的感知，早在数千年前《易经》就阐述了事物的变化规律，《易经》核心的三易：变易、简易、不易，其中“变易”指万事万物时刻的变化之道。500 年前，明代思想家王阳明提出“知行合一”理念，“知”指人的意识和意念，“行”指人的实际行动，“知行合一”即认知应与实践行动相结合。100 年前，孙中山先生提出“知难行易”理论，他推崇的“行先知后、由行致知”是对知行关系深刻的阐述，也受到了国际知名实践主义大师杜威的认可。在改革开放之后，邓小平提出“实践是检验真理的标准”，阐明了检验真理的标准只能是社会实践，在国际上认为邓小平是将杜威理论实践得最好的人。

现代世界的改变，越来越需要拥有强大行动力的创业者。人类步入工业文明以来，政治家、军事家、资本家等权威阶层是改变世界的主要力量，而当世界从工业文明迈向信息文明时代，具备更强洞见力和行动力的创业者将成为推动世界变革的主角。伟大的创业者总能在不断的变化中寻找机会，在行动的过程中探索创新，用行动去促进变化。在改革开放之后，中国整个国家的行动力大幅提升，这个时代的中国创业者，能够将想象和洞见积极转化为行动，在行动中不断挖掘新的增长点，形成源源不断的经济动力，这也使得中国作为一个发展中国家，独角兽数量与欧美等发达国家相比能一举领先，成为全球创新创业最火热的区域。

四、企业家精神

新时代的企业家以价值驱动为根本，怀揣着改变世界的梦想。价值驱动是美国著名管理学家托马斯·彼得斯和罗伯特·沃特曼提出的一种使企业经营管理达到卓越境界的方法。它体现在指导企业经营活动的价值体系上，成为优秀企业家的基本特质。在新经济时代，创新的本质是以人类的价值为驱动力，而改变世界的梦想和愿望正是人类创造力的重要体现。怀揣着改变世界的梦想，创业者们建立起物理产品与全球价值需求之间的桥梁。

以硅谷为例，苹果公司的创办源于两个对电脑充满热爱的人，他们追求满足普通人对计算机需求的梦想。思科公司的建立则源于两位斯坦福大学的科研人员梦想着链接不同网络的可能性。雅虎公司的创办起源于创始人怀揣改变当时互联网信息混乱局面的梦想，他们致力于提高从互联网上获取信息的效率和体验。而谷歌则是由两名斯坦福大学计算机系的博士生创办，他们希望进一步改善人们从互联网上获取信息的方式。这些例子展示了那些以改变世界梦想为动力的企业家们如何在硅谷创造了引领潮流的新兴产业。他们的创业精神和追求卓越的态度推动着社会的进步和创新。

能否履行社会责任是新经济时代检验一个企业是否伟大的重要标准。我国经济自改革开放以来经历了相当长的高速增长期，企业发展充分吸纳了西方市场经济理论中的利润驱动型发展模式，即以追求利润最大化和效用最大化为原则，较少强调个人价值与社会责任。而新经济发展正处在世界逐步由财富积累转向财富分配，我国由高速增长向高质量发展阶段迈进的大背景中，企业发展与以社会治理呈现出共命运、同进退的特征，纯利润驱动型的企业发展模式难以持续为继。新经济企业的社会责任不局限于慈善、捐款，而是通过企业的价值观、商业模式、用人机制输出社会价值。

中国文化向来注重集体利益和利他性，《道德经》中“圣人不积，既以为人，己愈有；既以与人，己愈多。天之道，利而不害；圣人之道，为而不争”，强调了自我利益与他人利益的同一性，对新经济时代企业竞争理念具有一定借鉴和修正作用。强调企业家在创业的过程中兼顾社会责任，直接用商业手段来反哺社会，实现个人价值和社会价值的双重实现，使创业项目本身就有利于社会、有利于他人。

第二节　新经济创业者的类型

从创业者自身的诉求和性质看，创业可以分为三类。分别是求生存的创业、求发展的创业、求变革的创业，其中求变革的创业催生出了一批新经济创业者，新经济创业者有三类，分别是系列创业者、跨区域创业者和拥有改变世界梦想的创业者。

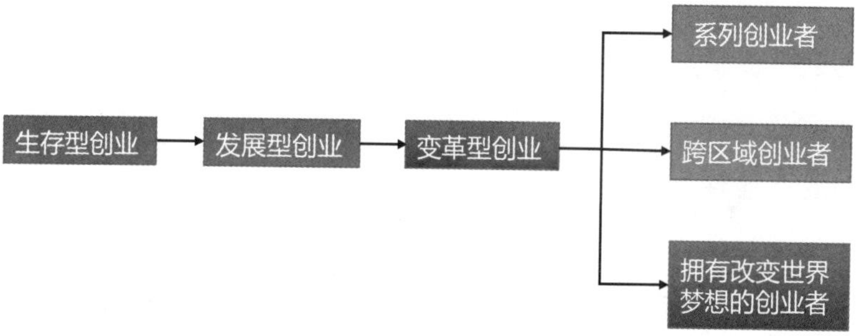

图 3.1　创业者的类型

一、系列创业者

系列创业者将企业创办到一定程度之后，或将企业卖出，或聘请经理人继续经营而自己去创办新企业，体现出创业“专门化、职业化”的特点，如中国的王志东、蔡文胜等，在其职业生涯中先后创办了多家企业。目前中关村最应该鼓励的便是系列创业者，因为大多数中国创业者会把公司牢牢把控在自己手中，这是企业家不开放导致的。因此贯彻系列创业理念很有必要，在关键时候退出企业，有助于问题得到更专业化的解决，而对那些多次创业失败的人来说，更需要鼓励，因为他们完全有机会创办更多更成功的公司。比如小米手机的创始人雷军，他曾在中关村 4 次创业。这些系列创业者的创业经历中有成功，也有失败，成功和失败在系列创业者看来，都是常态。创业初期的失败与成功的经历，都成了自己引以为豪的资本，而这个资本是获得天使投资和风险投资最重要的基础。在中国的创业文化中，对待创业有很多不同的看法。创业必然要面对可能产生的创业失败，系列创业者就是把创业当作一项职业来看待，无论失败还是成功。

拓展知识

专栏 3–2：创业是一种试错过程

20 世纪 60 年代，波普尔在《猜想与反驳》一书中提出其证伪主义的精髓——试错法，又称“假说—证伪法”，即科学家针对特定的问题，提出科学假说，通过演绎的方式从科学假说中得出科学预测，经过科学实验和观察的检验，科学预测或被证伪，或被证实。根据试错法，真理是通过一次次否正检验来发现的。在波普尔看来，理论的可否证性之所以能存在，是基于人们不能达到真理，认为真理就是等待检验的错误，真理只有逼真性，而没有永恒性，这使得传统的通过“假说演绎法”所推论出的科学结论不再具备“真理性”。由此，科学家开始关注理论的精准性和普遍性，而非理论的“真理性”，传统的“假说演绎”被颠覆。此外，波普尔的试错法也生动地反映出科学活动的动态性、不确定性、进步性，体现了试错法在科学哲学方法上的进步性。

在社会经济领域中，情况是差不多的。当今的经济已经由工业经济逐步转向了新经济，新经济的大背景是全球化、知识经济的世界浪潮。全球化，特别是创新全球化，促成经济活动的动态性、复杂性大大增强；知识经济体现了知识对于经济发展的重要性，它对新经济中的企业家提出了很高的要求。

面对新经济的动态性和复杂性，企业家们都需要有很强的风险意识，如何在风险中求胜？从必要性上讲，企业家要有很强的企业家精神，即勇于创新的心态和敢于冒险的精神。在哲学层面，企业家的实践有意识或无意识地运用了波普尔的试错法。拿创业来说，创业对于绝大部分企业家是一个十分关键的过程，企业家首先提出一个创业设计或方案，付诸实践，接受现实的检验。在检验的过程中，如果发现创业方向正确，那么就在现有方向上，不断调整，进一步完善；如果说发现方向选择错误，则应该立即关闭企业。

从新经济时代企业家精神角度讲，冒险与试错精神是企业家创新精神的文化根基。冒险精神是直面风险、正视失败和困难、克服心理障碍的第一关，也是敢想敢干、当断则断的动力源泉。这种甘冒风险的精神和承担风险的魄力成为创建企业、成就事业的起点和驱动创业企业逐步做强做大的信念。而试错精神即是积极开拓、展开持续与发展不但建立于敢于冒险、持续试错的两大基石之上，还进一步确立了这种冒险精神、试错精神在新经济发展中的重要地位。从一开始就能清醒地认识到创业绝不是一蹴而就的事，正确的、成功的道路只有在探索的过程中才能找到。

（资料来源：王德禄《与创业者谈心：26年来我对创业的思考》）

二、跨区域创业者

新经济创业者的第二种类型是跨区域创业者，在美国更多被称为“移民创业家”。跨区域创业者在两地生活和工作，能够及时把握最新技术热点和趋势，了解最新商业模式和理念，与两地创新资源建立密切联系，这使得跨区域创业者本身就成为一个重要的“节点”。在“飞来飞去”的过程中，跨区域创业者将两地的创新资源整合在一起，甚至承担了新兴产业组织者的角色，不仅带动了信息的流动，也带动了风险资金、技术专利的流动，对建立全球链接具有实际意义。当创业者选择在某个地区创业，一定是感受到了当地的机会，或者他发现了有价值的想法，这个有想法与有机会是在一个地区感受到的，如果他在多个地区感受到不同的机会，他创业的成功率就会大大提高。

三、拥有改变世界梦想的创业者

新经济创业者的第三种类型是拥有改变世界梦想的创业者。此类创业者是真正实现改变世界的主体，他们创业不是为了满足已有的需求，而是创造新的需求，以满足更根本的而非表面的需求。硅谷不断诞生改变世界的大公司，不断诞生改变世界的原创新兴产业，关键就是拥有改变世界梦想的创业者。

“改变世界”往往是政治家、科学家的事情，为什么可以成为创业者的事情。因为全球化背景下，现代国家的政治家虽然在国际舞台上活动越来越频繁，但他们的视角和立场却越来越关心本国的利益，根本不能去改变世界；而科学家要想做一个出色的科学家，只能在自己的领域中越钻越细，专业越做越深，失去了对其他领域的关注度，缺乏统筹协调能力；这个时候，创业和专门科学研究的不同就显现出来了，创业者期待能够把这件事情办成，就需要调配各方面的资源，所以说，科学家的成功取决于研究越来越专门化，企业家的成功取决于调配资源。如果说原子弹等发明创造还在印证“科学改变世界”的主旨，“云计算”“移动互联网”，几乎每个领域，都是企业家在创造新的人类生活方式。硅谷的每个创业者在吸引天使投资时，都要深入地阐述其改变世界的梦想。

拓展知识

专栏 3–3：“拥有改变世界梦想的创业者”——周鸿祎

周鸿祎，360 公司创始人、董事长兼 CEO。1992 年，大学本科毕业于西安交通大学电信学院计算机系，获学士学位，因成绩优异被保送西安交通大学读管理学院系统工程系研究生，并于 1995 年研究生毕业，获硕士学位。

1995 年始，周鸿祎就职于方正。2004 年 3 月，周鸿祎就任中国雅虎总裁。2006 年 8 月，周鸿祎投资奇虎 360 科技有限公司，出任奇虎 360 董事长。2011 年 3 月 30 日，周鸿祎带领奇虎 360 在美国纽交所上市 。2018 年 2 月 28 日，周鸿祎带领 360 从美股私有化回归 A 股。

周鸿祎是中关村比较叛逆、争议比较大的人物，但他去了硅谷之后最大的感受是自己还是比较乖的，因为在与硅谷的创业者的接触中，发现他们都是语不惊人死不休的，他们讲的“商业模式”“创业的想法”都让周鸿祎大吃一惊，每个人都有特立独行的观点。我一直在中关村宣讲“特立独行”“改变世界”“创新”的观念，周鸿祎所讲的，是从创业者的角度，更加形象，更能让中关村人看到与硅谷之间存在的差距。这个差距就在是否存在“改变世界的大企业”和“拥有改变世界梦想的创业者”。

（作者参考相关资料编写）

第三节　新经济时代对创业者的要求

新经济时代，数字成为继土地、资本、劳动力、企业家才能后的第五大生产要素，不仅全面重构了社会经济，而且以数字技术为代表的新兴技术迅速发展使人类生产、生活方式发生了巨大变化。这就要求新经济创业者能在这瞬息万变的环境中洞见经济社会新的发展规律，努力创造并抓住新的机遇，适应新经济下的新的生态环境。

一、洞见新规律

前沿科技创业成为新经济发展的动力源泉。近年来，前沿科技已经成为独角兽集中爆发的重要领域，前沿科技赛道中的创业者更容易获得关注。前沿科技是指以人工智能、基因技术、航空航天、脑科学、光子芯片、新材料等为代表的高精尖科技。长城战略咨询发布的《2018 年中国独角兽企业研究报告》中显示，中国新晋独角兽企业中 34 家为前沿科技创新领域独角兽，占比 38.2%。在全球“硬科技”创业浪潮下，选择了前沿科技创业赛道的创业者，具备较高的技术门槛和知识壁垒，把握着技术创新红利带来的节点，更容易获得各方关注。

目前，前沿科技创业企业呈现出科学家深度参与、跨界团队高度配合、商业模式可持续、资本持续注入与产业配套条件相对成熟等发展特征。第一，科学家参与创业或作为技术顾问深度参与，推动技术突破，是前沿科技创业的关键基础和必要条件。第二，拥有“技术 + 商业 + 运营”复合能力的团队是前沿科技创业的内在动力。第三，形成从技术突破到技术商业化盈利，再到支撑技术持续创新的商业闭环是前沿科技企业自我造血的关键路径。第四，前沿科技创业企业成长周期长，资本的认可与持续注入是前沿科技企业取得技术突破的关键保障。第五，相对成熟的产业化配套条件为前沿技术在行业领域的大规模应用提供必要的产能支撑，是前沿技术商业化的客观条件。

产业跨界是新经济产业运动基本规律。创业者在跨界中创造新业态，跨界创业者是业态创新的核心群体。创业企业通过跨界创新，不受传统行业经验束缚，对新技术、新模式保持着最为敏锐和前沿的感知力，推进技术渗透、产业融通，促进“N+X”新业态不断涌现，对传统行业往往带来颠覆式的影响。例如，移动互联网与传统租车行业的跨界融合产生了网约车行业，极大方便了人们的日常出行；人工智能技术与传统医疗行业跨界融合产生了智慧医疗行业，强化了人们日常生活中对健康的监控管理。

新旧动能转换成为新经济发展的重要机会。新旧动能转换的实质是从工业经济向新经济的转变。工业经济时代旧经济体系的建设与发展，核心动能是大工业、大制造、大市场，依托工业产业基地建设，以规模化生产为中心，以要素驱动为主要发展模式，追求规模经济、范围经济的线性成长。新经济时代的新经济体系的建设与发展，核心动能是新技术、新模式、新消费，依托科技园区建设，以创业为中心，以创新驱动为主要发展模式，追求非线性的爆发式成长。

中国经济实现新旧动能转换的本质在于新旧经济范式的转换，即借助创新型创业培育增量、打通赛道，使传统工业经济与新经济从过去的隔离、不相关到相互融合，释放更大的发展活力与发展空间。新旧动能转换以创新驱动、高质量发展为核心，创业者要在转换中寻找新机会。新旧动能转换的过程是中国经济转向高质量发展的过程，创新驱动发展既是未来新动能占据主导地位的战略目标，也是当前推动新旧动能转换、实现高质量发展的关键。物联网、云计算、大数据等新一代信息技术的发展和推广应用，特别是以移动互联网技术为代表的普适计算、泛在网络的发展向经济社会各方面的渗透，创造了众多新市场机遇，催生数字经济、共享经济、平台经济、智能经济等新业态，确立了创新驱动作为经济发展第一动力的核心地位，而新市场机遇正是新经济创业的重要领域。

创造新场景是发展新经济的核心方法。场景是指新兴技术催生的生产生活新模式，已经成为新经济发展的助推器。在新经济时代，随着群体性技术革命爆发、跨界融合创新兴起，新技术、新模式深刻改变着人类生产生活方式，场景一词逐渐有了更广泛的内涵。以互联网、大数据、人工智能为代表的新技术快速发展催生了大量具有前沿性、科技感、体验感和创造性的新场景涌现，如无人支付、无人驾驶、无人零售、共享出行等，深刻改变着人类生产生活模式。

从技术视角看，场景提供了真实的试验环境、客户的需求和大规模的验证数据，构建了数据驱动的商业闭环，成为新技术实验、成熟、应用的试验室。从企业视角看，场景是寻求改变人类生活方式的新试验空间，高科技企业借助场景创新可以实现高速成长；从产业视角看，场景催生的新需求以及新技术的应用具有天然的创新性、复杂性，应对新场景的综合性解决方案需要多方资源的投入、汇聚与融合，因而场景成为新兴产业生态的聚合器。

在新的经济发展阶段，以市场应用为核心的场景已开始成为新兴产业爆发的原点，也将越来越成为产业发展所依赖的稀缺资源。探索生活新场景成为实现伟大创业的重要利器，创业者应面向未来想象和创新场景。主动营造各类场景成为催生产业爆发的新逻辑，在衣、食、住、行、游、购、医、娱等领域不断涌现的新场景为人类生产、生活带来了颠覆性的体验，创造了广阔蓝海市场，为新经济企业发展提供巨大空间和难得机遇。创业者需面向未来，探索出改变人类生产生活的新场景，运用新技术、新手段打造出能够提升用户体验、提升生活品质与生产效率的产品和服务。

爆发式成长成为新经济企业的典型特征。企业爆发式成长所表现出的非线性特征，是新经济时代企业成长路径的主旋律。新经济时代，由于技术进步的加速，产业发展的规律由价值链的运动升级为产业生态的自演化，企业的发展轨迹更多呈现出指数级的非线性成长路径。新经济条件下的企业成长具有“创业企业—瞪羚企业—独角兽企业—龙企业”4种跃迁式成长阶段。在数量众多的创业企业中，少数创业企业抓住机会跳过死亡谷，实现业务快速增长成为“瞪羚企业”。其他大部分创业企业因试错失败而被市场淘汰，或成为“小老头企业”（业务维持或消退）。优秀的“瞪羚企业”凭借其卓越的市场表现被资本市场看好，实现爆发式成长，估值超过10亿美元的企业称为“独角兽企业”，成为行业龙头的企业则称为“龙企业”。“自成长”是爆发式增长的基本发展方式，是新经济企业爆发式成长的基本方式，反映了新经济下企业遵循生态化发展规则、形成“正反馈”的业务扩张成长模式。目前自成长有粉丝传播和制定新规则两种主要模式。能够利用粉丝传播的企业自身在产业生态圈中具有卓越的表现和足够的用户吸引力，能够借助外部力量如消费者、产业链上下游企业等帮企业传播。制定新规则的企业多为行业内少数的引领型企业，在其带动下，行业能够遵循新的进化法则，适者生存，依靠生态力量自发前进。创业者应该打造自成长的商业模式，依托内生动力实现业务生长和企业影响力提升，进而实现爆发成长。

二、抓住新机会

抓住新机会主要包括五个方面：第一，拥有洞见力。创业者应具备快速识别机遇与威胁的能力，能够穿透信息海洋进行高效决策，并探索新规则抢占新的制高点；第二，疯狂的想象力。新经济时代有很多新事，所谓新事就是大家想不到，创业者要通过疯狂的想象去捕捉它，不惧风险打破规矩，改变现行的生活生产方式，并具有忘我投入的完胜心态；第三，引领产业变革。新时期的创业者应拥有伟大的使命感和改变世界的梦想，勇于创业、敢于创业，以创业引领产业变革，实现颠覆式创新；第四，探索新场景。新一代创业者就是要勇于探索改变世界的新场景，结合前沿技术改变生活方式，如果场景创新成功，就能实现爆发式成长；第五，拥有创业合伙人。好的想法和相应的团队是创业成功的一半，集聚多元跨界人才能够有效突破创业资源瓶颈。

三、适应新环境

如今创业孵化的环境发生了改变，如何顺应新经济时代中的新环境并作出应对措施很重要。其一是创业动员，为响应“大众创业、万众创新”的号召，全国各地纷纷举办创业动员会，全民创业已成必然趋势；其二是建立新经济制度，中美之间的矛盾本质上在于新经济的竞争，未来中国能不能在新经济制度方面领先将成为关键；其三是创造新场景，这是成为改变世界创业者的必由之路。

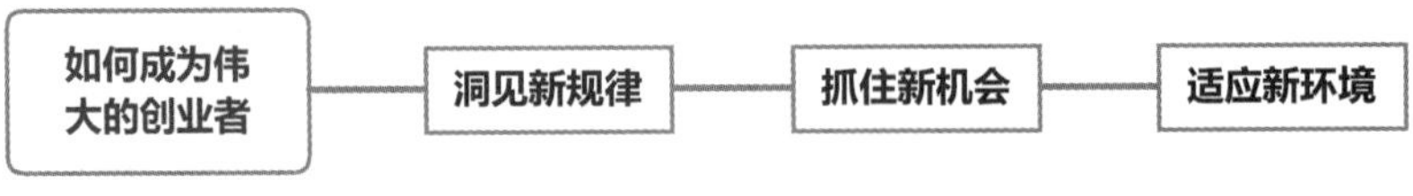

图 3.2 如何成为伟大的创业者

本章小结

本章主要讲述了从传统创业到新经济的创业演变过程，阐述了新经济创业的概念和动力，并对新经济时代创业者具备的特质、类型以及新经济时代对创业者的要求做了系统性论述。

推荐阅读

- ［美］汤姆·科斯尼克，［瑞典］莉娜·拉姆菲尔特、乔纳斯·谢尔贝里著，张帏、齐继国、郑琦译，《啮合创业：在斯坦福学创业规划》，中国人民大学出版社，2016。
- ［美］杰弗里·扬、威廉·西蒙著，蒋永军译，《活着就为改变世界：史蒂夫·乔布斯传》，中信出版社，2010。

思考题

- 你认识哪些伟大的创业者？他们身上有什么特质？
- 如果要成为一名创业者，你会选择哪个领域？为什么？

第二篇

中国创新创业发展里程碑

第四章　小康社会建设中的创新创业

小康社会战略的重要起点：贫穷不是社会主义。如果人们的欲望和对财富正当合理的追求被约束，那么就应该转向开放的体制。开放的起点，便是小康。中国文化的独特性，使其内涵、外延的边界往往不清晰，因而小康一词在翻译上出现了问题，西方人将其理解为中产社会，但中国人追求的小康因人而异。有人的小康是一套房子，有人的小康在当年只是一辆自行车。回顾历史，会发现改革开放是决定中国命运，走向小康社会的关键抉择。

第一节　改革开放与小康社会战略

一、小康社会战略的体制与文化

20 世纪 70 年代末 80 年代初，邓小平在规划中国经济社会发展蓝图时，提出“小康社会”的战略构想。随着中国特色社会主义建设事业不断深入，其内涵和意义也得到了丰富和发展。在 20 世纪末基本实现“小康”的情况下，中共十八大报告明确提出要“全面建成小康社会”。战略决定体制，战略目标一经设定便不能任意修改。改革开放战略能持续有效推进，意味着战略具有稳定性。创业者开展创业活动也是如此，战略目标足够正确的基础上，要有足够强的定力。

二、“两个村”的故事

中国改革开放的起点是不容否定的，因为农民一旦贫困，生存都是问题，创业对他们来说更是难上加难。建党百年展会上小岗村依然有专门展位，因为它是我国改革开放的缩影，标志着过去的历史结束，我国进入新的发展阶段。这就是基于生存的创业故事。

1. 小岗村：基于生存，突破体制

小岗村突破的是人民公社体制，这里涉及一个学术性问题。《变革中国：市场经济的中国之路》一书提出了对中国改革开放影响很大的一个说法，叫边缘革命。中国改革开放之所以能够成功，是因为中国改革开放，我们的经济运行速度慢，但这部分先不动，即存量不变，寻求增量，增量来自农民、来自个体工商户。

与边缘革命相对的中心是城市。计划经济还未改变的时候，边缘已经发生了变化，原因在于 4 种力量的出现。出现了农村包产到户、乡镇企业、个体工商户，出现了经济特区。自此边缘革命不断壮大，并逐渐向中心渗透，推动了中国改革开放的进程。既然是边缘革命，为什么会出现边缘力量？这个问题直指核心，我们大政方针讲了工农联盟，但农民为什么成为边缘的对象呢？这意味着原来的体制存在问题，而通过这些边缘力量不断运动，不断渗透，推动了城市与中心的变革。北京胡同口的浙江小裁缝后来开起了制衣厂、修鞋匠办起了制鞋厂等，这些都是创业的起点，都是边缘的力量。在中国小康社会的起点上，最有冲击力的就是边缘力量。当然新制度经济学鼻祖、产权理论创始人、1991 年诺贝尔经济学奖获得者科斯教授在本书里也讲到，恰恰是这一部分边缘力量，把中国的工商业传统，也就是说把市场机制重新带回给中国社会。

中国在春秋战国时期就有了工商社会，几千年下来一直保留工商传统，但在公社体制中，除了新中国成立初期的“五小企业”外，彻底把私人经营消灭掉了。边缘力量的形成，恰恰是因为其生存遇到了困难。个体户中有很多人是回城的知识青年，同时还有一部分知青进了街道企业。北京当时有很多街道企业，中关村的京海公司前身，最初就是中国科学院跟街道合办的企业。这些都是小康社会真实的起点，真正的力量。这也是乡镇企业的使命。

2. 中关村：基于发展，追赶世界

小岗村是农民基于生存，而中关村的创业主体是科学家，他们追求的是与科研相关但又在科研之外的价值。但这不是在体制内完成的，而是从体制内的躁动开始，由体制内走向体制外。中关村当年之所以叫电子一条街，是因为电子是它的内容，一条街是它的市场经济特征。而电子一条街上几乎都是大学的教授们闲暇之余开展的创业，所以科学家创业中受到体制的束缚，要比小岗村更多。比如，中关村最早创业的陈春先就被他的所长说是“不务正业”，把他叫作科学技术“掮客”。

改革开放、小康社会的核心在于人的解放。时任国务院总理温家宝曾到中关村考察，说中关村为什么取得这样的成就？就在于人的解放和制度的创新。

三、富民强国之路

新中国成立初期有一个说法，叫国富民强。民强指民族强盛。新中国成立初期的工业化战略中，农民作出了巨大的牺牲，就在于当时将民生放在第二位，而改革开放的起点则将民生作为第一位。

与国富民强之路相联系的，就是自下而上与自上而下相结合。1978 年，安徽凤阳县小岗村 18 户农民冒着风险在全国率先分田到户，小岗村由此成为中国农村改革的标志。当时县委书记压力很大，时任安徽省委书记万里肯定了小岗村的做法，通过万里上升到中央，最后认为农民的积极性应该给予肯定，这个问题得以解决。

在中关村，陈春先创业时被中科院研究所制约。当时中央提出了“面向和依靠”战略，即科学技术面向国民经济，国民经济依靠科学技术。在面向和依靠间缺少一个中间环节，谁来解决呢？体制内解决不了，必须依靠中关村这种创办科技公司的方式来解决。后来胡耀邦发现陈春先的路子恰恰是解决“面向和依靠”的出路。

陈春先的创业想法来自硅谷。陈春先三次去美国，其中一次是到 128 公路，美国布置了很多军工企业在波士顿搞科研、搞投入。陈春先回来就给中央做了一个科技转化的报告。后来又去硅谷，发现在那里科学家和公司老板之间并没有严格分界，很多科学家同时也是老板，他们既做商业技术开发也做教学研究。陈春先就想，我作为科学家，能不能走这条路？当时没有人敢这样想，而陈春先迈出了这一步，即从科学院所走出一步，走向市场，所以这是科学家创业的独特方式。后来陈春先被称为科技体制改革和中关村下海创业吃螃蟹的第一人，但是没吃到螃蟹，因为他的公司做的不成功，但他这种里程碑的地位不容挑战，在改革开放史上留下了重要一笔。

第二节　改革开放的内在动力

改革开放打开了经济发展的新思路、新格局，同时也开启了中国的创业进程。自改革开放以来，中国共经历六次创业热潮，分别是1978年改革开放后乡镇企业异军突起；1984年—1988年城市经济体制改革，城市知青企业兴起；1992年知识分子下海创业，掀起科技创业浪潮；1998年留学生回国创业，开启互联网创业潮；2001年加入WTO，引发中国制造崛起；2014年“双创”提出，涌现出一批新经济独角兽企业。

第一次创业是1978年改革开放后乡镇企业异军突起。1978年，农村改革激发了人们的活力，以个体、农村富余劳动力为主的创业主体开始创办乡镇企业。此次创业突破了农村“以粮为钢”的单一经济结构，农村产业结构和劳动力就业结构产生重大调整。代表企业有新希望集团、佛山美的集团、浙江万向集团等。

第二次创业是1984年—1988年城市经济体制改革，城市知青企业兴起。1984年，城市经济体制改革，实行价格双轨制。知青返城是当时重大的政治事件，在各生产建设兵团、在西北和云南的知识青年要求回城，国有企业无法提供编制岗位，于是通过减免税费，鼓励知识青年开办街道企业、集体企业，由此诞生了一批对中国经济产生深远影响的企业，如联想、四通等。

第三次创业是1992年知识分子下海创业，本次创业掀起了科技创业浪潮。邓小平南方谈话发表后，1995年国家对企业实行“抓大放小”，知识分子下海创业。与前两次创业方式的区别在于创业主体中出现了一批有知识的创业群体，使得中国的创业群体越来越丰富。

第四次创业是1998年以后留学生回国创业，从此开启了互联网创业潮。超过300万留学生归国人员在留学生创业园、孵化器的培育下，拥抱互联网，诞生了百度、搜狐、腾讯、阿里巴巴等互联网企业。

第五次创业是2001年加入WTO，引发中国制造迅速崛起。中国加入WTO推动了中国制造业产业链整体发展，中国制造升级，开始面向全球市场。民营企业通过兼并、收购发展成为全国性产业集团。以顺德家电产业、温州电气产业、晋江制鞋产业、昆山电子产业为代表的制造业集聚，诞生了吉利、格兰仕、协鑫等企业。

第六次创业是 2014 年“双创”的提出，涌现出一批新经济独角兽企业。在“大众创业、万众创新”“中国制造 2025”等政策的支持鼓励下，海外归国人员、科研人员、大企业高管及连续创业者、青年大学生等多元化的创业主体开始创业，在各类孵化器、加速器、专业化众创空间的孵化培育下，产生了滴滴、寒武纪、商汤科技、斗鱼等企业。

拓展知识

专栏 4–1：《温家宝：改革开放是中国发展的永恒动力》节选

改革开放前的中国是个什么样子？那时，我们刚刚结束了“文化大革命”，整个国家处于封闭半封闭的落后状况，国民经济走到了崩溃的边缘。中国向何处去？这个重大而紧迫的问题摆在了中国人民面前。我们坚持解放思想，实事求是，选择了改革开放的道路，这是决定当代中国命运的关键抉择。

中国的改革发端于农村。开始时是涓涓细流，后来发展成势不可挡的洪流。改革从农村到城市，从经济领域到政治、文化和社会等各个领域。中国的开放则从建立深圳等四个经济特区到沿海、沿江、沿边城市，再到全方位、多层次的全面开放。我们成功实现了从高度集中的计划经济体制到充满活力的社会主义市场经济体制、从封闭半封闭状态到全方位对外开放的历史性转变。确立了社会主义初级阶段的基本经济制度，建立了适应市场经济要求的现代企业制度，形成了统一开放竞争有序的现代市场体系，建立了以经济手段和法律手段为主的宏观调控体系，完善了按劳分配为主体、多种分配方式并存的分配制度，逐步健全以公平正义为目标的社会保障等体系。同时，推进了教育、文化、科技、卫生等社会领域的改革，推进了以社会主义民主政治建设为主要内容的政治体制改革，确立依法治国、建设法治国家的方略。

（资料来源：2008 年 9 月 27 日，中国国务院总理温家宝在天津举行的 2008 年夏季达沃斯论坛开幕式上，题为《改革开放是中国发展的永恒动力》的讲话）

第三节 小康社会建设的起点与成就

一、小康社会建设的起点

邓小平有个论断，叫不争论。其中有两个命题，第一个命题是不能再耽误时间。二战之后，各国的起点都一样，我们周围的国家和地区、中国香港、中国台湾的人均 GDP 都在 100 美元左右。20 世纪 70 年代后，中国香港、新加坡等“亚洲四小龙”的人均 GDP 达到上万美元。然而 1978 年我国的人均 GDP 仅为 250 美元，所以邓小平提出不能再耽误时间的命题。

不争论第二个命题在于贫穷不是社会主义。邓小平在南方视察中发现一个老乡家里放出来三只鸭子，却把其他鸭子藏了起来，因为当时的观点是 3 只鸭子是社会主义，5 只鸭子就是资本主义。邓小平认为，对社会主义的理解不能这样庸俗化，于是提出贫穷不是社会主义的命题。

从经济总量和人均 GDP 来看，1952 年，中国 GDP 总量占世界 GDP 的比例为 5.2%，1978 年下降为 5.0%。人均 GDP 水平按当时官方高估的汇率计算，也只有 224.9 美元。1948 年，中国人均 GDP 排世界第 40 位，到了 1978 年中国人均 GDP 排倒数第 2 位，仅是印度人均 GDP 的 2/3。

从人民生活水平看，1976 年全国农村每个社员从集体分得的收入只有 63.3 元，农村人均口粮比 1957 年减少 4 斤；1977 年全国有 1.4 亿人平均口粮在 300 斤以下，处于半饥饿状态；1978 年全国居民的粮食和食油消费量分别比 1949 年低 18 斤和 0.2 斤；当年全国有 139 万个生产队（占总数的 29.5%），人均收入在 50 元以下。

1978 年全国有 2.5 亿绝对贫困人口。当年，失业的城镇青年 2000 万人，实际城镇失业率高达 19% 左右，恩格尔系数（居民食品消费占其总支出的比重），城乡分别高达 56.66% 和 67.71%。1980 年时，城乡居民家庭的耐用消费品，主要是缝纫机、自行车、手表、收音机，每百户的拥有率也只有5.5%、11.2%、15.7%、14.9%；黑白电视机的每百户拥有率也仅为1.6%；家庭电话非常少，即使按当时的公用电话计算，每百户普及率只有0.64部；洗衣机也很少有，家庭轿车普及率几乎为零。居住方面，1978年，城镇居民人均居住面积仅为3.6平方米，农村居民每户平均居住面积仅为8.1平方米。

据世界权威经济增长学家麦迪森研究计算，1952年到1978年中国GDP的实际平均增长率只有4.7%。整个国家的发展和人民的生活水平，大多数发展和生活指标排在世界国家和地区170位以外，处于联合国有关部门和世界银行等组织划定的贫困线之下。[1]

科学技术方面，新中国成立后的30年，除了军事工业技术某些方面有一些进展外，其他各方面的自主科学技术进步步伐缓慢，与世界发达国家，包括一些新兴的发展中国家科学技术水平的差距越来越大，落后于发达国家40年左右，落后于韩国、巴西等发展中国家20年左右。

20世纪50年代到70年代，各发达国家科学技术进步对经济增长的贡献率，分别从20世纪初的10%提升到了50%—70%。而根据专家们的计算，我国科学技术进步对经济增长的贡献率，1952—1957年为27.78%，1957—1965年只为8.24%，1965—1976年间更是仅为4.12%。[2]因此，与世界科学技术进展相比，新中国成立后到“文化大革命”结束，我国科学技术进步非常缓慢，对国民经济增长和社会发展的推动作用十分有限。

二、小康社会建设的成就

新中国成立初期，经济总量和人均水平都十分低下，综合实力十分弱小。经过60年的发展，无论是经济总量，还是人均水平都大幅度提高，综合国力明显增强，国际地位和影响力显著提高。国内生产总值以年均8.1%的速度增长，经济总量增加77倍，位次跃升世界第3位。1952年，我国国内生产总值只有679亿元，到1978年增加到3645亿元，在改革开放的历史新时期，经济总量迅猛扩张，2008年超过了30万亿元，达到了300670亿元，年平均增长8.1%，而

[1] 《三十年前我们为什么要选择改革开放》，2008年9月1日《学习时报》周天勇。

[2] 《三十年前我们为什么要选择改革开放》，2008年9月1日《学习时报》周天勇。

1961—2008年世界年平均增长速度只有3.6%。其中，1979—2008年我国GDP年均增长9.8%，高于同期世界经济增速6.8个百分点。2008年的经济总量比1952年增加了77倍，2008年一天创造的财富量超过了1952年一年的总量。人均国内生产总值增长32.4倍，我国由低收入国家跃升至世界中等偏下收入国家行列。国家财政收入增长985倍，政府对经济和社会发展的调控能力日益增强。外汇储备增加近1.4万倍，我国由长期以来的外汇短缺国一跃成为世界第一外汇储备大国。经过改革开放30年的发展，人民生活由温饱不足走向小康，到2000年总体上实现小康，并逐步向全面实现小康转变。[1]

[1] 《新中国60周年系列报告之一：光辉的历程 宏伟的篇章——新中国成立60周年经济社会发展成就回顾系列报告之一》国家统计局2009年9月7日。

第四节　小康社会建设大战略的内涵

中共八大将社会的基本矛盾界定为人民日益增长的物质文化需要同落后的社会生产之间的矛盾，其矛盾的核心是解决民生问题。所以中共八大以解决民生问题来建立相应的体制。

改革开放之后，邓小平提出：中国的主要矛盾仍然是中共八大提出的社会主要矛盾。所谓战略即解决社会基本矛盾，改革开放时期的社会主义基本矛盾保持了与中共八大提出的社会基本矛盾的历史、理论与实践的一致性，也即保持了战略的一致性。

一、小康社会理想

小康的概念最早来自春秋战国之交的孟子，孟子时代曾经有过一个标准，即“五亩之宅，树之以桑”。养蚕，养 5 只母鸡、两只母猪，老者有肉吃，有丝织的衣服穿，这就是几千年来的小康“愿景”。中国老百姓世世代代的追求是一个有限的生活目标。

邓小平认为，如果我们在社会主义条件下还不能让老百姓过上好日子，我们的社会主义实际上不够格。邓小平在 20 世纪 80 年代初期非常坚决地反复强调，贫穷不是社会主义，社会主义要消灭贫穷，其中的历史与文化意义也是深远的。

二、小康社会与社会和谐

40 多年改革开放的成就构成了中国社会发展的有利基础。如果说前期小康社会在经济和战略层面保持了经济建设的持续稳步发展，和谐社会理论的提出则进一步深化了小康社会建设的内容。

从中国改革开放的逻辑和历史的统一性来看，小康社会在战略上否定了“以阶级斗争为纲”的错误理论，因此必须保持以经济建设为中心的大战略不动摇；和谐社会理论则在哲学与伦理层面进一步拓展了小康社会战略，以和谐取代斗争、对立等范畴。

由于“全面建设小康社会”的历史前提是中国社会主义初级阶段的生产力发展水平，在这个历史阶段上的基本精神和文化应该是“和而不同”。在经济体制上调整和完善所有制结构，要坚持公有制为主体、多种所有制经济共同发展的基本经济制度。

三、大同与小康

《礼记·礼运》中有描写大同与小康的篇章。追根溯源，大同代表的是农民理想。其与小康具有相似的性质，均体现了理想与现实之间的冲突，但是又保持着历史、道德、文化和逻辑上的关联。大同与小康的区别，使中国的乌托邦理想表现出“向后看”的历史特征。

小康既是社会文化和历史观，也是治国方略和社会理想，其包涵了和谐的理想。儒家大多立意于大同，行事在小康，即最高纲领为志，最低纲领为事。因此，儒家的“仁政”理想和“经世”精神不太可能鼓动起大规模的乌托邦实践，其现实目标在于小康。后世儒家认为从小康到大同是一个存在许多环节的历史递进过程，不能一蹴而就。

（一）小康社会

在中国传统道德文化中，人们对富、贫及其与道德的关系曾做过很多探讨。孔子提出了“不患寡而患不均”的命题，虽然该命题突出反映了儒家关注消费政策多于生产政策，但并不反对人们对“富”的渴望。孔子把求富行为纳入合理的伦理轨道，要求“仁而富”“义而富”。管子把人们物质利益的满足视为提高社会道德水平的必要条件，提出“仓廪实则知礼节，衣食足则知荣辱”。意思是只有满足“仓廪实”“衣食足”这些物质条件，才能使人们“知礼节”“知荣辱”，从而提高整个社会的道德水平。

（二）小康社会与文化传统

历史经验表明，传统与现代是现代化过程中生生不断的连续体，背弃了传统的现代化是殖民地或者半殖民地化；而背弃现代化的传统则是自取灭亡。在现代和传统之间我们究竟应该如何作出选择？成功的现代化运动，不但要善于克服传统因素对革命的阻力，而且要善于利用传统因素为革新助力。中国社会主义小康社会的文化归结到一句话，即“和而不同，同则不继”。一个生命体必须保存差异、对立和矛盾于一体，“水至清则无鱼”。归结起来，要保持“和而不同”的状态，这是小康社会体制与文化的最重要的基础。

小康社会现代化模式的确立，不仅意味着社会主义在中国从理想主义、浪漫主义走向了现实主义、理性主义，而且这种发展与中国社会的现实条件和历史文化融合起来，因而具有中国传统文化与社会现实的基础。中国社会主义发展与小康文化的结合，意味着我们可以超越五四以来的文化主义论争，使我们的社会发展与文化素养真正具有建设性，这也是中华民族复兴的真正基础。

小康社会建设中的“文化自觉”。费孝通先生提出：“文化自觉只是指生活在一定文化中的人们对其文化有‘自知之明’，明白它的来历、形成过程、所具有的特色和它发展的趋向，不带任何‘文化回归’的意思，不是要‘复古’，同时也不主张‘全盘西化’或‘全盘他化’。自知之明是为了加强对文化转型的自主能力，取得决定适应新环境、新时代文化选择的自主地位。”

（三）中国小康社会与商业文化传统

德国社会学家、政治学家、经济学家马克斯·韦伯的理论指出东方不适合发展市场经济。但是改革开放以来，中国经济的发展，以及“亚洲四小龙”的崛起，都对东方文化的研究提供了新的课题。

马克斯·韦伯提出经济发展需要文化动力。中西文化发展命运不同，根源在于“很不一样的力量在这种发展中发挥着作用”。其中国命题指出，只凭借物质上的因素，不足以说明中国未能产生资本主义，唯有加入生活态度这项变量，才能成功解释其如此演变的进程。文化内容的变化引起文化的结构性、全局性、整体性变化时，便形成文化变迁。文化变迁是一种永恒的文化、社会现象，文化只能在不断变迁中获得发展和进步，这是一个不以人的意志为转移的客观过程。他还认为，西方商业文化有其特定的精神起源，即新教伦理大大推动了资本主义精神的确立和发展，从而把西方推向了现代资本主义文明的时代。

在中国虽然没有同样的伦理起源，但却同样需要探索中国经济发展的文化动力。中国传统文化以及儒家伦理作为中国商业文化的起源之一，“真儒者不耻于言利”，在经济生活中推行“道之以德，齐之以礼”，崇尚“以天下为己任”，关注人际间的秩序、规范以及社会责任感，强调人们在其所处的道德关系网点上所承担的道德责任，但并不排斥赚钱、发财。儒家伦理中“以天下为己任”之精神，成为以知识分子为首的创业者追求价值与精神目标的文化渊源之一，成为他们长久保持创业激情与创新活力的历史基础。这些精神在中关村的创业者们，尤其是中关村的第一代创业者身上表现得尤为突出。“儒”与“商”的结合孕育了一代中国优秀“儒商”。

通过商帮历史，我们可以得出，中国虽然没有西方那样的宗教伦理起源，但同样存在促进中国社会和经济发展的文化动力和精神根源。积聚数千年的中国传统文化以及儒家伦理精神就是中国社会经济发展之根。如果依照马克斯·韦伯的逻辑和方法论原则，中国人对天地人之间神秘秩序的敬畏、对祖先的崇拜、对家族责任的承担，实际上也构成了中国人在商业发展中的“伦理精神”；形成了进取、敬业、诚信、集体等商业道德。从中国各地商帮历史和文化中，我们看到了由商儒到儒商循环的历史过程与文化真意。

（四）文化：创新与创业的主题

以中关村为例，其依托的海淀老镇，在元明时期已是北京近郊的皇家园林胜地，海淀镇古老的儒家文化、古朴的民俗风情造就了这里独特的历史人文环境。

清朝末年、民国时期和洋务运动时期倡导的“实业救国”思想和五四时期提倡的“科学、民主、理性”精神都深深地扎根在中关村；新中国成立后，计划经济时期，一方面以北京大学、清华大学、中国科学院为核心的一批大学和科研院所形成集聚之势，另一方面，在这些院所大墙之外，农业公社开展得如火如荼，计划经济思想带来的体制约束，从此成为人们长期难以摆脱的思维模式；进入20世纪80年代以后，国家对科学技术日益重视，中关村从“电子一条街”的商业繁荣，到“中关村新技术开发试验区”的科技创新，再到“中关村科技园区”的市场称雄，创新精神和创业文化深深融入了几代中关村人的血脉。

四、坚持小康社会建设与党的基本路线

建设小康社会需要保持战略的稳定性。中共十一届三中全会实现了党的工作重心转移，确立了“一个中心，两个基本点”的基本路线，建立了一个稳固

的战略结构，其中小康社会突显出战略决策基准的意义。在这个战略与体制的架构中，小康社会在经济、政治、文化、社会和道德的改革中获得了发展空间，同时，战略决定体制，决策依据基准，中国改革开放取得了巨大的成就。40 多年的持续发展表明这一结构是稳固和有效的。中国小康社会理论与实践中所反映的中国共产党的执政能力是一个需要深入研究的课题。即从“全面建设”到“全面建成”小康社会。

建设小康社会需要保持战略定力。邓小平说过，社会主义是几代人的事业，“我们搞社会主义才几十年，还处在初级阶段。巩固和发展社会主义制度，还需要一个很长的历史阶段，需要我们几代人、十几代人，甚至几十代人坚持不懈地努力奋斗，决不能掉以轻心。”[1]

在社会主义发展的历程上，中国经历了两个社会模式的转变，就是人民公社模式和小康社会模式。“人民公社”体现了一种在执政问题上的革命能力和政治能力，而“小康社会”的提出是基于对中国国情深刻认识的一种执政能力的体现。全面建设小康社会目标的提出及其实现过程体现了中国共产党执政能力中的新的因素。

小康社会模式使最低纲领和最高纲领之间保持了必要的张力。在总结中国社会主义经验和教训的基础上，邓小平强调要反对两种干扰：“要防止和反对来自两个方面的阻力，一是‘左’的，一是右的。作为领导思想，重点是防止、纠正、反对‘左’的阻力和影响。”小康社会首要目标在于防“左”。邓小平指出：“中国历史上有‘小康之家’的说法。小康社会就是还不富裕，但日子好过。就我们来说，目标定得低一点有好处。目标定低一点是为了防止产生急躁情绪，避免又回到‘左’的错误上去。”

中国发展的稳定，取决于中国共产党战略的持续和稳定。小康社会战略的成功实践在很大程度上说明了这一点。在“一个中心，两个基本点”的战略架构中，建设小康社会是以经济建设为中心和改革开放的必然要求。因此，在邓小平的小康社会思想中，有一个重要的战略思想就是防止“左”的干扰。这与邓小平对新中国成立后的历史和未来发展走向的把握直接相关，即要以人民是否满意为标准。

---

[1] 《邓小平文选》第三卷，第 379—380 页。

本章小结

本章主要讲述了小康社会建设中的创业活力，论述了改革开放是决定中国命运的关键抉择，并就改革开放后的六次创业热潮展开说明了改革开放的内在动力，对小康社会建设的起点、成就、战略的格局及内涵做了系统论述。

推荐阅读

- 中共中央党史研究室著，胡绳主编，《中国共产党的七十年》，中共党史出版社，1991。
- ［美］傅高义著，冯克利译，《邓小平时代》，生活·读书·新知三联书店，2013。
- 陈立旭著，《从传统到现代：浙江模式的文化社会学阐释》，中国社会科学出版社，2007。
- 刘志光著，《小康社会：中国特色社会主义理论与实践的解读》，北京大学出版社，2005。

思考题

- 请你结合本章内容，谈谈中国改革开放与小康社会建设战略的关系。
- 请你谈谈文化与创业的关系。

第五章　国家火炬计划与科技创业

改革开放初期，我国为了迎接世界新技术革命的挑战，组织启动了全国性的大讨论，称为“新技术革命大讨论”，这场讨论具有从政府主导到政府学界协同推进，再到大众广泛参与的特征，作为中国政府主动应对产业革命和挑战的起点，不仅影响了中国科技与产业发展之路，也开启了社会各界全面了解新世界技术革命发展态势及西方社会经济模式的过程，成为冲破国人思想禁锢的突破口。由此诞生了国家火炬计划，步入科技创业时代。

第一节　火炬计划时代背景

纵观国内“新技术革命大讨论”的新发展历程，1978 年，刚刚经历过“文化大革命”的中国各界本着一种主动、开放的态度，开始了解世界新技术革命发展的动向，探讨技术革命浪潮将会给中国发展带来的影响。1981 年，美籍华裔女作家韩素音向《读书》杂志的主编沈昌文介绍了 1980 年出版的美国学者阿尔文·托夫勒（Alvin Toffler）的《第三次浪潮》（*The Third Wave*）一书，随后，《大趋势》《后工业社会》等一大批海外著作被介绍引入中国，在全社会引起了怎样迎接新技术革命的大讨论。1983 年 10 月，国务院以“应当注意研究世界新的产业革命和我们的对策”为题组织召开了小型座谈，会后提出了关于中国在新的世界形势下取得发展机会的若干方案。次年，中共中央下发题为《世界新的技术革命》的文件，提出了 10 条对策，推动了中国高新技术产业的蓬勃发展，关于世界产业革命与中国发展对策的讨论达到全国性高潮。

在中国“新技术革命”开始之前，世界生产力与生产关系已经发生了翻天覆地的变化。18 世纪 60 年代，第一次工业革命结束了奴隶和农奴劳动，以圈地运动、私人财产权、新教带动的大规模扫盲为背景开启了资本主义时代。第二次工业革命发生在以稀缺为主导的交换市场经济时代，该时代背景下，工厂不断提高生产效率、持续降低边际成本、开展大规模工业生产以改善物资稀缺，从而推动技术进步，进一步减少了农业和手工劳动。新一轮工业革命即第三次工业革命，实质是以数字制造技术、互联网技术和再生性能源技术的重大创新与融合为代表，工业、产业乃至社会都发生了重大变革，这一过程不仅将推动一批替代已有产业的新兴产业诞生与发展，还将导致社会生产方式、制造模式甚至生产组织方式等方面发生重要变革，最终使人类进入生态和谐、绿色低碳、可持续发展的社会。

高新技术产业是科技革命与第三次工业革命催生出的全新产业，代表着未来经济社会发展的方向。在此背景下，1988 年国家火炬计划（China Torch Program）正式出台，为中国发展高新技术产业点燃了“第一盏灯”。

第二节　火炬计划概述

作为我国科技体制改革的重大成果之一，火炬计划促进了科技与经济在发展中互动、在创新中结合、在创业中集聚，为加速发展新兴科技产业、推动技术创新闯出了一条具有中国特色的科技产业化道路，成为中国高新技术产业发展的一面旗帜。

一、火炬计划的基本内涵

火炬计划是由国家科技部（原国家科委）组织实施的一项旨在利用市场机制促进我国高新技术产业化及其环境建设的指导性计划，是国家科技计划体系中政策引导类计划的重要组成部分。1978 年，中国打开了改革开放的大门，1988 年，党中央、国务院正式批准实施旨在发展中国高新技术产业的指导性计划——火炬计划。同年 8 月，国家科委在北京召开第一次火炬计划工作会议，宋健主任及阮崇武、李绪鄂、朱丽兰副主任出席会议，李绪鄂副主任宣布火炬计划正式开始实施。火炬计划的宗旨是，贯彻落实党中央全面深化改革的精神，实施创新驱动发展战略，结合中国实际，充分调动和发挥中国社会各界，特别是科技界的优势和潜力，以市场为导向，强化企业技术创新主体地位，加快培育和发展战略性新兴产业，促进中国高新技术成果商品化、高新技术商品产业化和高新技术产业国际化，促进科技与经济紧密结合。

二、火炬计划的五大抓手

火炬计划进一步开发了国家“七五”科技攻关计划中的高新技术成果，以及高技术研究发展计划即“863 计划”的成果，使之形成在国内外市场上具有竞争能力的高新技术产业产品的一系列部署，具体包含五大方面重要抓手。

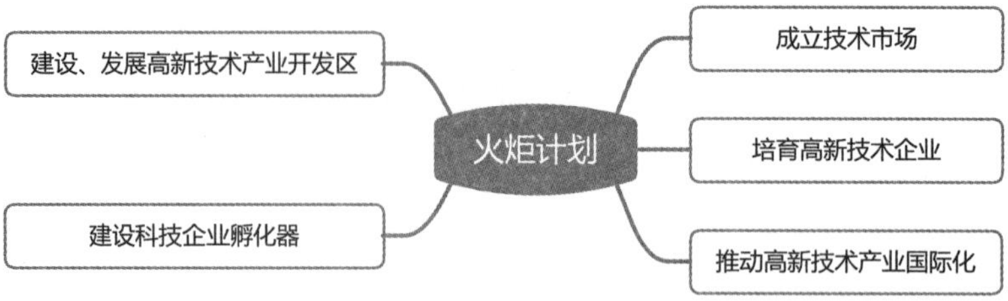

图 5.1　火炬计划的五大抓手

（一）建设高新技术产业开发区

借鉴美国硅谷、台湾新竹、印度班加罗尔的经验，建设中国的科技园区。高新技术产业开发区是火炬计划的重要组成部分，是改革开放深化和社会主义市场经济发展的必然产物。高新技术产业开发区以智力密集和开放环境条件为依托，主要依靠我国自己的科技和经济实力，通过优化软硬环境，最大限度地把科技成果转化为现实生产力而建立起来的、面向国内外两个市场、发展我国高新技术产业的集中区域。

（二）建设科技企业孵化器

吸取国外孵化器成功发展的经验，结合中国国情建立科技企业孵化器，其宗旨是创造局部优化环境，促进高新技术成果商品化，培育新的经济生长点。科技企业孵化器是高新技术成果转化为产业的重要环节，是高新技术企业的生长点，是实验室与企业的结合点，也是构成高新技术产业发展支撑服务体系的重要组成部分。

（三）成立技术市场

技术市场是技术商品生产、流通和交换关系的总和，是社会主义市场经济体制在科技领域的集中体现，是科技与经济结合最基本的制度安排。自新中国成立以来，中国经济在很长时间内都沿用苏联的计划经济体制，存在科技和经济两张皮的问题，技术市场就是要解决这一问题，让科技成果从实验室走向市场，使技术能够像商品一样进行交换、像资产一样用于创业。技术市场的发展也促进了研究开发、技术转移、检验检测、创业孵化、知识产权、科技咨询、科技金融等专业化科技服务不断发展，推动了科技服务业态的形成和细化。

（四）培育高新技术企业

科技型中小企业、高新技术企业是发展高新技术产业的重要载体，火炬计划通过设立科技型中小企业技术创新基金、开展高新技术企业认定等一系列举措，促进科技成果的转化及高新技术企业的孵化培育。2008 年，科技部、财政部、税务总局联合发布《高新技术企业认定管理办法》《高新技术企业认定管理工作指引》，至今已形成较为成熟的高新技术企业孵育服务体系，成为推动高新技术产业持续快速增长的关键支撑。

（五）推动高新技术产业国际化

加强国际合作，推动高新技术产业走向国际化道路，是火炬计划的主要内容之一。通过组织开展重大国际交流活动、建设中国海外科技园等各种渠道，谋求与国外的科技、金融、企业、商业等各界开展交流合作，既要“引进来”，也要“走出去”，从而推动我国高新技术产品进入国际市场。中国今天之所以有“大众创业、万众创新”的局面，之所以有华为、中兴、小米这样的企业，之所以有这么多科研机构，火炬计划作出了非常重要的贡献。

第三节　火炬计划与创新创业

在火炬计划30多年的推动下，中国国家高新区数量和质量取得了双提升，高新技术产业实现从无到有、从小到大，甚至走出海外，成功探索出了一条政府引导、市场推动的由创业反向拉动科技创新的中国特色高新技术发展道路。

一、火炬计划的成效

（一）促进高新区高质量发展

国家高新区从企业强到产业强到经济强，成为高质量发展的杰出示范。1991年3月6日，国务院批准国家科委审定的26个高技术产业开发区为国家高新技术产业开发区，同年4月全国高新技术产业开发区工作会议在北京召开，邓小平为火炬计划题词“发展高科技，实现产业化”，揭开了中国国家高新区发展的序幕。

国家高新区的发展历程可以概括为“始于硅谷，兴于中国，成于今朝”。**首先，始于硅谷。**高新区的概念起源于美国硅谷。1951年，在弗莱德·特曼教授的推动下，斯坦福大学划出579英亩的校园地皮成立科技工业园，一方面支持学生创办公司，一方面借着土地出租收益聘请最一流的教授，为斯坦福大学、加州伯克利、理工学院的学生创业提供支持，一批大学科研成果得以迅速商业化，诞生了惠普、英特尔、苹果、甲骨文等一大批世界级的优秀科技企业。

硅谷的发展路径有三大重要特点。一是活跃的创业，依托紧邻高水平院校的区位优势，硅谷有大量科技人员，具备以各领域最前沿的技术为支撑开展创业的优渥条件；二是顶级的风险投资，硅谷汇聚了一批成熟老练、经验丰富的风险资本家，除提供给创业者创业所需资金外，更重要的是其背后的行业经验，推动并引导创业者走向成功之路；三是多元包容的创新创业文化，硅谷推崇的是敢冒风险、特立独行、拒绝平庸的文化，创业的初心和动力也由此不断被激发、被挖掘。在创业、创新、资本紧密绑定的机制下，硅谷的发展表现出明显的大公司衍生机制，每隔一段时间便会诞生一家世界级伟大企业。

其次，兴于中国。1985 年，中国科学院与深圳市政府联合创办了我国第一个高新技术产业开发区——深圳科技工业园，1988 年 5 月，国务院批准建立北京市新技术开发实验区（中关村前身），1991—1992 年国务院先后批准建设 52 家国家高新区。与硅谷从诞生起就专注科技成果转化和产业化的发展路径不同，中国的高新区经国务院批准开发建设，主要走的是产业园区或工业园区的外向型发展道路。政府前期供土地、给予政策支持，快速完成了园区的土地开发、厂房建设等基础配套工作，以免税、大市场、服务保障等优势大力招商引资，将我国的制度优势、政策优势、土地优势、劳动力优势、市场优势以及整个科技资源优势充分地结合起来、释放出来，成就了中国的高速发展。

最后，成于今朝。国家高新区在发展过程中，不断在产业园区的框架下注入科技园区的内涵。如今的国家高新区已成为我国整体经济的重要战略支撑和新增长点，无论是经济贡献占 GDP 的比重，还是高新技术企业发展情况、“新物种”企业和高新技术企业的集聚度，高新区都已占据了绝对制高点。截至 2020 年底，全国共有 169 家国家级高新区，2020 年国家高新区的 GDP 占全国 GDP 的 13.3%、税收占全国的 12.1%，企业研发支出达 9192.2 亿元，占全国企业整体投入的 49.2%，在科技、经济、社会的高质量发展上作出了杰出示范[1]。目前，泰国、印度尼西亚、埃及等“一带一路”沿线上的众多国家都在学习中国火炬计划的园区经验。一定程度上而言，中国的火炬计划具有全球意义，为全球发展新经济以及全球新一轮高质量发展作出卓越贡献。

（二）为经济转型提供支撑

创业孵化载体成为我国创新驱动发展战略的“基础设施”，为实体经济转型提供了重要支撑。1987 年，我国首家科技企业孵化器诞生于武汉，历经多年发展，我国的创业孵化载体数量、在孵企业数量和孵化器从业人员数量均达

[1]　数据来源：《2020 年国家高新区综合发展与数据分析报告》。

到全球第一。截至 2019 年，全国创业孵化载体数量达到 1.3 万家，其中孵化器 5206 家、众创空间 8000 家，共有国家备案的创业孵化载体 3065 家、国家备案的专业化众创空间 73 家。在建设规模迅速增长的同时，孵化器也已成为培育科技型企业的“摇篮”，截至 2019 年，全国在孵企业和团队共有 65.8 万家，共吸纳就业 450.3 万人，包括应届毕业大学生 46.4 万人、留学人员近 2.8 万人，聚集国家级人才计划入选人员超过 4300 人，企业和团队获得投融资 1418 亿元，累计毕业企业达 16.1 万家。截至 2020 年 7 月，孵化器培育出 49 家科创板企业，占科创板上市企业总数近 40%，孵化器的发展成为科技企业壮大经济发展的新动力。[1]

（三）加速科技成果转化

技术市场是我国科技体制改革的重大突破，已形成日趋完善的制度和管理体系，加速了大批科技成果向现实生产力转化。1984 年 11 月 16 日，国务院常务会议作出“加速技术成果商品化，开放技术市场”的决定，确定以技术市场为突破口改革科技体制。自此，国家层面开展了一系列试点示范工作推动技术市场开放：1995 年《中共中央、国务院关于加速科学技术进步的决定》提出，发展各种技术中介机构和交易场所，培养职业技术经纪人队伍，建立技术供需的双向信息渠道和网络；2001 年，首批“国家技术转移中心”在清华大学、上海交通大学、西安交通大学、华东理工大学、华中科技大学、四川大学等 6 所高校设立；2007 年《国家技术转移促进行动实施方案》印发，提出选择一批具有带动作用的技术转移机构进行试点，建立国家技术转移示范机构，国家技术转移促进行动正式启动；2008 年，科技部确定清华大学国家技术转移中心等 76 家机构为首批国家技术转移示范机构；目前，我国技术市场已形成了一整套法律政策体系和多样化的推进机制，引发了社会观念的深刻变革，极大地激发了社会大众投身创新创业的热情与活力。

技术市场开拓了技术转移多元途径，加速了科技成果向现实生产力转化。开放技术市场，强化了科研开发的市场化导向，技术入股、创业投资、股权众筹等技术转移途径和交易模式不断丰富，科技与资本、市场的结合更加紧密，大量新技术通过技术市场这一平台和渠道流向企业，有力地推动了技术成果转化。2013 年，全国技术市场合同成交总金额从 1984 年的 7 亿元增长到 7469 亿元，占

[1] 数据来源：《中国创业孵化发展报告 2020》。

全社会 R&D 支出比例达到 63%。截至 2017 年，全国技术转移示范机构达 453 家，促成技术转移项目成交总金额 1779.3 亿元。2020 年，我国技术合同成交额达到 28252 亿元，同比增长 26.1%[1]，电子信息、城市建设与社会发展和先进制造领域居成交金额前三位，技术市场已成为科技创新和产业化投入的重要渠道。

（四）完善“新物种”孵育体系

高新技术企业培育体系不断完善，孕育了一批以瞪羚、独角兽为代表的“新物种”企业。火炬计划以培育支持科技型中小企业为出发点，逐步构建了完整的高新技术企业孵育服务体系。火炬计划借鉴硅谷支持科技型中小企业、支持科技精英创业的成功经验，结合我国发展实际，以“让开大路、占领两厢”为思路，让开当时的支持国有大企业为主的计划体制，转而发展和支持科技型中小企业、民营科技企业和吸纳科技成果的乡镇企业，以“火炬计划项目、科技型中小企业技术创新基金项目”等为抓手，大力培育发展高新技术企业，促使我国新兴产业得到快速蓬勃发展。以创新基金为例，1999 年 6 月 26 日，科技型中小企业技术创新基金正式启动，力度最大时每年投入约 60 亿元支持研发、创业与中小企业发展，创新推出无偿资助、贷款贴息、资本金投入（相当于股权投资）等多种支持方式，当前很多地方政府组建天使投资、创业投资的引导基金其实都是此模式的沿用。

在火炬计划的推动下，以新物种企业为代表的高新技术企业群体加速形成。2020 年，我国高新技术企业已达 27 万家，国家高新区拥有经认定的高新技术企业 10.1 万家，约占全国总数的 36.8%[2]；全国独角兽企业 251 家，总估值首次超万亿美元，估值 100 亿美元以上的超级独角兽企业有 12 家[3]；2020 年共有 111 家国家高新区实施了瞪羚企业培育计划，占比 65.7%，入统企业中 3321 家高成长企业入选国家高新区瞪羚企业，国家高新区整体瞪羚率 2.4%，持续维持在较高水平。[4]

[1] 数据来源：《中华人民共和国 2020 年国民经济和社会发展统计公报》。

[2] 数据来源：《2020 年国家高新区综合发展与数据分析报告》。

[3] 数据来源：长城战略咨询《中国独角兽企业研究报告 2021》。

[4] 数据来源：《2020 年国家高新区综合发展与数据分析报告》。

表 5.1 国家高新区高新技术企业培育的典型成果

企业名称	所属高新区
腾讯	深圳高新区
阿里巴巴	杭州高新区
百度	中关村
京东	中关村
网易	杭州高新区
小米	中关村
美团点评	中关村

（五）高新区国际化发展成效显著

高新技术产业国际化发展成效显著，国家高新区已成为我国参与全球竞争的主阵地。火炬计划通过国家高新技术产品出口基地、中国软件欧美出口工程和海外科技园建设等一系列举措，积极支持和鼓励科技型企业“走出去”，培育和提高高新技术企业利用国际国内两种资源的能力，极大地提升了我国高新技术产业的国际竞争力，推动了高新技术产业国际化的迅速发展。

国家高新区作为火炬计划实施的重要载体和核心政策作用点，已成为我国在高新技术产业领域参与全球竞争的主阵地，在出口总额、PCT 专利、国际化人才及外资利用等方面均取得了显著成效。从出口总额来看，2020 年，国家高新区出口总额达 44726.6 万亿元，是“十二五”末年的 1.45 倍，其中高新技术产品出口总额为 27001.9 亿元，占全国的比重达 50.4%。从 PCT 专利来看，2020 年，国家高新区当年申请的 PCT 国际专利受理量达到 3.6 万件，占我国 PCT 专利申请受理量的比重超过 49.4%。从国际化人才来看，2020 年，国家高新区企业拥有外籍常驻人员 7.2 万人，比“十二五”末年增长 12.5%，海外留学归国人员 21 万人，比“十二五”末年增长 81%。[1]

一大批拥有自主知识产权的龙头企业开始参与国际市场竞争，在全球高新技术产业格局中，我国高新技术企业正在成为一支重要力量。以深圳高新区的科技型企业为例，大疆创新占领无人机全球 80% 的市场份额，中兴通讯在全球布

[1] 数据来源：《2020 年国家高新区综合发展与数据分析报告》。

局了140个分支机构、16个创新中心，迈瑞医疗在海外设立18个机构（含3个研发中心），海能达在海外设立了8个地区总部和20多个代表处，世界500强韩国三星通讯设备研究院、韩国SK集团下属维世达生命健康公司、Google Adwords深圳体验中心陆续落户高新区，“从中国走向世界”的国际化步伐不断加快。

拓展知识

专栏5-1：深圳高新区

深圳高新区于1996年12月获国务院批复设立，规划面积11.52平方千米，以占全市不到0.6%的土地面积创造了全市约11%的GDP，单位面积产出居国家级高新区首位，综合排名位居全国前列，是国家建设世界一流高科技园区的首批六家试点园区之一。凭借市场化、国际化、法治化三大法宝，造就了一个“大市场，小政府”的创客天堂。

“三大法宝”营造鼓励创新、宽容失败的“类硅谷”创客文化氛围。一是以市场化理念突出企业创新主体地位，深圳高新区多年来致力于创造适合中小企业发展的产业环境，以精准服务推动企业创新，成为我国高新技术产业壮大的“主阵地”。二是以国际化理念大力支持企业“走出去”，通过建立综合管理系统、搭建国际科技商务平台、建立“走出去”专家平台等方式，帮助科技型企业实现国际化发展。三是以法制化理念构建创新发展的制度保障体系，深圳高新区创立之初就出台了《深圳国家高新技术产业园区管理暂行办法》，2001年又出台了全国第一部高新区条例——《深圳经济特区高新技术产业园区条例》，以特区立法的形式对高新区规划建设、项目入区、人才引进、资金支持、管理体制和政府行为规范等进行了明确规定，形成了覆盖自主创新体系全过程的政策链。如今，深圳高新区已成为深圳产业集聚度最高、产业结构最优化、创新要素最活跃的地方，承载着深圳集聚全球创新资源、建设国际创客中心的理想。

造就了企业创新的“6个90%”，实现世界级头部企业引领。截至2019年底，深圳国家高新区园区生产总值（GDP）约7129亿元，用不到深圳全市0.6%的土地便创造出超过10%的GDP，创造了90%的创新型企业是本地企业、90%以上的研发机构设立在企业、90%以上的研发人员集中在企业、90%以上的研发投入来源于企业、90%以上的职务发明专利出自企业、90%以上的重大科技项目由龙头企业承担，引进建成百度国际总部、甲骨文深圳研发中心等世界500强企业总部或功能性中心，华为、大疆、比亚迪等本土领军企业不断打破国外技术垄断，在新一代信息通信、高端装备制造和新能源汽车等领域走向国际前列，逐步从跟跑迈向并跑、领跑。

（资料来源：作者参考相关资料编写）

拓展知识

专栏5-2：杭州高新区

杭州高新区成立于1990年，是国务院批准的首批国家级高新技术产业开发区之一；2002年6月，杭州高新区与滨江区管理体制调整，实行“两块牌子、一套班子”。2015年8月，国务院批复同意杭州国家高新区建设国家自主创新示范区，是全国第10个自主创新示范区。2016年6月，杭州高新区被科技部火炬中心列入全国10个世界一流高科技园区创建序列。

杭州高新区围绕以数字经济为代表的高新技术产业打造创新链，营造了科技与经济充分融合的创新创业生态。杭州高新区坚持把人才工作放在经济工作的最首要位置，推出人才新政30条，实施“5050”计划，创造条件吸引人才、留住人才，宽容失败并甘愿为失败承担必要成本，过去15年人才总量增加近20万人。在创新创业载体建设方面，杭州高新区建有微软软件开发工具创新服务平台、英特尔软件创新服务平台等10余个数字经济领域公共技术服务平台，有省级以上研发中心183家，拥有杭州市级以上科技孵化器35个、众创空间32个，构建了一条完整的创新技术孵化链条。

以龙头平台型企业为引领，持续创新、不断孵化，内生增长动力得到高度激发。高新区依托大企业的集聚效应，形成了以阿里巴巴、网易为代表的电子商务产业集群，以海康威视、大华股份、宇视科技为代表的数字安防产业集群，以安恒信息、迪普科技、宏杉科技为代表的网络信息安全产业集群，以创业慧康、和仁科技为代表的智慧医疗产业集群。这些龙头企业在深耕传统业务的同时，积极布局人工智能、芯片、机器人、智能汽车等新兴领域，进行第二次创业、第三次创业，高新区内生动力得以不断强化，已成长为全省数字经济强区。2019年，杭州高新区高新技术产业实现收入3692.5亿元，增长15.6%，累计拥有上市公司51家。

如今，杭州高新区已作为一个“大孵化器”，成为带动杭州乃至浙江创新发展的重要引擎。海康威视、大华股份、英飞特等企业纷纷在桐庐、富阳等地建设产业基地，带动了当地产业转型升级；杭州高新区还与建始、丹寨、麻江等地开展对口合作，在产业培植、项目谋划、人才支撑等方面给予当地全面支持。据不完全统计，近年来，滨江已累计向区外输出科技型企业超过2000家。

（资料来源：作者参考相关资料编写）

二、火炬计划与创新创业生态

在三十余年的发展历程中，火炬计划通过办高新区、建孵化器、搞技术市场、支持中小企业、支持创新创业、推动国际化合作等抓手，无形中形成了一套要素流、信息流、思想流互动衔接的具有中国特色的创新创业生态。企业、高校院所、新型创新组织、政府等多元主体的创新活力得以全面激发，人才、资本、技术、信息等创新要素能够畅通流动，以众创空间为代表的双创服务不断走向专业化，全国各大城市的创新创业生活环境持续优化，“勇于冒险、勇于创新、宽容失败、追求成功、开放包容”的创新文化氛围日益浓厚，双创体制机制和政策走向健全。在这样的创新创业生态下，各类主体要素进行全面链接和融合，供给与需求、企业与产业、公共服务与市场机制集成同步、同频共振、相互作用，促使高新技术产业领域的创新创业成为激发实体经济新动能的重要引擎。

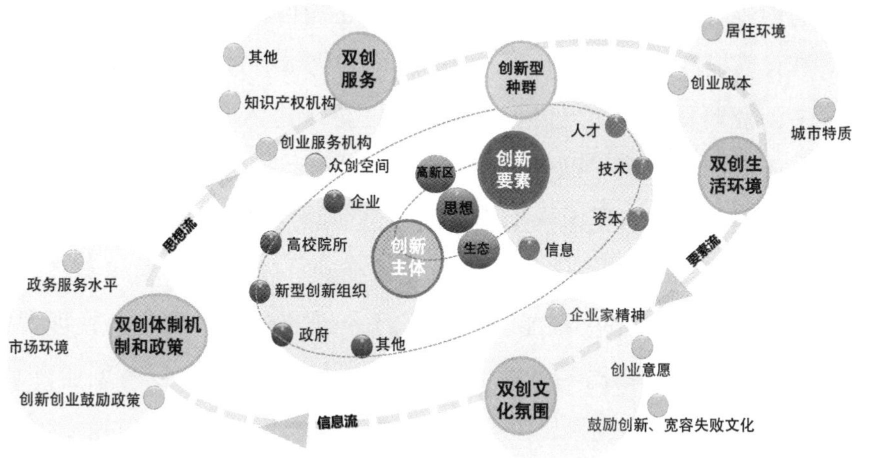

图 5.2　创新创业生态图示

三、中国科技创业

科技创业是原创性科学研究和技术创新的总称，是指创造和应用新知识和新技术、新工艺，采用新的生产方式和经营管理模式，开发新产品，提高产品质量，提供新服务的过程。科技创业由科技企业孵化器开启，历经四个发展阶段，在新时期为我国经济发展注入了强大的生机与活力。回顾改革开放40多年以来创业群体的变化，大体分为以下四个阶段。

图 5.3　中国科技创业的四个阶段

草根创业阶段。20 世纪 80 年代改革开放之初，为解决生存问题，第一代草根创业者展开了乡镇企业、城市个体户等不同形式的创业，逐步从个体户到民营企业家，再通过转型发展，甚至成长为具有国际知名度的企业家。

知识分子下海创业阶段。20 世纪 80 年代末，在经济转轨、体制藩篱破除以及技术革命浪潮影响下，一批科技工作者下海创业，创建了中国最早的一批高新技术企业，使大量优秀科技成果走出档案库，并转变为生产力，冲击了各个领域的传统计划体制，推动了产权、投资、收入分配和金融制度等多项改革。这一时期的创业者多为以知识分子为主的社会主流群体，受教育程度显著提高，虽不再是具有草根性的农民和工人，但创业行为仍带有社会边缘群体的性质。

留学生创业阶段。20 世纪 90 年代中期，全球进入知识经济时代，国内经济体制改革不断推进，激励政策相继出台，市场环境优化，国内巨大的市场空间和良好的发展前景吸引了留学生的关注，进而涌现出留学生归国创业的浪潮。留学生创业者通常具备现代化的管理理念和经验、先进的技术和丰富的资源，以及国际化的视野和战略决策能力。他们将先进的技术和理念、管理带回国，在互联网信息产业、生物医药产业为代表的高科技行业开展创新创业，同时将投资者引进门，带领其参与到国际竞争中，抢占产业技术制高点。

大众创业阶段。21 世纪，互联网技术的普及逐步降低创业门槛，政府顺应社会转型和技术发展趋势，强力推动创新驱动发展战略以及“大众创业、万众创新”的双创政策，将创新作为第一生产力，新技术、新业态、新模式层出不穷，创业群体开始呈现多元化、大众化的特点，企业家价值不断得以体现，创业者不断被社会所认可和尊重。这轮创业潮中，高科技园区是创业的主要场所。我国相继成长起一批世界一流园区，其宽松的创业环境和浓厚的创业氛围成为系列创业者、跨区域创业者、改变世界创业者创业的重要平台。这批创业者拥有丰富的创业经验和创业资源，具有较强把握机遇的能力，拥有改变世界的梦想，发挥着产业组织者的角色。

第四节　创业服务

创业服务是对创业者提供创业指导、创业咨询、创业帮助的服务模式，是创业企业和创业个人在事业发展中寻求外部支持，减少创业风险，取得成功的重要因素。创业服务包含创业投资、资源对接、人力资源、市场营销、大赛路演、政策指导等多种服务类型。伴随着火炬计划的开启与科技创业的发展，创业服务也逐步转型发展，呈现出由公共服务向市场化拓展、由综合性向专业化和多样化转变、由单一化向多元化转变和由国内向国际延伸的特点。

一、创业投资

创业投资（Venture Capital）又称“风险投资”，是指对处于创建期和成长期的高科技企业进行股权投资，以期望获得较高投资报酬率的一种投资方式。创业投资最初开始于二战后的美国，历经几度沉浮与发展，20 世纪 70 年代后，西欧、日本等国家和地区也逐渐兴起创业投资热潮。

中国创业投资的萌芽始于 20 世纪 80 年代初，以中关村地区为典型代表，许多高技术人才集聚中关村，以美国高技术风险企业为“蓝本”，开始中国高技术产业的创建过程，同时也开始了创业投资在中国的尝试与探索。中关村高科技企业的发展与高技术创业投资密切相关，由于当时的社会环境和法律条件限制，在没有专门创业投资体制的情况下，中关村高技术企业的创立和发展依靠多元化的资金来源渠道支持，包括创业者个人筹措、纵向或横向科研经费、地方单位自有资金、科技贷款等。随着中关村高科技企业的壮大，具备一定实力及国内外知名度的企业在资金来源上发生了一定的变化，一是新技术企业通过申报国家“火炬计划”项目可获得银行贷款；二是中关村地区汇聚诸多金融机构，每年为新技术企业提供资金支持；三是外资和社会资本的蓬勃发展。

创业投资作为培育高技术企业、推动高技术产业发展的主要力量，一直处于研究和舆论的焦点。早在 1995 年，长城战略咨询便与北京试验区发展战略研究中心联合承担了北京市科委软科学计划《北京市试验区高技术企业二次创业战略研究》。近年来，我国不断引导金融机构加大对创业创新企业的金融支持力度，加强银行业金融机构与双创示范基地及各类众创空间等双创载体合作。同时，加快资本市场改革，大力推进设立科创板并试点注册制，创新企业境内发行股票或存托凭证试点，建立创业投资基金投资退出反向挂钩机制，推动区域性股权市场规范发展。截至 2022 年 3 月，科创板上市公司总数突破 400 家，首发募集资金总额超 5600 亿元，总市值近 5 万亿元。[1]

二、新型创业载体

新型创业载体主要包含新型研发机构和大企业开放式创业平台等。我国的新型研发机构起步于 20 世纪末，主要是指高校及科研院所聚焦区域主导产业的技术创新需求，配置创新、人才、资金资源，提供各类科学技术服务和科技型企业孵化与育成的平台。

近年来，承担着基础研究、应用研究、技术转移、创业孵化、产业化、人才集聚和科技金融等多重功能的新型研发机构在全国大范围涌现、蓬勃兴起，主要包含以下三种类型，**一是以研发为主的新型研发机构**，聚焦创新链上游基础研究和应用研发等功能，着重原始创新，具有以研发源头创新撬动产业发展的杠杆作用。以之江实验室、北京量子信息科学研究院为典型代表。**二是以转化为主的新型研发机构**，聚焦创新链中下游成果转化、创业孵化、资源对接等，依托科技成果转化体制机制创新，发挥平台渠道作用，推动关键原创技术在产业中应用，提供各类科学技术服务，促进科技型企业的孵化与育成。以中国科学院苏州生物医学工程研究所、武汉生物技术研究院等为典型代表。**三是全链条综合型新型研发机构**，不再局限于服务科技创新的某个环节，而是将科学研究、技术开发、科技成果转化与产业化融为一体，形成从上游源头创新到下游产业化的全产业链技术创新体系。以北京协同创新研究院为典型代表。

大企业开放式创业平台指大企业以平台思维、互联网思维、产业生态思维

[1]　数据来源：《证券时报》。

为引领，通过建设专业化众创空间、研发众包平台等模式，对平台化转型进行多种探索和实践，实现从封闭型企业到生态圈企业、从竞争逻辑到共生逻辑的转变。在此模式下，系统性创新逐步取代链式创新，使得创新更加高效，创新活动将以市场需求为导向、以企业为主体、以产业发展为落脚点，能够从产品终端、行业场景、市场交易等后端反向配置资源，实现创业、研发和产业化的协调发展。

拓展知识

专栏 5–3：海尔平台化转型

现在海尔只有三类人：平台主、小微主和创客。原来的三级经营体，则变成了大大小小的平台主。所谓“平台主”，就是建立的这个平台上面能产生多少创业团队，有多少创业团队能够成功，平台主为小微们提供资金、资源、机制和文化等支持。海尔提出的企业平台化，意味着要打破原有的科层制体系，改变上级管理下级的模式，转变成“为员工提供创业服务”的孵化器。原有的企业管理者将变身平台主，为创业者提供服务、支持，最终将转化为小微企业的股东。海尔正在推动其原有的各事业部、各产品线负责人，转型为各自产品线的平台主，为各自的平台催生出更多的小微公司提供相应的资源对接、机制创新等服务。

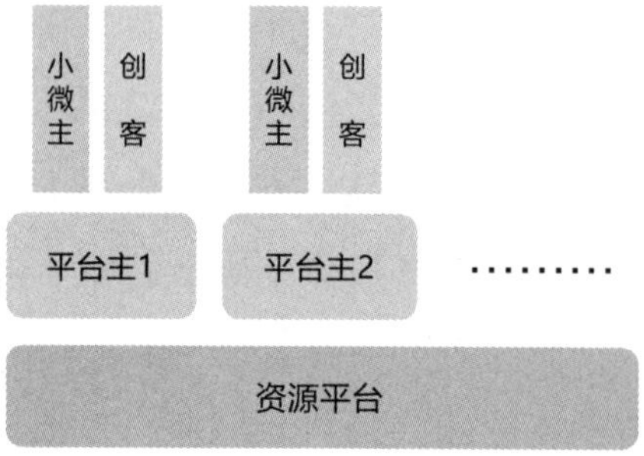

图 5.4　海尔大企业平台式创新模式图

（资料来源：作者参考相关资料编写）

本章小结

本章内容对国家火炬计划、科技创业提出的背景进行了概述，说明了火炬计划的内涵及五大抓手，深度剖析了科技创业的四个阶段，并结合新时代发展特色，展开说明了创业服务的内涵和种类。

推荐阅读

- ［美］埃德蒙·费尔普斯著，余江译，《大繁荣：大众创新如何带来国家繁荣》，中信出版社，2013。
- 小米生态链谷仓学院著，《小米生态链战地笔记》，中信出版社，2017。
- 陈惠湘著，《联想为什么》，经济日报出版社，2008。
- ［美］丹·塞诺、［以色列］索尔·辛格著，王跃红、韩君宜译，《创业的国度：以色列经济奇迹的启示》，中信出版社，2010。
- ［美］维克多·黄、格雷格·霍洛维茨著，诸葛越、许斌、林翔、志鹏、王霞译，《硅谷生态圈：创新的雨林法则》，机械工业出版社，2015。

思考题

- 火炬计划对中国科技创业的影响有哪些？
- 中关村有哪些创业公司和代表性的创业人物？
- 请谈谈你如何看待大学生创业。

第六章　中关村创新创业发展路径

中关村的发展历程可以分为四个阶段：电子一条街时期（20 世纪 80 年代）、北京市高新技术产业开发试验区时期（1988—1999 年）、中关村科技园区时期（1999—2009 年）、中关村自主创新示范区时期（2009 年至今）。总结 30 年来中关村发展成功的核心经验是：始终正确发挥市场与政府两股力量的作用。其中，市场力量是基础；政府遵循市场规律，顺势而为，从而形成 1+1>2 的合力。这种顺势而为合力的形成，关键在于政府承担了培育市场和市场主体的职责。

市场经济发达的国家，政府承担“守夜人”的职责，即制定法律、守住法律底线以维护社会和经济的正常运转；近代以来，宏观经济规模愈加庞大、复杂，为解决客观存在的市场失灵问题，增加了宏观经济的调控功能。然而对发展中国家来说，市场经济发展落后于发达国家几百年，因此必然要承担双重职责：一是传统的“守夜人”职责，二是培育市场和培育市场主体的职责。后者是发展中国家走向现代化之路所必须承担的，也是传统古典经济学中所缺失的。中关村园区管理机构率先承担起培育市场和市场主体的职责，乃至今天，中国政府所推进的现代化建设，都是政府成功承担双重职责的典范，也是今天应向“一带一路”沿线国家和地区大讲特讲的中国经验和中国故事。

表 6.1　中关村名号的改变历程

时间	名　号
20 世纪 80 年代之前	地名、32 路公交车站名、中科院职工宿舍区所在地
80 年代中	俗名（民称）：中关村电子一条街 邪号（贬称）：倒爷一条街
1988 年	正名（封号）：北京市新技术产业开发实验区（国务院批准） 简称：试验区（中国第一家国家级高新区） 俗称：中国硅谷、电脑大卖场

（续表）

时间	名　号
90 年代末	正名：中关村科技园区（国务院赋之新名） 简称：中关村园区 俗称：中国高新区的领头羊（无邪号）
21 世纪第一个十年	封号：中关村自主创新示范区（中关村科技园区正名未改，组织名称未变） 简称：中关村 自誉定位：中国高新技术产业策源地、中国改革先行先试区
今日	（中国，北京）具有国际影响力的科技创新中心核心承载区（正名不变） 简称：中关村

第一节　中关村电子一条街时期

电子一条街时期（20 世纪 80 年代）。北京的中关村地区是中国科教智力资源最密集、最具创新活力和特色的地区。20 世纪 80 年代中国改革开放初期，一批来自高等院校和科研院所的科技人员进入市场，在中关村地区创办了一批科技企业，形成了“中关村电子一条街”。

一、历史背景

（一）百年历史文化积淀

在 1949 年之前，中关村是个只有几十户人家的自然村，其边界并不清晰。1951 年，国家决定将中国科学院的重要研究机构设在这里，从此便开始了“中国科学城”的建设。从 1954 年中国近代物理所正式入驻，到 1960 年底，中科院已有 18 个研究所进驻中关村。中科院的北边是建于 1911 年的清华大学，西边是建于 1919

年并于1926年迁址于此的燕京大学（现在的北京大学），东边是航空航天大学、北京科技大学等八大学院，南边是中国人民大学、北京理工大学、北京交通大学等。2001年，在以中关村为中心的直径5千米范围内，有大学39所、科研机构40余所，百年的历史文化积淀，形成了国内最为密集的科教智力资源密集区。

（二）新技术革命创造巨大市场

20世纪70年代起，以美国硅谷为代表的世界微电子产业蓬勃发展，进入80年代，发达国家开始进入个人电脑（PC机）时代，这是一个巨大的新兴产业市场。而在我国，电脑刚刚进入国家实验室、进入大学电教室，且电脑语言只能识别英文。假若中国也能进入PC机时代，以中国的人口规模，那将是一个巨大市场。中关村的科技企业，正是抓住了这样一个市场风口而快速发展起来。

（三）科技人员下海创业

1978年中共十一届三中全会召开，结束了以“阶级斗争为纲”的路线，代之以“经济建设为中心”的基本路线，中国的经济体制改革从农村的“联产承包家庭责任制”，逐渐扩展到城市个体经商户的合法经营、乡镇集体企业的兴起和国有企业的承包经营改革，进而引发了一批科技人员下海经商。中国经济开始从计划经济体制向市场体制转轨，给予了科技人员创业办企业的合法地位。

二、市场的作用

（一）民办科技企业兴起

在传统的计划体制下，创办企业的资金均来自国家各级政府的财政资金（乡镇企业除外），企业员工均有国家人员编制名额，所有的生产经营活动都由国家计划安排。而中关村的民营科技企业创办时，看准的是市场需求，不是靠国家计划内的财政资金和人员编制，实行的是“自筹资金、自由组合、自主经营、自负盈亏”的机制，这就是“两不四自原则”。在企业内部管理上，也打破了传统企业员工能进不能出的“铁饭碗”，和干多少报酬都一样的“大锅饭”，员工和企业的效益，均来自市场经营的结果。这些在今天看来极为普通的事，在当时却代表着向市场化迈进的根本性改革。

（二）电子市场活跃

电脑特别是PC机进入中国市场之时，正是中国城市市场化改革的开始之际。由科技人员下海创办的科技企业，开始了使用电脑的各个环节的二次技术开发，让电脑认识中文，操作使用中文，输出也是中文。这期间，让电脑进入中国每一个家庭的电脑汉化技术成为中关村科技企业的技术开发主流，联想电脑汉卡、王码五笔字型输入法、晓军汉化桌面系统、希望中文CCDS系统、新天地的中文之星、金山软件的WPS汉化办公系统等从中关村喷涌而出，经营电脑软硬件也成为大多数中关村企业的主业，从此人们称中关村地区为“电子一条街”。到1987年底，中关村电子一条街已成为全国较大的PC机和电子元器件市场，电脑和电子产品销售额达到4亿多元。然而也就在这个阶段，由于电脑市场和初创科技企业的不稳定，电脑售后服务配套不完善，一些受到损失的用户发出“倒爷一条街”“骗子一条街”的怨声，中关村电子一条街的发展始终存在于争议和质疑声中。

（三）创办科技企业

最先按照市场需求导向创办民营科技企业的，是中科院物理所研究员陈春先。在中国结束“文革”重新打开国门后，陈春先曾先后三次出访美国考察。他发现，在美国硅谷，科技人员可以通过创办企业，快速地将实验室的科研成果转化为具有经济效益的产品。回国之后，陈春光在北京市科协的支持下，于1980年10月创办了“北京市等离子学会先进技术服务部”，也就是中关村第一家民营科技企业。这件在今天看来是再普通不过的事，在当时的物理所却掀起了层层巨浪，陈春先成为“不务正业”“腐蚀科技人员”的批判对象。1983年1月，就在服务部岌岌可危之时，时任中共中央总书记胡耀邦等4位中央领导同志通过新华社内参了解了陈春先的处境，随即作出批示，认为陈春先的做法，是找到了一条实现科技成果转化、科技与经济相结合的新路，应该给予支持。从此，创办企业的争议逐渐弱化，中关村的科技企业有了更高层面的价值，而且至今不变。

三、政府的作用

（一）海淀区政府的“碰头会”

20世纪80年代初，科技人员下海创业十分艰难，想办企业无经营场所，更缺资金；想离职办企业，却不知自己的个人档案该放到哪里。当时毕业于清华大学时任海淀区委书记的贾春旺，凭着要让海淀科技资源支持经济发展的信念，帮助科技创业者们从农村人民公社那里找经营用房，从农村信用社和乡镇企业中联系贷、借款。同时，海淀区委书记、副书记和常务副区长开“碰头会”，决定由区科委接收离职下海的科技人员的档案，还决定让科技企业享受当年只有知青企业才可享受的减免税待遇。而这一切支持科技企业的决定，都是在“不做记录、不发文件、不召开正式办公会讨论”的非正规方式下决定的。在当年不具备实施制度性改革的环境下，这不能不说是勇于改革和勇于担当的政府领导人的政治智慧。

（二）中国科学院“一院两制”制度

在中科院的科技人员和所属研究所尝试创办科技企业的同时，中科院的领导也在思考如何落实党中央、国务院于1982年提出来的“科技工作面向经济主战场”的大政方针。时任中科院副院长的周光召亲自到计算所、微生物所等院属科研单位调研，鼓动科技人员采用多种方式创业。面对科研单位管理制度并不适应创办企业的难题，周光召提出了“一院两制”的设想，即中科院的事业单位和企业分别采用不同的两种机制，并于1986年正式印发了《中国科学院新技术开发性公司开办与管理的暂行规定》和《关于技术开发公司与院、所关系有关事项的决定》两份文件，将“一院两制”在中科院制度化地推广实施。中科院“一院两制”的制度性改革，大大激发了科技人员办企业的热情。到1991年，在中关村最优秀的50家企业中，有一半由中科院创办。

（三）颁布《关于科技体制改革的决定》

1985年，党中央和国务院正式发布了《关于科技体制改革的决定》，文中明确指出：“要在全国选择若干智力资源密集的地区，采取特殊政策，逐步形成具有不同特色的新兴产业开发区。”这一决定，成为在中关村地区实施重大制度性变革的最高层决策前提。

（四）开展联合调查

自1980年中关村出现了第一家科技人员创办的科技企业，到1987年底，这批按“四自”原则组建的企业不仅作出了令人瞩目的业绩，而且走出了一条依靠科技促进经济发展之路，回答了长期困扰中央领导的“如何解决科技与经济两张皮”的难题。中关村电子一条街现象，引起了中央领导的关注，在时任中共中央总书记的直接关注下，1987 年底，由中共中央办公厅牵头组织国家科委、国家教委、中国科协、中科院、北京市科委、海淀区政府这七个部门成立联合调查组，对电子一条街的企业沿街走访，并在中南海召开了两次座谈会，总结经验，进而建议在中关村成立新技术开发区。该调研成果于 1988 年 3 月 7 日由中共中央财经领导小组讨论后，决定责成北京市负责试办中关村高技术产业开发区，对试点的各个事项，国家有关部门一律开“绿灯”给予支持。

四、媒体的关注

媒体的嗅觉极为敏锐，在中关村电子一条街刚刚兴起的阶段，他们就嗅到了美国“硅谷”的味道，1984 年 9 月 11 日，《北京日报》发表《开创中国式硅谷的探索——海淀建设新型经济区的调查》。1986 年 12 月 10 日《人民日报》发表报道《北京中关村一场悄悄变革，中国“硅谷”正在这里孕育》。1987 年，香港《大公报》将海淀中关村一带称为“中国硅谷”。而美国硅谷也确实是中关村新时期发展的榜样、起点和基因，创业式创新是其内在的、具有自成长能力的核心价值。然而可惜的是，这一点，至今并不是所有人的共识。

第二节　北京市新技术产业开发试验区时期

第二阶段为北京市高新技术产业开发试验区时期（1988—1999 年）。1988 年，国务院批准以中关村地区为中心，成立了北京市新技术产业开发区试验区（简称试验区），这是中国第一个国家级高新技术产业开发区，也是中国科技、教育和经济体制改革的试验区。

一、历史背景

（一）建立社会主义市场经济体制

20 世纪 80 年代末，全国从农村“联产承包责任制”起步的经济体制改革正向城市经济深入拓展，对外开放、设立经济特区、开发建设以吸引外资为主的经济技术开发区、实行工厂承包经营改革等，如火如荼。然而这一切却因 1989 年 6 月的政治风波而戛然截止。从 1989 年末至 1991 年底，是改革停滞的两年，也是对改革的质疑声、反对声最高的两年。与此同时，苏联解体、东欧剧变，曾经存在四十余年的国际“社会主义阵营”顷刻瓦解。

此时此刻，中国站在一个“向何处去”的十字路口：向前继续进行市场体制改革？还是后退回到原有的计划经济体制？争论的核心焦点是：正在进行的市场化改革是属于社会主义体制下的变革，还是属于资本主义的“和平演变”？在这个不进则退的历史时刻，邓小平于 1992 年 1 月 18 日至 2 月 21 日先后到武昌、深圳、珠海、上海等地视察并发表谈话，史称“南方谈话”，旗帜鲜明地支持深化改革。他明确指出：判断姓“社”还是姓“资”，关键要看是否实现了“三个有利于”，即是否有利于发展社会主义社会的生产力、是否有利于增强社会主义国家的综合国力、是否有利于提高人民的生活水平。“南方谈话”终止了无休止的争论，重启了改革开放的步伐。在 1992 年 10 月召开的中共十四大上，确定了我国经济体制改革的目标，就是建立社会主义市场经济体制，从此正式走上具有中国特色社会主义发展道路。

（二）颁布我国第一部《公司法》

《公司法》是我国改革开放以来第一部由全国人大常委会颁布的，旨在建立并维护市场主体基本权益的法律。在《公司法》正式实施之前，由于特定历史阶段所造成的社会上对私营企业的歧视及相应的不平等地位，使得许多个人出资的企业注册为集体所有制企业，这就是当年普遍存在的私营企业“戴红帽子”问题，结果造成许多的企业产权纠纷。《公司法》颁布实施后，大量企业摘掉“红帽子”，重新注册为产权清晰的股份制企业，避免了产权纠纷，调动并维护了个人出资办企业的积极性。中关村里科技人员创办的企业也受益于此。

（三）实施科教兴国战略

1995 年 5 月 26 日至 30 日，由中共中央和国务院在北京召开全国科技大会，时任中共中央总书记江泽民在大会上宣布实施科教兴国战略，并发出“创新是一个民族进步的灵魂，是国家兴旺发达的不竭动力”的宣言。这次科技大会，为正在壮大的中关村科技企业提供了强大、持久的推动力。

二、政府的作用

（一）国务院批准实施“18 条”

1988 年 3 月—4 月，北京市政府按照中央财经领导小组要求，组织起草了关于建立高科技产业开发区的条例，并将其定名为《北京市新技术产业开发试验区暂行条例》。1988 年 5 月 10 日，国务院批准发布实施《北京市新技术产业开发试验区暂行条例》，该条例共有 18 条，简称“18 条”。“18 条”规定：以中关村地区为中心，在北京市海淀区划出 100 平方千米左右的区域，建立外向型、开放型的新技术产业开发试验区。

“18 条”给予试验区的科技企业多种税收优惠政策，其中最重要的是企业所得税减免，所得税率由当时的 55% 减为 15%；且实行“三免三减半”。即企业成立后的前三年免税，第四年至第六年按 7% 征收。这项优惠政策执行了 20 年，直到 2008 年全国实行新企业所得税法时才终止。“18 条”还规定了建筑税、进出口批件、进出口关税、奖金税等方面的优惠。

“18 条”给予试验区特殊的财政返还政策。即试验区内所有新技术企业上缴的税金，以 1987 年为基数，5 年内新增部分，全部返还海淀区政府，用于试验区建设。1992 年该政策修订为：增加的税收收入，缴给中央政府的不再返还，而上缴给市政府的继续延长 5 年返还。这样，园区管理机构就有了自己独立的财政资金管理权。

（二）北京市政府设立园区管理机构

北京市根据国务院批准的“18 条”制定了实施细则。实施细则决定成立隶属于海淀区政府的试验区办公室，下设企业管理部、工商所、税务所、财政所和行政管理部。这样企业可以在试验区办公室的管辖范围内，完成所有合法经营的手续。

根据“18 条”和北京市政府对试验区办公室的授权，试验区办公室自成立之日起，开始了一系列基层政府对企业管理制度的改革，其改革的核心，是将以管理为主转变为以服务为主，“寓管理于服务之中”。其中最主要的改革有：企业工商注册管理制度、企业财务税收管理制度、企业统计制度、企业员工因公出国审批制度、外贸企业申请注册制度等。2008 年在试验区成立 20 周年之际，试验区办公室的工作人员联合撰写了一本回忆录《铺路石》，真实记录了当年基层政府在国家经济体制转轨之际，所做的种种艰辛的制度改革。

（三）进行维护市场导向的改革探索

1991 年底，由于信通公司走私电脑案发，海关在中关村电子一条街调查了一批企业，并且扣押了一批进口的电脑零部件。因此，“走私一条街”的质疑声再起。当年进口产品，包括进口电脑及其零部件都需要有关部门批发的进口批件。而当年能够获得进口批件的，都是计划内的国营企业，但这些国营企业却生产不出来市场上用户所需要的电脑产品。相反，在进口电脑产品上进行了二次技术开发的中关村企业的产品非常受市场欢迎，但由于中关村企业是计划外的民营企业，无法从正式的渠道获得进口批件，于是这两类企业主体之间就自然发生了买卖批件的行为。另外，在对外开放之初，中央政府对广东和福建两省扩大了进出口的授权，两省可以不用进口批件而自行进口许多商品在省内自销。如果进口商品销往省外，则需要相关政府部门颁发准运证。这使得一些中关村企业就从广东、福建两省进口商中购买电脑及零部件，经过再开发后销售到全国市场。

于是 1991 年底在中关村的查走私案就出现了这样的情况：只查买批件的，不查卖批件的；北方查处无准运证的进口商品为“走私”，南方却无人给此类商品开准运证。试验区办公会通过调查并走访律师，判断这次查处的“中关村走私”行为，其实质上是在改革探索中计划与市场新旧两种制度之间发生的碰撞，不应简单按“走私”查处。试验区办公室和海淀区政府为此专门写了情况通报，上报市政府。后经北京市政法委员会议协调决定，暂停在中关村一条街上的查私行动，同时继续深入查处信通公司走私一案。由此，中关村以进口电脑二次开发销售为主的众多公司，迈过了改革探索中的一道沟坎。

（四）企业所有制结构发生重大变化

在实验区刚刚成立的 1988 年，试验区企业的主体是集体所有制企业，其在企业总数中占比达 61%。但根据实验区办公室的实地调查，许多集体性质企业的资金来源，大多由个人筹集，有的是个人借款，还有的是创办者预收的工程款和预收货款等。但由于社会上对私营企业的不信任，这些企业都戴上了公有制集体企业的“红帽子”。导致随着企业的快速成长，所积累的资产究竟属于谁的产权归属问题越来越突出，企业自行探索的、力求产权清晰的股份改革均未成功。直到 1994 年 7 月 1 日，我国《公司法》正式实施，大量科技人员纷纷选择产权清晰的股份制企业，到 1999 年，股份制企业由 1988 年的零占比，增加到了 49.1% 的比重。

表 6.2　试验区企业所有制结构变化一览表

		国有	集体	联营	股份制	外贸企业	合作
1988 年	企业数	132	320	64	0	11	527
	比重	25%	61%	12%	0	2%	100%
1999 年	企业数	1181	786	250	3283	1184	6690
	比重	17.6%	11.7%	3.7%	49.1%	17.7%	100%

（数据来源：《中关村科技园区志》）

（五）设立国家级高新区

根据北京市试验区的成功经验，国务院于 1991 年和 1992 年分两次先后批准成立了 51 个国家级高新技术产业开发区（简称国家级高新区）。截至 2020

年，国务院批准设立的国家级高新区已达 169 家 (含苏州工业园)。自设立以来，国家高新区始终坚持改革开放和自主创新，积极推进科技与经济结合，科技创新资源迅速聚集，科技企业快速成长，在创新驱动和转型发展中发挥着越来越重要的作用。

三、市场的作用

国内市场有限开放，成长出知名高技术企业。中国的电脑市场是中国最早开放的市场之一，20 世纪 90 年代中期，中关村的技术企业绝大多数处于改革开放中最早打破垄断、实施全行业竞争的领域，企业甚至在家门口就与国外大公司展开市场竞争。在这样的国际竞争中，中关村的企业创业、成长，在学习国外技术的同时发挥了本土市场的优势，优胜劣汰，在电脑国产化和办公自动化领域产生了中国自己的新兴产业并开始辐射全国。

四通公司是中国大陆第一家在香港上市的民营科技企业；联想于 1984 年凭借 20 万元资金创办，如今已成为全球最大的个人电脑提供商；方正集团王选教授用自主研发的激光照排技术改造了全国乃至全球的中文报业和出版业，使之实现电子化。与此同时，成长出我国第一批优秀科技企业家：联想的柳传志、清华紫光的张本正、用友的王文京、金山的求伯君、中文之星的王志东、时代的彭伟民和王晓兰等。此阶段，中关村已成为北京市高新技术企业和外国高技术大公司的集聚区、科技人员的创业乐园、科技创造财富的示范区。同时，也为中国互联网产业的发展奠定了产业与人脉基础。

表 6.3　1988—1999 年北京市新技术产业开发试验区主要经济指标一览表

年份	企业家（家）	总收入（亿元）	工业产值（亿元）	上缴税费（亿元）	出口创汇（亿美元）	从业人数（万人）
1988	527	14	4.8	0.5	0.1	0.9
1989	850	17.8	5.5	0.7	0.3	1
1990	974	25	8.7	1.2	0.4	1.5
1991	1343	37	12	1.5	0.5	3.1
1992	2442	60	21	2.3	0.7	6.9

（续表）

年份	企业家（家）	总收入（亿元）	工业产值（亿元）	上缴税费（亿元）	出口创汇（亿美元）	从业人数（万人）
1993	3769	100	33.3	3.6	1.1	10.8
1994	4229	142.8	60.2	4.8	1.3	11.3
1995	4438	219.5	113.5	7.4	2.3	12
1996	4506	297.4	145.8	9.4	2.5	12.5
1997	4525	407	199.4	11.9	3	13.5
1998	6057	703.9	375.7	21.69	9.57	17.3
1999	6690	1049	763	40.8	9.6	24.3

（数据来源：《中关村科技园区志》）

四、试验区空间扩展

1991 年 11 月，北京市政府决定建立丰台科技园和昌平科技园作为试验区的组成部分，以弥补海淀区内企业发展空间不足的问题（海淀区内 98% 为建成区）。1994 年 4 月，国家科委复函北京市政府，同意对试验区范围的调整，由此试验区形成“一区三园”的空间结构，其中“三园”为海淀园、丰台园、昌平园。1999 年 1 月，国家科技部批准北京市政府将北京电子城老工业基地和亦庄经济开发区首期开发用地调整纳入试验区。自此，形成“一区五园”格局，即试验区空间范围包括海淀园、丰台园、昌平园、电子城和亦庄科技园。

第三节　中关村科技园区时期

第三阶段是中关村科技园区时期（1999—2009 年）。1999 年，国务院作出了“加快建设中关村科技园区”的决定，自此试验区更名为中关村科技园区。

一、历史背景

（一）中关村改革创新之路

北京试验区成立早期，时任中共中央总书记的江泽民于 1992 年 5 月就视察过试验区。在 1999 年至 2001 年间，江泽民又先后三次考察了中关村园区，肯定了其所取得的成绩。更重要的是，江泽民对于建设科技园区有着深刻认识和高度评价，他于 1996 年 11 月在菲律宾召开的亚太经合组织第四次领导人非正式会议上说：“本世纪在科技产业化方面最重要的创举是兴办科技工业园区。这种产业发展与科技活动的结合，解决了科技与经济脱离的难题，使人类的发现或发明能够畅通地转移到产业领域，实现其经济和社会效益。”2003 年 1 月，时任中共中央总书记的胡锦涛视察中关村园区，并提出“中关村科技园区就是改革的产物。这里机制和体制比较灵适，吸引和激活创新资源的软环境比较好，呈现出很强的发展活力”。

2005 年 7 月，时任国务院总理温家宝主持的国家科教领导小组会议上指出：“中关村科技园区创建以来，努力探索具有中国特色的、以自主创新为核心的高科技产业的发展道路，对北京市转变经济增长方式、调整产业结构作出了重要贡献，为全国高新技术产业开发区的发展与改革起到了重要的示范作用。”自 2005 年以来，国家把提高自主创新能力作为国家战略的重要组成部分。

（二）中关村自主创新之路

在 2005 年 11 月召开的中央经济工作会议上，首次把“全面增强自主创新能力，不断推进产业结构调整”作为第二年的全国六项重点工作任务之一。2006 年国家颁布的《国家中长期科学和技术发展规划纲要（2006—2020 年）》中明确提出："把提高自主创新能力作为调整经济结构、转变增长方式、提高国家竞争力的中心环节，把建设创新型国家作为面向未来的重大战略选择。”至此，中关村改革创新走出的这条具有中国特色的科技与经济相结合的道路，获得了从中央到地方，从企业到社会各界的一致认可。中国市场导向的资本市场持续改革，为中关村风险资本的进入与成长提供了基础条件。

在市场经济体制下至关重要的要素市场——具有直接融资功能的股票交易市场，自 1991 年和 1992 年先后在上海交易所和深圳交易所开市以来，先是在“姓资还是姓社”的争论中磕磕碰碰前行，后又长期被解决国有企业上市公司的股权分置所困扰。对于科技企业迫切需要的多层次资本市场建设问题，在 10 多年的时间里始终排不上解决议程。直至 2003 年 10 月中共十六届三中全会作出了《中共中央关于完善社会主义市场经济体制若干问题的决定》，明确提出了“大力发展多层次资本市场”，中国多层次资本市场的建设才正式启程。

2004 年，深交所推出中小（企业）板市场；2006 年 1 月由中国证监会、国家科技部和北京市政府联合推出了允许中关村科技企业股票挂牌交易的“新三板”市场；2009 年深交所又推出了创业板市场。其后，2019 年上交所推出了科创板市场；2021 年 9 月，在“新三板”基础上成立了北京市证券交易所；再加上全国各地多年来在本地运行的“四板”市场，至此，我国基本建成了完整的多层资本市场体系。对于中关村来说，最重要的是“新三板”的推出，它新生于中关村科技园区，服务于中关村的科技企业，并且于 2013 年从中关村推广到了全国，为中国的多层次资本市场建设作出了贡献。

二、市场的作用

（一）创业者的引领作用

自 20 世纪 90 年代末至 21 世纪的第一个 10 年，中关村的第三代企业家创立并发展起来的互联网产业承接中关村电脑产业继续领军全国，同时还呈现出中国各类新兴产业的策源地之势。

第一代创业者代表有柳传志，其创办了联想集团，公司主要发展自有品牌的个人电脑业务；段永基，创办了四通集团，主营办公自动化产品；王小兰，创办时代集团，公司主要发展检测仪器、焊接设备、应用软件等业务；张本正，创办清华紫光，主营扫描仪、笔记本电脑、系统集成软件等。

第二代创业者代表有王文京，创办用友公司，致力于企业应用软件方面的业务；刘迎建，创办汉王公司，主要发展图文识别、汉王笔、手写系统业务；冯军，创办华旗公司，主要发展电子消费品业务，并打造爱国者品牌；尹卫东，创办科兴生物，主要从事生物技术、灭活疫苗等方面的业务；王志东，开发“中文之星”，后创办新浪网。

第三代创业者代表为李彦宏，创办百度，主营业务为网络搜索、人工智能、自动驾驶；张朝阳，创办搜狐，主要做网站门户、发展全能网络业务；邓中翰，创办中星微电子公司，主要从事图形图像识别、芯片设计业务；刘世平，创办吉贝克（大数据企业，应用于银行、公安等领域）。

以留学生归国创业为代表的第三代企业者具有鲜明的国际化特征。他们以全球市场的视野开发产品，以硅谷成熟的合伙人制度创办企业，他们与国际上先进的技术同行合作，引进了具有战略眼光的境外风险资本。第三代创业者使中关村的技术创新水平从跟跑到并跑，甚至在一些领域达到了全球领跑水平。试验区时期，电子信息产业一业独大，在 1999 年企业的总收入中，电子信息产业占比高达 75%。经过十余年的发展，中关村产业呈现出多元化、服务化的态势。2008 年，中关村企业的总收入中电子信息产业占比首次降到 50% 以下，而新能源、装备制造、新材料和生物医药的占比则分别达到了 9.8%、9.3%、6.4% 和 4.6%；同时现代服务业的比重超过制造业，达到了 57%。[1]

（二）国外高技术大公司入驻

进入中关村园区的国外高技术大公司在中关村开办的研发机构，不仅面向中国市场开发产品，而且利用中国优质科技人员开展面向全球的前瞻研究。其中，代表性的公司有：IBM、微软、诺维信、富士通、英特尔、摩托罗拉、甲骨文、法国电力等。

---

[1] 数据来源：《中关村产业发展报告 2008》。

IBM（1995）　微软（1995）　诺维信（1997）　富士通（1998）

英特尔（1998）　摩托罗拉（1999）　甲骨文（2003）　法国电力（2004）

图 6.1　国外高技术公司代表

（三）产学研合作不断涌现

关于美国硅谷的发展，有一种说法是“没有斯坦福大学，也就没有硅谷”。据说硅谷科技企业的收入有一半来自斯坦福大学的衍生企业——即由斯坦福大学的教师和毕业生创办的企业或者是利用斯坦福的科研成果创办的企业。中关村科技企业的起家，学的是硅谷的创业模式，中关村里高校 / 院所的衍生公司也是实现高校 / 院所科技成果转化的重要方式。这一时代代表性的企业有清华紫光、清华同方、有研硅股、安泰科技、天元网络、慧点科技、北大千方等。除了衍生企业之外，中关村的企业与大学共建联合实验室也是产学研合作的重要方式，如神州数码与北航计算机学院合作、搜狐与清华大学合作、万泰生物与厦门大学合作等。

这些新型多样化的合作方式，大多确定了合作各方清晰的权、责、利关系。如学校占有企业一定比例的股权，或可以分享一定比例的成果转化收益，再或者在知识产权方面，出资的企业拥有专利权，而承担相应开发工作的教师则拥有发表论文的署名权等。

中关村开放实验室工作开展颇具成效。这是中关村园区管委会为了培育中关村的科技服务市场而采取的扶植措施。即为了鼓励大学 / 学院为企业提供科技服务，如技术查新、检验检测、委托开发、技术验证等，首先由企业与挂牌开放的实验室签订服务合同，然后由中关村管委会按服务合同额的 50% 给实验室补贴。从 2005 年开始实施此项措施，到 2018 年底，中关村的高校 / 院所分十批共计 223 个挂牌的开放实验室，累计服务企业 3 万余家，服务项目 5 万余次。

（四）产业技术联盟持续涌现

中关村的产业技术联盟主要有三种类型，即技术产业化前的联盟、推进产业化的联盟和共同开发市场的联盟。产业化前的联盟以联合制定标准为主要内容，为潜在的市场做准备，如闪联（IGRS——信息设备资源共享协同服务标准联盟）；推进产业化的联盟围绕核心技术，联合上下游企业共同推进产业化，如 TD-SCDMA 产业联盟、中关村下一代互联网产业联盟、手机产业联盟、IT 服务产业联盟、龙芯产业联盟等；共同开发市场的联盟，如长风软件联盟、清新空气产业联盟、医疗器械产业联盟、生物 CRO（服务外包）产业联盟等。截至 2015 年，中关村园区内各类产业技术联盟已达 164 家，涉及各类成员企业 2 万余家。

三、政府的作用

（一）中央政府的重大决策

1999 年 6 月 5 日，国务院批复北京市政府和科技部《关于实施科教兴国战略加快建设中关村科技园区的请示》，原则同意该请示中提出的意见和规划。该请示中明确提出：力争用 10 年时间，把中关村建成世界一流科技园区。由此，试验区更名为中关村科技园区。

1999 年 6 月 23 日，建设中关村科技园区领导小组成立，北京市市长刘淇任组长，科技部副部长、教育部副部长、中科院副院长任副组长，北京市副市长、北京大学校长、清华大学校长、北京市政府有关部门负责人为领导小组成员。领导小组下设办公室，该办公室与中关村科技园区管委会合署办公。另外，北京市政府还任命一名副市长兼中关村园区管委会主任，专职中关村园区的各项工作。

（二）试行“新三板”

2001 年时任国务院副总理李岚清到中关村工作考察时，北京市政府正式提出在中关村园区试行“证券公司代办股份转让系统”的请示。后在李岚清主持召开的，有证监会、中国人民银行等相关部门领导同志参加的讨论会上，同意了此项试点的申请。后经过 4 年有余的可行性论证、制度规则研究制定、组织策划等系列筹备工作，最终于 2006 年 1 月，该代办系统（被称为“新三板”）正式投入运营。

“新三板”的正式运营，为中关村的非上市股份有限公司提供了在证券公司营业部公开挂牌交易股权的通道，一方面为企业引入战略投资人和实施企业并购重组做大做强创造了条件，另一方面也为风险资本的顺利退出创造了必要条件。而对于原来只能承接由 A 股市场退市的“垃圾股”的代办系统而言，中关村优质科技企业在该代办系统的挂牌交易，彻底改造了该系统挂牌企业的成分结构，因此被业界称为“新三板”。2013 年，“新三板”在中关村园区运行 7 年之后，经过持续的改进，开始面向全国优质科技企业开放挂牌，成为我国多层次资本市场的重要组成部分。截至 2021 年 9 月 7 日，在“新三板”挂牌的科技企业已达 7292 家。

（三）颁布《中关村科技园区条例》

2000 年 12 月，北京市第十一届人大常委会讨论通过了《中关村科技园区条例》（简称《园区条例》），并决定于 2001 年 1 月 1 日起施行。《中关村科技园区条例》目录如下：

《中关村科技园区条例》目录

第一章　总则

第二章　市场主体和竞争秩序

第三章　促进和保障

　　第一节　风险投资

　　第二节　资金支持

　　第三节　人才引进

　　第四节　知识产权保护

　　第五节　规划和环境建设

第四章　国际经济技术合作

第五章　政府行为规范

第六章　管理体制

第七章　法律责任

第八章　附则

《园区条例》以保护和激励创业者与投资人为宗旨，作出了许多全国第一的创新性规定。比如总则第七条规定：“组织和个人在中关村科技园区可以从事法律、法规和规章没有明文禁止的活动，但损害公共利益、扰乱社会经济秩序、违反社会公德的行为除外。”这是全国首例把市场经济体制中通行的“法无明文禁止不为过”的基本原则明文写入国内法规之中。再如第二十五条规定：“风险投资机构可以采取有限合伙形式。”这是突破了当时的《合同法》，首次将“有限合伙”的法律形式写入国内法规中。再如第五十六条规定：“境外经济组织或者个人可以与境内组织或者个人在中关村科技园区兴办合资、合作的高新技术企业。”这是突破了当时的外资企业相关法律规定的只允许境内组织而非自然人能与外方创办合资企业的规定。

再有，有关同行“竞业限制”的规定、“企业经营范围不受限制”的规定、“政府不作为应承担相应法律责任”的规定等，都是全国首例的创新条款。因此，《园区条例》一经公布，立即获得国内外舆论的好评，被称为是一部“尊重知识、尊重人才”的法规。

（四）规划建设专业园区

自中关村园区成立（1988 年）以来，各项基础设施建设远远滞后于企业的发展。在 1999 年国务院批复之后，市区两级政府大大加快了以交通为主体的基础设施建设。据不完全统计，在道路交通方面，截至 2005 年，加速修建了地铁 13 号线；新建、扩建道路 30 余条，共计 100 余千米，市区两级政府不完全统计总投资约 56 亿元（不含亦庄园）。另外，还加速投资了通信、电力、供水供气、污水处理厂等各类基础设施。

在中关村企业快速发展的过程中，长期受困于空间发展不足。于 1991 年底开工建设的上地信息产业基地，早在九十年代末已基本满员，而写明于 1988 年“18 条”中的永丰产业基地，却迟迟没有动工。在 1999 年国务院批复后，北京市政府加大了专业园区空间规划和建设的力度，主要包括中关村软件园、中关村生命科学园、永丰产业基地。

中关村软件园一期规划面积为 139 公顷，2000 年底动工建设，2002 年开始入驻企业，现软件园内已聚集联想（全球）总部、百度、新浪等 200 余家企业。二期规划约 500 公顷，已开工建设；中关村生命科学园总规划面积 249 公顷，2002 年开始入驻企业，到 2010 年入驻企业约 90 家；永丰产业基地规划面积 538 公顷，2001 年启动；中关村环保科技园规划面积 359 公顷；电子城 IT 产业园规划面积 37.9 公顷；目前这些专业园已全部建设完成。

（五）改善企业发展环境

自 2000 年起，由北京市政府市级财政设立“建设中关村科技园区专项资金”，其中每年5—16亿由中关村管委会支配，主要用于园区软硬环境建设和扶植园区内高新技术产业的发展。2001年至2005年间，由于园区内启动了大规模的硬环境建设，因此专项资金主要用于专业园建设的银行贷款贴息和重要招商对象的购地、租房补贴。

随着园区硬规划建设任务逐渐完成，专项资金便更多地用于创造有利于企业成长的软环境。如设立中关村科技担保公司、小额贷款公司，以解决中小企业贷款难的问题；设立创投基金，与民间风险投资公司合作，扶植创业企业；实施“瞪羚企业计划”，支持对高成长企业的“投、保、贷”联动业务；实施“专利引擎计划”，鼓励企业在国内外申请专利；实施“鼓励中小企业购买中介服务”政策，提升中小企业质量，培育中介服务市场；设立扶植中关村协会组织发展专项资金，扶植社会组织在中关村的发展；与大学合作设立大学科技园、留学生创业园，这段时间内中关村园区建有14个国家级大学科技园、30余家留学生创业园，大学科技园和留学生创业园成为哺育孵化新型产学研合作的重要载体。由此，中关村科技园区经济总量实现了持续、高速的增长。

表6.4　2000年—2009年中关村科技园区主要经济指标一览表

年份	企业家（家）	就业人员（万人）	企业总收入（亿元）	上缴税费（亿元）	出口创汇（亿美元）
2000	6186	29.3	1434.7	55.6	18.2
2001	8019	36.1	2014.2	89.4	30.5
2002	9673	40.6	2404.8	99.6	28.8
2003	12030	48.9	2886.4	120.1	32.9
2004	13957	55.7	3692.2	141.8	53.6
2005	16452	69.1	4876.8	173.8	94.9
2006	18149	79.2	6744.7	242.3	137.3
2007	21025	90	9035.7	446.6	197.1
2008	18544	94.1	10222.4	504	207.4
2009	17355	106.2	13004.6	658.7	208.2

（数据来源：根据中关村科技园区统计资料整理）

四、科技园区空间拓展

2001 年 6 月，经国家科技部批准，将西城区的德胜园和朝阳区的健翔园纳入中关村科技园区范围，由此形成“一区七园 ”空间结构。2006 年 1 月 17 日，经国家发改委、商务部、国土资源部和科技部联合批准，将中关村园区的规划面积调整为 232.52 平方千米，同时确定了“一区十园”的空间结构。即海淀园、丰台园、昌平园、电子城、亦庄科技园、德胜园、石景山园、大兴生物医药产业基地、通州园和雍和园。

第四节　中关村国家自主创新示范区时期

第四阶段是中关村自主创新示范区时期（2009 年至今）。2009 年，国务院又作出了“中关村科技园区建设国家自主创新示范区的决定”，中关村园区获得了“国家自主创新示范区”的新命名。今日中关村园区（也称中关村示范区），总面积为 488 平方千米，在空间上是“一区多园”结构，有海淀园、丰台园、昌平园、亦庄园等 16 个分园，分布在北京市 14 个区县里。

2019 年，“一区多园”中共有高新技术企业 24892 家，所有企业的年销售收入达 66422 亿元，上缴国家税收 2597 亿元，出口创汇 379.9 亿美元。中关村园区已经成为北京市高技术产业发展的策源地、新兴产业的集聚区、与全球高技术大公司对接的桥头堡、国家科技经济体制深化改革的先行区。

2013 年 7 月，拥有 110 年历史的《麻省理工科技评论》发表了一篇题为《下一个硅谷》的评论文章说：“全世界的城市都在试图复制硅谷，希望能像它那样出色地培育无数创业公司，发展上千亿美元市值的科技企业。但到目前为止，只有一座城市成为了硅谷真正的竞争对手，这就是北京。”

无独有偶，曾先后 8 次创业，被《哈佛商业评论》誉为“创新大师”的史蒂夫·布兰科在北京走访了几个企业孵化器后表示：“在全世界范围内，我都看见过创业公司的集聚，但北京让我震惊。……北京创业生态系统的规模，令波士顿和西雅图黯然失色。”

一、历史背景

（一）国家创新驱动发展战略地位突出

自 2008 年由美国次贷危机引发的全球性金融海啸，到 2020 年染遍全球的新冠病毒感染疫情发生，世界已经进入了新一轮新技术革命与产业革命和世纪疫情交织重叠的百年大变之际。在此巨大历史变化背景下，中共中央于 2012 年十八大提出的“坚持走中国特色自主创新的道路，深入实施创新驱动发展战略”地位愈加突出，实施也日趋深化。

2013 年 9 月 30 日，习近平总书记在中央政治局集体专程到中关村考察时强调：“我们必须增强忧患意识，紧紧抓住和用好新一轮科技革命和产业变革的机遇，不能等待、不能观望、不能懈怠。”2014 年，李克强总理在天津夏季达沃斯论坛上首次提出：要坚持创新驱动战略，扎实推进“大众创业、万众创新”，不断激发社会主体活力、潜力和社会创造力。从此“双创”成为各地区实施创新驱动战略重要举措。2016 年，中国作为东道主，组织召开了主题为“创新、活力、联动、包容的经济”的二十国集团领导人杭州峰会，峰会公报中宣布“制定《2016 年二十国集团创新行动计划》”。2020 年 10 月中共十九届五次全会通过了《中共中央关于制定国民经济和社会发展第十四个五年规划和二〇三五年远景目标的建议》，再次强调了“坚持创新在我国现代化建设全局中核心地位”，强调了“把科技自立自强作为国家发展的战略支撑”。2021 年 9 月召开的中关村论坛上，习近平总书记在开幕致辞中明确提出：“中国支持中关村开展新一轮先行先试改革，加快建设世界领先的科技园区。”

（二）国际科技合作态势复杂

自 2018 年美国政府挑起中美贸易摩擦以来，中美关系的变化已扩散到政治、社会、文化、教育和科技各个领域，其中在科技和教育领域中美方对中国的各种不公正行为愈为激动、影响深刻。尽管如此，我国始终坚持开放、包容的态度积极寻求多途径的国际合作。在 2021 年 9 月召开的中关村论坛的致辞中，习近平总书记再次指出：“当前世界百年未有之大变局加速演进，新冠肺炎疫情影响广泛深远，世界经济复苏面临严峻挑战，世界各国更加需要加强科技开放合作”，强调要“通过科技创新共同探索解决重要全球性问题的途径和方法，共同应对时代挑战，共同促进人类和平与发展的崇高事业”。

（三）数字技术广泛应用

在新一轮技术革命与产业变革中，数字作为基础性的生产要素进入社会生产生活方式之中。正如 2021 年 9 月习近平总书记在给世界互联网大会乌镇峰会的贺信中所说：“数字技术正以新理念、新业态、新模式全面融入人类经济、政治、文化、社会、生态文明建设各领域和全过程，给人类生产生活带来广泛而深刻的影响。”这种变化，使科技创新的范式正在从持续了百年之久的线性方式向非线性方式转变，科学发现与技术发明之间界限开始模糊；科学和技术创新的参与主体从学界到产业界的接力棒式的组合方式向多元一体化的组合方式转化；风险投资、耐心资本在这一转变过程中发挥了无可替代的作用；科技创新的周期大幅缩短；科技成果在现实中的应用呈爆发式发展。数字驱动的技术应用新场景、基因突变的新物种和跨界而生的新赛道，成为基于创新范式变化呈现出来的新经济发展新趋势，自觉遵循这一系列发展的规律，才能在未来的发展中始终保持领先地位。

二、市场的作用

（一）形成了良好的创新创业环境

1. 明星企业持续涌现

明星企业创业者代表：雷军，创办小米；程维，创办滴滴；王兴，创办美团；印奇，创办旷视科技。2020 年中关村有独角兽 72 家，合计市值达 4425.07 亿美元，分别占全国总量的 28.9% 和 42%[1]。新物种企业代表：独角兽企业有字节跳动、滴滴出行、商汤科技、快手、比特大陆；哪吒企业有新石器、爱泊车、齐碳科技、有戏酒店、禾多科技。平台型企业代表：滴滴（滴滴出行、滴滴沃芽）、小米（口袋购物、智米科技、能链）、京东（京东数科、京东物流）、百度（知乎、小盒科技、亿咖通）。

2.“新型孵化器”不断涌现

这一时期，中关村涌现出一批运作模式新、创新能力强的创新型孵化器，形成了一批与国际同步的孵化模式与服务新业态。通过开展早期投资、产业链资源整合、搭建专业技术平台、创业导师辅导等深度服务，推动天使投资与创业孵化融合发展，持续引领我国孵化器行业创新发展。中关村共认定了两批 15 家创新型孵化器。如创新工场、车库咖啡、36 氪、3W 咖啡、常青藤创业园、天使汇等。

3. 天使投资人集聚效应明显

中关村国家自主创新示范区时期，天使投资人数超过 1 万名，其来源主要是高技术公司创始人、上市公司创始人、高管骨干等。天使投资人代表有雷军（小米科技）、徐小平（真格基金）、王华（创新工场）、张金生（启迪之星）、王

[1]　数据来源：《GEI 中国独角兽报告》。

明耀（联想之星）、王晟（英诺天使）等。

天使投资机构代表有实业背景或投资背景的常规天使基金，如元禾原点、熊猫资本、清控银杏、启迪之星、英诺天使等。设在孵化器、科技园里的种子基金，如联想之星、创新工场、厚德创新谷等。平台型企业附属的基金，如奇虎 360、腾讯、微软、新浪、网易、联想等。据不完全统计，2016 年上半年，中关村共发生 379 起天使投资案例，占全国的 46.3%，披露总额为 23.41 亿元，占全国的 45.1%，居全国首位[1]。

4. 新赛道涌现

示范区时期，中关村涌现出一批新兴产业新赛道。其中新一代信息技术领域主要有 5G 技术、人工智能、工业互联网、超高清视频、量子计算；生物与健康行业主要有生物芯片、生物大数据、云健康服务、远程医疗、脑科学与类脑科学；高端装备主要为特种机器人、精密机床、商业航天、增材制造、无人机；新材料领域有第三代半导体、石墨烯、纳米材料、新型显示材料、生物医用材料；新能源与节能环保领域主要有高效储能、氢能及燃料电池、能源互联网、智慧能源、微纳能源；现代交通则以智慧物流、自动驾驶、卫星导航与车联网、新能源智能汽车、共享出行为主。

（二）促进北京市数字经济发展

北京拥有全国规模最大、最有创新力的数字经济产业。根据政府发布的数据：2019 年，北京软件与信息服务业，营业收入 13464.2 亿元，增加值 4783.9 亿元，占全市 GDP 的 13.5%。同期，上海信息服务业增加值 2863.12 亿元，占 GDP 的 7.5%，规模约为北京一半多；深圳数字经济产业增加值 1596.59 亿元（统计口径以软件为主），占 GDP 的 5.9%；杭州数字经济核心产业增加值 3795 亿元（数字经济核心产业统计口径包含了电子信息制造）[2]。从总量看，在基于信息技术和数据利用的数字经济领域，北京的优势十分显著。

从微观的企业个体来看，北京的数字经济企业也具有很强的竞争力。对于数字经济起到关键作用的平台型企业，根据 2020 年 6 月底的数据，中国平台型企业市值 TOP15 中，北京 8 席（美团、京东、百度等），上海 3 席（拼多多、平安好医生、哔哩哔哩），杭州 2 席（阿里巴巴、阿里健康），深圳（腾讯）、广

[1] 数据来源：中关村管委会 2016 年披露数据。

[2] 数据来源：《2020 北京软件和信息服务业发展报告》。

州（网易）各1席；未上市的独角兽企业中（2019年独角兽），估值前15席的企业，北京有7席。

持续的创新力和快速成长能力是北京数字经济企业的特点。北京的数字科技企业总是能够抓住每一次数字技术的浪潮，并且做大做强，例如移动互联网时代的小米；人工智能时代的旷视、商汤；短视频时代的抖音和快手；同时，北京的企业都具有很强互联网思维，善于运营互联网的流量，例如门户时代的新浪、O2O时代的美团、互联网+时代的小米、下沉时代的抖音；而且中关村的企业都致力于成为平台型的企业，如字节跳动、美团和小米等。

三、政府的作用

（一）国务院发布重要批复

2009年3月，国务院发布了《国务院关于同意支持中关村科技园区建设国家自主创新示范区的批复》（国函〔2009〕28号）。批复主要内容有：同意中关村科技园区建设国家自主创新示范区；同意采取以下政策措施支持中关村科技园区建设国家自主创新示范区：开展股权激励试点、深化科技金融改革创新试点、国家科技重大专项项目(课题)经费中按规定核定间接费用、支持新型产业组织参与国家重大科技项目、实施支持创新创业的税收政策，由财政部和税务总局研究支持中关村科技园区建设国家自主创新示范区的税收政策、组织编制2010—2020年发展规划。

（二）中关村试点先行先试政策

组织部牵头设人才特区：实施外籍人才绿卡政策、千人计划、人才职称评定等改革政策；有关商事制度改革：包括工商管理、社会组织登记、食品药品监管、进境检验检疫等多项政策；外汇管理局的外汇管理改革：主要是海外并购用汇，外债宏观管理改革试点。公安部：实施人才进出境改革。

（三）政府多方共建新型研发机构

政府联合大学、研究机构、企业共建新型研发机构。其中北京协同创新研究院由北大、清华等13所大学共建；北京（中关村）石墨烯技术研究院，在北京市政府支持下，由北京市科委推动成立，北大牵头建设；中科院北京纳米能源与系统研究所，由中科院与北京市共建；北京生命科学研究所，由科技部、发改委、教育部、卫生部、中科院、国家自然科学基金会、北京市政府、中国医学科学院共同组成理事会；北京量子信息科学研究院，由北京市政府联合中科院、军事科学院、北大、清华、北航等单位共建；北京脑科学与类脑研究中心，由北京市政府与中科院、军事科学院、北大、清华、北师大、中国医学科学院、中国中医科学院等单位共建；北京智源人工智能研究院，依托北大、清华、中科院、百度、小米、字节跳动、美团点评、旷世科技等共建。

（四）市政府颁布数字经济实施方案

2021 年 8 月，北京市委市政府颁布了《关于加快建设全球数字经济标杆城市的实施方案》。方案提出，力争用 5 至 10 年的持续努力，打造引领全球数字经济发展的高地。该方案，从目标要求、数字经济新体系、标杆引领工程、数字与标杆企业和保障发展五大方面为实现这一伟大目标做了顶层谋划和设计。

表 6.5　2010 年—2019 年中关村科技园区主要经济指标一览表

年份	企业家（家）	总收入（亿元）	增加值（亿元）	工业产值（亿元）	上缴税费（亿元）	出口创汇（亿美元）	就业人员（万人）
2010	15720	15940.2	2615.1	4988	767.2	227.4	115.8
2011	15026	19646	3111	5831.6	925.8	237.3	138.5
2012	14929	25025	3647.5	6494.7	1445.8	261.7	158.6
2013	15455	30497.4	4316.3	7890.3	1506.6	336.2	189.9
2014	15645	36057.6	4954.8	9329.4	1857.6	337.3	201
2015	16693	40809.4	5518.7	9561.7	2035.7	299.4	230.8
2016	19869	46047.6	6560.5	9937.7	2314.1	257.9	248.3
2017	22013	53025.8	7352.2	10796	2598.4	315.8	262
2018	22110	58830.9	8330.6	11129.1	2842	316.4	272.1
2019	24892	66422.2	10410	11886.7	2597.1	379.9	281

（数据来源：根据中关村科技园区统计资料整理）

四、示范区空间拓展

2012 年 12 月，国务院正式下发了《国务院关于同意调整中关村国家自主创新示范区空间规模和布局的批复》（国函〔2012〕168 号），同意中关村示范区面积从 233 平方千米调整为 488 平方千米，科技分园由原来的 10 个扩编为 16 个，分布在全市 14 个区，形成“一区十六园”格局。调整后，北京约 70% 的产业用地可享受示范区的相关政策支持。

本章小结

本章主要讲述了中关村的创新创业之路。系统阐述了中关村发展的四个阶段，即电子一条街时期（20 世纪 80 年代）、北京市高新技术产业开发试验区时期（1988—1999 年）、中关村科技园区时期（1999—2009 年）、中关村自主创新示范区时期（2009 年至今），并展开论述了各发展阶段的历史背景、市场作用、政府作用以及各阶段空间范围的拓展。

推荐阅读

- 凌志军著，《中国的新革命：1980—2006 年，从中关村到中国社会》，湖北人民出版社，2008。
- 胡昭广主编，《铺路石：北京市新技术产业开发试验区办公室回忆录》，北京大学出版社，2011。
- 齐忠著，《中关村的故事》，团结出版社，2020。

思考题

- 请你谈谈政府的哪些做法能有效推进中关村市场化的高新技术产业发展？为什么？

第三篇

新经济孵化器概述

第七章 孵化器发展概况与类型

企业孵化器这一概念起源于美国，1959年，约瑟夫·曼库索在纽约建立了世界上第一个企业孵化器——巴达维亚工业中心，初期为盘活闲置大楼，曼库索改变传统运营模式，将大楼分割为无数小单元格租给小企业，共享办公场地，并为企业提供融资、咨询等服务来帮助承租企业成长。曼库索从养鸡企业的“孵化”模式中获得灵感，将此经营模式命名为“企业孵化器”。20世纪80年代初，孵化器开始在美国本土快速发展并经英国和欧洲传向世界，80年代中期孵化器概念开始推广到了中国。

第一节 我国孵化器发展现状

一、孵化器的概念

孵化器（Incubator），原指通过创造适宜的人工环境以提高家禽出生率和成活率的设备，后引入经济领域，指为培育新生企业而设计的受控制的工作环境。1987年，中国第一家孵化器——武汉东湖新技术创业者中心成立，这标志着中国孵化器事业的开端。20世纪90年代，孵化器进一步推广到波兰、以色列、韩国等国家，于2000年开始以惊人的速度高速发展，并进一步推广到经济比较落后的发展中国家。

科技部关于印发《科技企业孵化器管理办法》的通知（国科发区〔2018〕300号）中明确提出科技企业孵化器的概念、目的和功能。科技企业孵化器（含众创空间等）是以促进科技成果转化，培育科技企业和企业家精神为宗旨，提供物理空间、共享设施和专业化服务的科技创业服务机构，是国家创新体系的重要组成部分、创新创业人才培养基地、大众创新创业的支撑平台。孵化器的建设目标是落实国家创新驱动发展战略，构建完善的创业孵化服务体系，不断提高服务能力和孵化成效，形成主体多元、类型多样、业态丰富的发展格局，持续孵化新企业、催生新产业、形成新业态，推动创新与创业结合、线上与线下结合、投资与孵化结合，培育经济发展新动能，促进实体经济转型升级，为建设现代化经济体系提供支撑。孵化器的主要功能是围绕科技企业的成长需求，集聚各类要素资源，推动科技型创新创业，提供创业场地、共享设施、技术服务、咨询服务、投资融资、创业辅导、资源对接等服务，降低创业成本，提高创业存活率，促进企业成长，以创业带动就业，激发全社会创新创业活力。

二、孵化器的发展历程

中国孵化器事业始于1987年成立的武汉东湖新技术创业者中心，大体上以十年为一个时段，经历了三个阶段。

第一阶段为1987—2000年，该阶段中国科技企业孵化器突出政府为主的榜样示范作用，以高新区和科委为主兴办的综合技术孵化器为主体，绝大部分是自收自支的事业单位。中国孵化器的倡导者、政策制定者和实践者提出了“服务为主，开发为辅”的基本方针，勇于摸索符合我国国情的孵化器发展模式，在体现孵化器社会公益性质的同时，尝试房屋租金以外的小额孵化基金投入、担保基金以及共享产品销售等资金回报渠道，以保证组织长远发展。在这一阶段，中国科技企业孵化器形成了100家左右的规模，为下一步扩大发展奠定了基础。

第二阶段为2001—2013年，中国科技企业孵化器的定位进一步提升，成为国家科技创新体系重要组成部分。孵化器的投资主体扩展到企业界和事业部门，大学与研究院所、民营和国有企业、风险投资机构等主办的孵化器开始出现，国际组织援助资金进入我国，创办和支持孵化器的能力提升，出现了营利性孵化器，出现了全额拨款、差额拨款、自收自支事业单位、国有企业和民营企业等多种性质的孵化器，呈现出事业单位企业化运作、民营化运作、委托授权管理等多种运行机制并存发展的局面。专业技术孵化器、留学人员创业园、国际企业孵化器等形式多样、适应各类主体创新创业需要的、富有特色的孵化器不断涌现。科技部相继出台《关于加快高新技术创业服务中心建设与发展的若干意见》《中国科技企业孵化器“十五”期间发展纲要》和《关于进一步提高科技企业孵化器运行质量的若干意见》，对孵化器运行质量提出了更高要求。这一阶段，孵化器数量迅速增长，实力大大增强，我国迅速跻身世界企业孵化器大国行列。

第三阶段为 2014 年之后，中国科技企业孵化器开始逐步转向高质量发展阶段，适应时代需求的孵化器形态不断创新发展，依托孵化器设立了一大批大学生科技创业见习基地，出现了将孵化活动向前延伸至创业活动酝酿阶段的“创业苗圃”和向后延伸至度过“死亡陷阱”的创业企业成长阶段的“加速器”，以东湖创业街和成都天府新谷为代表的社区孵化苗头初现，以一家富有基础和经验的孵化器衍生出多家专业孵化器群体的“一器多基地”模式在各地兴起。创新驱动战略的实施、一大批政策的集中出台为孵化器的发展优化了政策制度环境，一大批成功的科技企业家、商业天使人、专业科研机构以及创业媒体等各类市场主体自觉进入创业孵化大市场，兴起了我国创业孵化新高潮。

纵观孵化器在中国发展的三十余年，其载体、服务随着创新创业变化和创业者服务需求的变化呈现出动态发展的趋势，不断涌现出新的特点。为追寻自我价值的答案，三十余年历经阵痛、好奇、行走、奔跑，经过时间的沉淀、时间的检验，给人们以新的启示，只有定位明确、功能完善、服务和水平层次高的孵化器，才能在新的变革中生存下来。未来，孵化器将更加注重引领创业经济发展、培育科技型中小企业，在推动高新技术产业发展以及振兴区域经济和培养新的经济增长点等方面，持续发挥着巨大作用。

三、我国孵化器的发展情况

近年来，我国的创业孵化载体规模持续稳步增长，2019 年，全国创业孵化载体数量共计达 13206 家，较 2015 年增加一倍以上，其中孵化器 5206 家、众创空间 8000 家，全国各类创业大街、创业社区、创业小镇等众创集聚区如雨后春笋般不断涌现，在各地形成创业高地并辐射周边。2021 年，国家备案创业孵化载体 3838 家，包括国家级科技企业孵化器 1287 家，国家备案众创空间 2551 家[1]。项目路演、商业模式打磨、资源对接、创业培训、投融资等多元化孵化服务加速发展，“成果 + 孵化”“投资 + 孵化”“培训 + 孵化”逐步成为孵化载体发展的新模式。

我国创业孵化载体区域分布呈现出一定的集聚性，涌现了环渤海、长三角、珠三角、川渝等创业孵化集聚区，最具有代表性的如深圳湾创业广场、杭州梦想小镇、武汉创业街及成都菁蓉国际广场等。从孵化器区域分布具体指标来看，2019 年，孵化器数量最多的前 5 个地区分别为广东、江苏、浙江、山东和河北。其中，广东的孵化器数量 1013 家，位居全国第一；江苏的孵化器数量达 832 家，广东和江苏的孵化器数量遥遥领先全国其他地区。前 5 个地区孵化器总数量的占比超过 54%。2019 年，几乎所有地区在众创空间数量方面均实现了比上一年度的突破，其中广东延续了 2018 年数量第一的排名，共计 952 家众创空间，占据全国总数的 11.9%；江苏、浙江、山东、河北、福建、湖北、安徽、山西、陕西分列全国前 10 位，占全国众创空间总量的 64.9%。[2]

[1]　数据来源：《中国科技双创工作发展报告 2021》。

[2]　数据来源：《2020 孵化载体年度报告》。

第二节　全球孵化器发展现状

一、发展情况概述

根据创业融资管理平台 Gust 和融资网络 Fundacity 发布的 2015 年全球加速器报告显示，自 2000 年以来，世界各国积极推进加速器的建设，新设立的加速器数量持续攀升，其中美国和加拿大新设立的孵化器项目在 2012 年达到巅峰，欧洲、中东等地区的新设加速器项目则在 2014—2015 年达到最高。根据美国智库 Brookings（布鲁金斯学会）调查数据显示，2005—2015 年，美国孵化器数量从个位数迅猛增长到接近 180 家，其中 2009 年到 2013 年是增长最快的时期。到了 2013 年后，增速大大减缓，美国孵化器建设逐渐步入稳定期。

二、建设模式及经验

国外孵化器经过多年的探索发展，形成了一系列有效的发展经验。具体来看：

一是以创业者为核心营造创业氛围，孵化器的功能不仅仅是为创业者提供办公场所，更是围绕创业者的需求打造创业要素聚集的平台，营造良好的创业服务氛围，例如 PNP（Plug and Play，美国硅谷创业孵化器）通过与大企业合作，YC（Y-Combinator，美国 YC 创业孵化器）通过打造 YC 校友社区等。二是聚焦特色行业，注重科技创新，孵化器注重在专业细分领域开展创业孵化，并且大部分聚焦于人工智能、生物医药等重要的创新领域，例如 Rock Health（健康科技）着力发展健康领域、Mucker Lab（黑客实验室）专注于互联网软件、Fannin（范宁）聚焦生命科学。三是具有专业化的运营管理。孵化器的创始人不仅具有丰富的创业经验或专业技术经验、管理经验，并且建立了专业的管理服务团队为初创企业提供深度服务。四是建立完善的创业导师服务体系，孵化器拥有经验丰富的高水平创业导师队伍，建立了创业项目与创业导师合作沟通辅导机制，例如 Tech Ranch（科技牧场）建立起聚焦特定领域的导师组、Tech Stars（科技之星）建立起了多层次的导师网络。五是形成批量化生产创业者的机制。孵化器形成了以“筛选—训练营—演示日”为核心的运营服务模式，即严进宽出的筛选机制 + 三到六个月的集中培训 + 进行路演获取市场投资。六是市场化运作，有清晰的盈利模式，孵化器大都有大企业赞助、社会捐赠，拥有多元化的增值服务，还可以通过微股权、导师股、投资基金等获取投资溢价。七是注重多元协同形成创新生态。孵化器不仅有高校创新源头为创业孵化提供人才等创新资源，还有大企业在众创空间生态中发挥重要作用。另外，美国众创空间发展高度重视校友网络及企业家资源。八是具有完善的创业教育体系。从美国众创空间发展的外部环境来讲，美国是世界上实行创业教育最早也是最成功的国家，形成了完善的创业教育体系，为众创空间发展提供了良好的发展土壤。九是形成独立的第三方评估体系。在美国众创空间的整个发展体系中，形成了以第三方评价机构为主的评估体系，对众创空间等孵化机构进行评估和排名，推动众创空间深度发展。

拓展知识

专栏 7-1：Tech Stars——导师驱动的孵化器

Tech Stars 位于科罗拉多州博尔德市，是一家导师驱动型的创业加速器，在 2006 年由 4 位投资人联合发起成立。创始人和首席执行官 David Cohen（戴维·科恩）拥有成功的创业经验和在硅谷多年经营的人脉资源。Tech Stars 在孵化领域颇有“反硅谷”气质，除了进一步挖掘科技领域内物联网、机器人、医疗等细分领域，还突破性地与媒体、零售、酒店餐饮巨头合作，在科技领域之外攻城略地，进一步丰富自己的创业服务领域。2012 年，Tech Stars 提出“云计划”，之后开启了全球范围的发展，到现在为止，它的分支机构已经遍布全球。2011 年 1 月，公司推出了全球加速器网络（Global Accelerator Network），该网络连接 22 个类似的国际计划，并与奥巴马总统一起推出了奥巴马的“创业美国合伙人计划”（Startup America Partnership）。

Tech Stars 通过“筛选—训练营—演示日”的孵化运行机制，以分阶段学习计划和创业导师服务为特色，批量生产创业者。首先是项目筛选。Tech Stars 关注“天使尚未注意到的项目”，每期孵化项目的数量有限（10—15 家），努力给每家公司提供最大的关注和指导。Tech Stars 的加速器一年两期，为初创企业提供为期 13 周由创业导师指导的企业加速孵化项目。Tech Stars 为入孵企业提供 2 万美元种子基金以换取 6% 公司股权，以及 10 万美元的可转换债券。每年申请季一到，创业团队蜂拥而至，每年申请的成功率不足 1%，申请难度堪比常春藤名校。其次是训练营。为创业团队制订分阶段学习计划。第一个月关注消费群体的培养，第二个月学习完善产品和服务，第三个月联系如何向投资人展示自己的项目以争取投资，最后，在毕业前的 Demo Day（演示日）上，统一亮相，接受天使投资人和 VC（风险投资人）的检阅。孵化过程采用导师制。Tech Stars 为每家初创公司提供 10 名优秀、成功的投资和管理人群作为创业导师，确保他们专注于一家，至多两家公司。拒绝挂名、避免肤浅指导是 Tech Stars 致力于发展的目标，导师们对创业团队的产品从战略规划到实际问题给予指导和帮助。所有团队都要经历第一个月的“导师疯狂”时间，和十余位导师泡在一起，随时汇报项目进展。最后是路演。Tech Stars 将邀请 100—200 位投资人参加演示日，并帮助创业企业对接风险投资，Tech Stars 还有自己的投资基金。目前 75% 的企业获得了投资，平均融资额 100 万—200 万美元。此外，Tech Stars 还为创业企业提供“股权返还保障”，创业企业如果对服务不满意，可以降低 Tech Stars 占股比例。

Tech Stars 主要是用 2 万美元的种子资金以及三个月的孵化期换取孵化公司约 6% 的股权。在初创企业上市或被其他企业并购时退出获利。自 2007 年成立以来，Tech Stars 已经孵化 Sphero（电子元器件采购平台）、Send Grid（电子邮件服务平台）、Digital Ocean（云服务商）、Occipital（3D 传感技术公司）、Orbotix（美国机器人创企）、Localytics（移动分析服务商）、Distil Networks（反爬虫服务商）、Contently（软文交易平台）等共 762 家公司，90% 的毕业公司目前在市场上处于活跃状态或被并购，这些活跃的公司总募集资金超过 20 亿美元，市值已达 50 亿美元。

（资料来源：作者参考相关资料编写）

拓展知识

专栏 7-2：500 Startups——立足硅谷，服务全球

500 Startups（全球顶尖的风险投资机构）于 2010 年成立于硅谷。创始人戴夫·麦库（Dave McClure）本身是个知名媒体程序员，在硅谷有 20 多年的从业经验，从事过软件工程师、创业者、博客作者、天使投资人以及创业顾问等工作，投资过 250 多家创业公司。2008—2010 年，戴夫·麦库为 Founders Fund（创始人基金）管理种子投资项目，2009 年为 Facebook 及其投资人 Accel Partners 运营孵化器项目。500 Startups 喜欢投资早期团队，专注于小于 10 万美元的天使轮投资和种子轮投资。500 Startups 起源于硅谷，目前已经走向全球，在多个国家拥有分支机构、合作机构，服务于全球创业者。

500 Startups 通过“筛选—训练营—演示日”的孵化运行机制，批量生产创业者。首先是项目筛选。500 Startups 不接受创业团队的项目申请，所有来到硅谷接受孵化的团队都是由 500 Startups 遍布全球的合作伙伴直接推荐，满足他们的投资标准后才得以接纳来到硅谷，筛选严格，录取率约 3%，低于哈佛商学院和斯坦福商学院录取率。其次是训练营。500 Startups 为入孵团队提供 3—4 个月的“孵化训练”，每年举办 3 次，同时提供 15 万美元的种子资金，以获得创业团队 6% 的股份。在训练营期间提供基础服务、培训服务、人员服务、导师服务等。最后是路演。在 3 个月的孵化结束后，500 Startups 会为创业团队进行展示训练，培养他们向投资人介绍自己项目的能力。每个创业团队会有自己的指导者，经过反复训练以期在“结业仪式”展示日两分钟的推介中打动投资人，展示自己项目的发展前景，获得项目继续发展所需要的资金。

在 2013 年时，500 Startups 年收入为 500—600 万美元，未来基金投资的利润也能成为收入。收入有三大来源：一是基金管理费（即投资人将钱交给 500 Startups 管理，后者收取管理费），二是加速器计划费（向参加加速器计划的初创企业收取），三是会议活动组织费、赞助费。未来 500 Startups 将逐渐从投资回报的持股中获得收入。截至 2014 年底，500 Startups 共投资（包括孵化和直投）约 1500 家企业，其中，有 2—3 只“独角兽”（规模过 10 亿美元），差不多 30 只“半人马”（规模为 1 亿美元）和一群小马驹（规模为千万美元）。截至 2015 年 6 月，他们已经为来自 50 个国家千余家企业注入了 1 亿美元。

500 Startups 已经拥有 3 家主流基金会，有 6 家微型基金，旗下管理资产已过 1.7 亿美元。

（资料来源：西安北大科技园——国际创服双周报｜500 Startups Demo Day 项目精选；猎云网——5 年崛起，500 Startups 背后坚守的投资策略）

拓展知识

专栏 7–3：StartX，服务于斯坦福校友的非营利组织

StartX（斯坦福的孵化器）成立于 2009 年，最初创始人 Cameron Teitelman（卡梅伦·迪特尔曼）是斯坦福毕业的学生，后引起斯坦福校方的关注，每年斯坦福给 StartX 150 万美元的运作补助，从此成为斯坦福大学非营利性的创业公司加速器。StartX 不收取创业团队的任何费用，也不占取股份，主要扶持一些市场基础不大，但承担社会责任的创业项目，旨在推动斯坦福社区的创业精神。

StartX 接受项目申请，经过筛选后对项目进行面试，通过面试的项目团队接受 StartX 参与到孵化体系中。这一项目每年有 3 次活动，每批均有约 10 家创业公司参加。首先是筛选条件。StartX 主要关注斯坦福校园内的创业项目，也接受斯坦福大学校园外的项目，但要求创始人团队至少有一位是斯坦福大学的学生、老师或者校友。这样一定程度上保证了创业者的综合素质，又提高了孵化成功率。StartX 项目规模的差异性大，有很早期的项目，也有相对成熟、经过融资的项目。其次是创业者社区。入选门槛很高，且非常看重创业公司的团队，尤其是团队的 Leader（领导）。在创业者社区内 StartX 为创业者提供 Mentor（导师）、Education（课程）和 Resource（资源）三大核心服务。

StartX 是非营利创业加速器，不占团队的任何股。从 2010 年起，有超过 1000 家公司，超过 2400 位斯坦福学生通过 StartX 获得融资，平均金额 150 万美元，有 134 家创业公司从 StartX 毕业，平均每家公司融资 210 万美元，这些孵化成功的公司已经出现在各类主流媒体上包括新闻出版物、TED 演讲和《哈佛商业评论》中。

（资料来源：作者参考相关资料编写）

拓展知识

专栏 7–4：New Venture Challenge，芝加哥大学孵化器

New Venture Challenge（NVC，新冒险挑战）成立于1996年，是芝加哥大学Booth商学院的一个创业比赛，也是全美排名第一的大学创业加速器。NVC以芝加哥大学71届MBA校友Edward L.Kaplan（爱德华·L·卡普兰）命名，卡普兰是Zebra Technologies（一家跨国打印方案提供商）的联合创始人。NVC的主要团队为芝加哥大学的教授，并与芝加哥大学Polsky（布斯）创业创新中心、芝加哥大学Booth商学院社会企业发展中心和Booth商学院MBA办公室、芝加哥大学本科生就业创业办公室有密切合作。

NVC通过创业大赛帮助芝加哥大学的学生与毕业生更好地进行创业，比赛周期为一学年，分为三个阶段。阶段一是想法产生、概念验证与团队组建。参加比赛的团队必须包含一名芝加哥大学的在校学生，其中芝加哥大学的本科生团队，必须有一人是研究生，芝加哥大学校友或其他团队，必须有芝加哥大学在校学生；每个团队提交一份可行性总结报告，进行半决赛。阶段二是创业课程。进入半决赛的团队至少有一名成员参加创业课程，创业团队需提交一份商业计划书，并在课程中演讲以获取关于商业计划的反馈。阶段三是NVC决赛。进入决赛的团队将在NVC裁判面前对商业计划进行演讲，并回答相关提问，最后决出优胜团队。比赛奖金池共有7.5万美元，获胜团队赢取奖金的前提是如果创业团队获得融资或进入并购，必须同意芝加哥大学以奖金金额入股创业企业。

企业及个人赞助是支撑NVC发展的主要资金力量。除了卡普兰作为比赛命名人的赞助外，NVC还获得了来自Abbvie、Amazon Webservice等公司的资金和非资金赞助。此外，NVC与获胜团队签订“获取未来股权协议”（Simple Agreement For Future Equity, SAFE），在创业团队获得融资或进入并购时，以奖金金额入股创业企业，通过退出获取收益。迄今为止，NVC的毕业企业中有160多家仍在运行，融资超过5.75亿美元，共产生超过40亿美元的兼并与退出。在毕业企业中，Braintree在2013年以8亿美元被PayPal收购，Bump在2013年被Google收购，Grubhub于2014年4月完成IPO。

（资料来源：作者参考相关资料编写）

第三节　孵化器的主要类型

围绕企业不同阶段的发展需求，孵化器可以分为众创空间、科技企业孵化器、加速器、大学科技园等不同类型。众创空间主要为创业团队提供前景评估、创业培训、实习见习、模拟创业等服务；科技企业孵化器主要促进科技成果转化，为初创企业提供场地、研发支持、创业辅导以及专业服务；加速器主要为高成长企业提供金融支持、市场开拓、品牌树立、上市辅导等服务；大学科技园是促进科技、教育、经济融通和军民融合的重要平台。

一、众创空间

（一）众创空间的概念

随着创业领域、创业人群、创业方式、创业周期的变化，模式更加多元，主体更加鲜明的新型创业孵化机构随之涌现，旨在为处于创意期的创新创业项目/团队提供低成本、便利化、全要素的服务。科技部总结各地经验，提炼出“众创空间”概念，提出要以构建众创空间为载体，整合资源，打造新常态下经济发展新引擎。

众创空间是互联网环境下，为适应“大众创业、万众创新”需要，通过市场化机制、专业化服务和资本化途径构建的新型创业服务平台。其中，“众”是主体，面向众多创新创业团队提供服务，推动创新创业由精英走向大众；“创”是内容，为创新创业活动提供专业化、集成化、网络化的服务支撑，营造创新创业生态，提升创新创业效率；“空间”是载体，既包括办公、试验场地等物理空间，也包括基于互联网的网络空间、社交空间、资源共享空间。

（二）众创空间的特征

众创空间在发展过程中，逐渐形成了低成本、全要素、便利化、开放式等特点。具体来说，一是降低创客创业成本，众创空间是为创新创业者提供减收或免收费用的办公场地、互联网宽带接入、行政后勤等服务，降低创业门槛，搭建开放、交流、碰撞、合作的低成本创新创业平台。二是提供创业全要素服务。众创空间不仅提供良好的工作空间、网络空间、社交空间和资源共享空间，还提供创业培训、投融资对接、商业模式构建、团队融合、政策申请、工商注册、法律财务等全方位服务。三是帮助创业活动更加便利化。众创空间为创业团队提供理想的办公场所，能够方便创新创业者进行产品展示、观点分享、项目路演等活动。众创空间向创业者提供其在萌芽期和成长期所需的各种便利，帮助其健康而快速地成长。四是使创业行为更加开放。众创空间通过充分运用互联网和开源技术，构建创新创业平台，推动创新创业需求与社会资源无缝对接，实现线上与线下相结合、创新与创业相结合、孵化与投资相结合。

（三）众创空间的主要类型

综合来看，众创空间有联合办公空间、投资促进型众创空间、双创社区、创业训练营、跨境众创空间等 5 种主要类型。

1. 联合办公空间

联合办公空间以开放式办公空间为基础，为各领域的创业者提供媒体推广、创业活动、资源链接等服务，通过空间及各类创业活动增加创业者流量，聚合各种创业资源，构建开放活跃的创业社群网络。这一类型的众创空间主要的代表机构有车库咖啡、优客工场、36 氪、3W coffee 等。

拓展知识

专栏 7-5：优客工场——中国的联合办公空间运营商

优客工场（Ucommune）成立于 2015 年 4 月，由毛大庆发起成立，获得红杉资本中国基金、真格基金、诺亚财富、创新工场、金泓基业、亿润投资在内的几十家知名投资机构投资，是中国共享办公行业首个独角兽级别企业。优客工场以空间为平台，以构建国际一流的共享办公空间为目标，为创新企业提供全产业链服务，建设基于联合社群的商业社交平台和资源配置平台，致力于为中国创新者赋能。

为创业团队提供五大配套服务。优客工场为创业者提供五大重点服务模块，包括导师服务、投资服务、财务服务、法律服务和银行服务。具体而言，优客工场组织了以“海归创业学院”为依托的强大的导师团；吸引了红杉资本、真格基金、亿润投资、创新工场、清控科创、诺亚财富等著名投资人团队对潜力客户提供丰沛的投资支持；聚拢实战经验丰富的财务、法律和人力资源顾问，帮助创业者处理繁琐的行政和法律服务；与银行签约，让创业者享受到普通个体和小微企业无法要求的全面上门服务，降低创业者的时间成本。

构建能够快速标准化复制的多产品线矩阵。优客工场对旗下产品进行迭代升级，形成了“以自主运营为标杆，以管理输出为增长抓手，以 SaaS 软件为智慧中枢，以多元定制服务其他商业类型”的产品结构，其中的办公空间服务包括 U Space、U Studio 和 U Design 等自主运营的模型，以及轻资产模型以运营、设计施工服务输出为主 U Brand 模式和以管理、系统输出为主的 U Partner 模式、为酒店提供的“一产多元”定制化服务 U Suite 模式产品，以及为不动产提供智能管理的 SaaS 服务平台。

以轻资产为主借助 SaaS 平台实现快速创新发展。2020 年，优客工场宣布了“轻资产、重赋能”战略，目前优客工场的轻资产模式包括运营托管、品牌输出和 U Suite。轻资产模式下，优客工场主要输出品牌服务，并提供空间设计、建造，以及管理服务，而物业主承担大部分的前期投入。优客工场的轻资产业务以其出色的资本回报率和现金转化率，拥有着极高的行业成长性。预计到 2023 年，其轻资产业务可以覆盖 160 个城市，以具有连锁运营能力的专业团队填补更多城市市场的空缺，助力行业实现由“空间赋能”向“服务赋能”的升级。

（资料来源：巨峰科技——优客工场公司简介；赢商网——毛大庆“优客工场”发布会：投资合作阵容全曝光；和讯科技——抓住 1.2 亿人工作方式质变机遇 优客工场转型奔向蓝海）

---

2. 投资促进型众创空间

投资促进型众创空间是由投资机构、成功企业家、天使投资人等设立的创业服务平台，具有较严格的项目筛选机制，依托建设主体较强的资金资源和高端人脉网络，创业服务平台为入选的创业者提供直接投资或投融资对接服务，并辅以商业模式打磨、市场定位、企业管理咨询等有针对性的专业辅导服务，促进创业项目的快速成长，以获得投资回报。这一类型的众创空间主要的代表机构有创新工场、联想之星、天使会等。

拓展知识

专栏 7–6：创新工场——以投资为核心的众创空间

创新工场是由李开复博士于 2009 年 9 月创办的创业投资机构，重点聚焦于人工智能 & 大数据、消费升级、教育、文化娱乐、B2B& 企业服务与升级等领域，致力于打造集创业平台、资金支持、投后服务等为一体的全方位生态投资服务平台。

提供定制化、专业化配套服务。创新工场通过创业辅导培训、产业链式投资布局、投后服务、上市并购等手段，投资超过 300 个项目，成功孵化豌豆荚、知乎、墨迹天气、美图、驭势等代表企业。具体而言，创新工场为创业团队提供 100 小时封闭课程及深度交流，帮助突破自身瓶颈，加速企业成长；邀请顶尖创业大拿、中后期机构投资人组成高规格讲师团，工场投资团队全程担任助教，为其提供创业辅导培训。创新工场主要围绕人工智能 & 大数据、消费升级、教育、文化娱乐、B2B& 企业服务与升级等领域进行产业链式投资布局。另外，创新工场还组建了由专业的全职工作人员组成的法务、财务、市场商务、PR、人事、IT 等团队，为已经投资并处于创业早期的项目提供全方位的咨询服务和资源对接；搭建交流共享平台，将处于相似阶段的产业链上下游的项目聚集到一起，在产业链上形成相互的助力和业务闭环，为企业提供投后服务。

通过多元化服务产品和模式设计实现差异化培育。“兄弟汇”为项目公司制订的定向成长计划，包括定制的私密培训课程、封闭课程及深度交流、顶尖的讲师团队和全程助教服务团队服务、产业链上下游项目的深度交流服务。“同学汇”针对创业公司的投后交流服务，通过讲座、沙龙、培训、交流等形式，提供涵盖各个创业公司成长需求的模块（财务、法务、市场、人力、技术、运营、产品等）和垂直行业领域的知识、趋势等内容。“新泡儿”打造集聚创业者的社群平台，通过私密分享、沙龙、内部路演等高质量活动，对接资本、市场、财务、法务等资源，打造创业者分享交流服务。

以工场平台为中心构建起立体式延展的创业生态系统。依托工场自身平台优势，联合广泛的外部资源，为创业者搭建起“无边界”的创业资源网络，满足不同阶段创业者不同层次的创业需求。链接了耶鲁管理学院等高校院所，真格基金、红杉资本、腾讯、晨兴资本、启明创投等投资机构，谷歌、微软、夏普等国际大企业。同时，聚集了众多在专业领域拥有丰富经验的资深人士，为创业者提供包括战略指导、创业课程、导师“一对一”培训等在内的全方位价值服务。同时集聚了大批国内外一流的企业家、投资人、高级管理者以及创业精英成为创新工场的业界顾问导师。在底层，具有工场特色的创业共享空间，工场平台提供的全面、开放、友好的办公场地及硬件配套设施。

（资料来源：作者参考相关资料编写）

3. 双创社区

双创社区一般分布在人口密度较高或创业人群较集聚的地区，结合地缘优势、主导产业和人群就业创业特征，引入和链接产业及创业资源，为创业者提供综合的创业服务，以提升创业便利性、实现职住平衡。这一类型的众创空间主要的代表机构有回＋双创社区、国际青年社区等。

拓展知识

专栏 7–7：回＋双创社区

“回＋双创社区”是北京市昌平区人民政府为实施区域创新发展战略，推动产业转型升级打造的创新创业集聚区，是中关村科技园区管委会授予的全国首个“双创社区”。社区以回龙观、天通苑等创新人才密集区域的多元化空间载体为基础，以创新创业服务和文化为内涵，以推动区域产业转型升级和城市生活形态升级为目标，致力于打造一个开放、共享的无边界创新创业生态圈。“回＋双创社区”不仅集聚了一批众创空间和创新服务机构入驻，包括腾讯众创空间、国风美唐创新中心、金域创新中心、青年创业示范园、华北电力大学科技园、北京农学院科技园、函数青年公寓、果栋社区、三一创客等，还为创业团队提供投融资服务、政务服务、创业培训服务、商务服务等丰富的创新创业服务内容。

通过提供空间、举办活动、政府服务支持创客创业。“回＋双创社区”的

“回＋读创空间”，成为回龙观人“共读的书房、共享的会客厅”。依托“回＋读创空间”和“回＋孵化服务平台”，开发了“回＋吃饭（FUN）”“回＋创业沙龙”“回＋创业课堂”“回＋创业论坛”“回＋创业大赛”“回＋创业实验室”“回＋创新实验室”等系列品牌服务产品。社区还举办了腾讯互联网创业大赛、回＋双创杯回超羽毛球联赛、北京市文创大赛、北京设计周、回＋双创杯铁三挑战赛、中国媒体人创业（北京）峰会、回＋双创社区暨腾讯众创空间（北京）周年主题月等一系列重大赛事活动。有了空间和活动，双创企业也需要来自政府实打实的支持。2016年7月，“回＋双创社区”启用了“政务会客厅”，在社区内开通了各专项政务服务窗口，为创业企业提供便捷、高效的“一站式”现场办公服务。

打造创新创业文化氛围、生活环境凝聚创业青年。社区通过图书馆、书店、咖啡厅等形式，打造了一个公共的社交平台以及公共的精神空间和文化空间，为创业人群营造一个良好的交流空间和氛围，以服务于社区的创新、生态的打造。另外还通过举办“回＋下午茶”“回＋创业沙龙”“一起回＋吃饭”“回＋双创杯—2016昌平户外三项挑战赛”等活动，将各方创业者聚集起来，有效地推进了创业者们的交流和信息沟通，实现彼此之间的联动和资源互换，营造创新生态。

成立“双创”金融服务联盟精准服务企业需求。目前已经形成包括股权投资机构、银行、保险、券商、担保机构等在内的联盟单位近50家，旨在促进双创社区的投融资信息对接、推动科技金融产品创新、提高社区内项目融资的便利性。搭建了母基金体系，开展母基金投资、子基金投资、直投跟投等多元化投资，通过资本的撬动作用加速双创社区创新项目的跨越式发展。

（资料来源：《昌发展》——回＋双创社区简介；《中国青年报》——从“睡城”到“创业城”，只差一个“回＋双创社区”）

---

4. 创业训练营

创业训练营是高校或创投机构依托其创业培训资源及导师人脉网络设立的创业服务平台，具有较严格的项目筛选机制，在一段固定时期内为创业者提供商业计划打磨、导师培训、创业社交、资源链接、投融资等全创业生命周期的训练辅导服务，培养创业者的创业意识、洞见能力和创业技能。代表机构有清华经管学院—创业者加速器、北京大学创业训练营等。

拓展知识

专栏 7–8：北京大学创业训练营

北京大学创业训练营成立于 2012 年 6 月，旨在利用北京大学的教育资源、校友资源以理论结合实际的课程培训体系为依托，以企业导师计划及创业服务联盟为特色，综合帮扶创业者解决企业创建和发展期的战略规划设计及实际经营问题。训练营采用集中模块化授课方式，邀请北大知名学者及创业家校友全程讲授，每期针对 50—70 位左右优秀创业者免费授课。北大创业训练营拥有遍布全国的训练营孵化基地，包括智能科技产业（天津）加速器、新青年创客烟台数字创新基地、青岛基地、南宁基地、宁波基地、厦门基地、横琴基地、广州青创中心、西藏基地等。

构建为创业团队全方位的培训赋能体系。首先基于北大教育资源和校友企业家资源，形成理论结合实际的创业培训短期课程；其次针对北大校友和社会优秀创业者全面免费开放课程培训；然后针对优秀创业项目，配合导师计划，引入北大创投基金及创业孵化机构综合扶持；最后建立北大创业训练营校友会，长期服务、扶持创业者，建立创业者持续交流平台。

组建创业服务联盟进一步扶持企业创业。北大创业训练营加强和延伸创业训练营课程以外的服务体系，联合服务机构、研究机构、企业导师、政府机构、孵化园区、创业媒体、行业专家、政策专家、投资机构等组建创业服务联盟，并根据企业创业所需服务和关键创业因素，从法务、税务、战略、市场、咨询等多个维度，邀请北大相关领域校友专家及校友企业，以服务联盟平台为载体，为创业企业提供综合免费扶持和帮助。

发起“新青年创课学堂协同创新战略伙伴赋能计划”加速城市产业高质量发展。北大创业训练营面向各省市相关单位及机构开展合作，携手共建，依托北大创业训练营丰富的导师、项目、大企业合作伙伴、双创服务机构合作伙伴等资源，面向城市创新发展，通过集聚高层次创新人才、提供高水平创新平台、提供优质创新服务、培育良好创新环境、构筑开放式创新网络等核心策略，助力城市建设富有特色、充满活力的城市创新体系，更好地服务地方区域产业提升，集聚优质资源，赋能中小企业，打造城市产业智库、经济动力引擎，加速城市产业高质量发展。

（资料来源：北京大学创业训练营——创业训练营项目简介）

---

5. 跨境众创空间

跨境孵化器是依托国际布局及国际资源设立的创业服务平台，跨境创业服务是其最核心的服务内容，包含海外技术资源对接、国际市场开拓、国际项目加速等，促进了资本、技术、项目等跨境创新创业资源在全球范围内的流动，以实现创业项目的跨境孵化。代表机构有太库、Plug and Play、远见育成等。

拓展知识

专栏 7–9：PNP——专注批量生产高质量创业者

Plug and Play（创业孵化器），简称 PNP，总部位于美国硅谷，在超过 30 个国家和地区建立了分支机构，与 200 家顶尖投资机构和 350 家国际企业合作专注于打造全球化科技创新生态平台。Plug and Play 致力于在投资、创业加速、大企业创新服务、创新咨询等层面立体化地帮助创业企业成长。1998 年，Saeed Amidi（PNP 全球 CEO）开始给当时租用他办公楼的创业公司投资。2006 年，Plug and Play 正式成立。2014 年起，连续多年被硅谷商业杂志评价为年度最活跃的硅谷风险投资机构。2015 年，Plug and Play 来到中国。2016 年 7 月 23 日，Plug and Play 中国总部正式签约落户中关村智造大街。

严格的孵化筛选标准和系统化服务流程实现创业项目批量化培育。首先是项目筛选，主要针对金融科技、物联网、移动出行、供应链与物流、大健康、品牌与零售、地产科技、旅游与酒店等领域进行筛选，进而评估创始人的教育背景、从业经验、行业认知深度和广度以及 CEO 与核心团队的合作方式，考察创业团队是否有超越同行的卓越技术优势（例如技术专利），评估项目的市场潜力，即是否有已获得验证的成熟商业模式。其次是训练营，PNP 提供多元标准化的服务产品和内容，在为期 6 个月的跨境项目培育期间，不仅为项目团队提供可灵活增减的办公空间及数据中心、咖啡厅、法律、会计、秘书等完善的配套服务，还为每一个入选的公司搭配至少一位PNP签约的EIR导师进行集中的项目指导培训和资源对接。最后是演示退出，每季度举行一次为期一天的企业博览会或行业主题博览会，由30家初创企业面向媒体和投资人展览推介，为创业者提供产品展示平台，为创业者链接更多资源，促成投资机构对创业项目的投资。

搭建多主体开放合作的互动网络实现多方共赢。对创业团队的回馈是打磨产品，达成商业合作，获得实战经验与投资。对PNP的回馈是付给PNP各类服务费用、创投股权收益。对大企业的回馈是获得创业项目的创新能力，实现开放式合作。对投资机构的回馈是降低投资风险，找到真正能在产业链长期发展的投资标的。

经过多年的发展，PNP形成了一些具有借鉴意义的建设经验。一是需求导向的严格项目筛选机制。PNP项目筛选是围绕产业发展趋势、围绕大企业发展需求等由PNP专业团队从全球项目库挖掘和筛选项目，再通过加速计划“基石合作伙伴”投票方式精选出项目进行训练营培育。二是以定期培训机制开展集成化服务。PNP通过3—6个月的定期培训形式，为创业项目团队提供从技术、人才、资金、辅导等集成化的服务内容，帮助创业企业对接各类机构特别是大企业资源，实现项目的批量化培育。三是以精准对接大企业推动项目落地。PNP通过让创业项目与大企业进行多种方式的深度接触与对接，充分打磨创新项目的产品和技术，使其更具市场化发展潜力，促进创业项目快速实现市场化发展。

（资料来源：作者参考相关资料编写）

二、科技企业孵化器

（一）科技企业孵化器的概念

科技企业孵化器是以促进科技成果转化，培育科技企业和企业家精神为宗旨，提供物理空间、共享设施和专业化服务的科技创业服务机构，重点围绕科技企业的成长需求，集聚各类要素资源，推动科技型创新创业，提供创业场地、共享设施、技术服务、咨询服务、投资融资、创业辅导、资源对接等服务，降低创业成本，提高创业存活率，促进企业成长。

（二）科技企业孵化器的分类

科技企业孵化器主要分为综合型孵化器和专业型孵化器。综合型孵化器的服务内容主要有提供生产、经营场地，通信、网络与办公等方面的共享设施，系统的培训与咨询，政策、融资、法律和市场推广等，服务领域非常广泛。专业型孵化器能够提供细分产业的精准孵化服务，拥有可自主支配的公共服务平台，能够提供研究开发、检验检测、小试中试等专业技术服务，且在同一产业领域从事研发、生产的企业在孵化器形成一定规模的集聚。

拓展知识

专栏 7-10：武汉东湖新技术创业中心

武汉东湖新技术创业中心秉承“为中小科技企业提供创业孵化服务，促进科技成果商品化”的宗旨，致力于寻求符合中国国情的企业孵化器发展之路，一直专注于科技型中、小企业服务市场，为中、小企业提供管理咨询、投融资策划、网络、培训等各类服务。创业中心先后参与建成了光谷创业街、云梦创业小镇、苏州东创科技园、成都 SBI 创业街、比利时 SBI 研发中心等多个孵化集群，输出了服务品牌。

东湖新技术创业中心是我国第一家由事业单位改制为公司化运作的综合型科技企业孵化器。1987 年 6 月 7 日，武汉东湖新技术创业者中心作为我国第一家科技企业孵化器建设成立。2001—2002 年，创业中心在全国首家尝试企业化改制，进行了全面的企业化调整。2003—2007 年，SBI 创业街正式开工，开辟了“投资人拥有，创业中心管理，创业者使用”的光谷创业街。2013 年 1 月 10 日，东湖创业中心被授予“全国创业孵化示范基地”。经过多年的发展，东湖新技术创业中心取得了一定的孵化成效，截至目前累计孵化企业 2172 家（其中武汉 1303 家），毕业企业 1251 家，上市 16 家企业（其中主板上市 7 家），主要孵化领域涉及光机电一体化、电子信息、生物技术、新能源等，重点代表企业有凯迪电力、凡谷电子、三特索道、楚天激光等。

东湖新技术创业中心构建服务网络提升多元化服务能力。与风险投资机构合作，引入楚汉资本（武汉）等数家企业的风投资金；设立 200 万自有种子基金；与大企业合作链接新产品需求与创业导师资源；对创业企业提供各种增值服务，包括为企业举办各种法律、税务、财政等专业知识讲座；开展项目路演与推介，为企业提供路演和产品推介，对接创投资金；提供公共技术平台服务，建设孵化云平台；开展交流座谈活动，组织各种创业者内部、创业者与毕业企业的座谈；提供创业导师辅导，积极联系高校专家、企业高管的导师为创业团队进行辅导；开展大学生创业训练，举办大学生讲座与实践训练活动，激发学生创业。

东湖新技术创业中心打造 SBI 创业街营造多要素众创微生态。SBI 创业街集聚了武汉东湖新技术创业服务中心及众创空间联盟等孵化机构，一批关注于光电一体化、生物技术、新一代信息技术等领域的在孵企业，以及工商、税务、专利、项目申报机构等政府孵化资源，银行、证券、产权交易公司等金融孵化资源，律师事务所、会计师事务所、培训机构、猎头公司等中介孵化资源，快餐厅、休闲吧、洗衣房、美容院等商务资源，以科技企业的发展需求为导向，从办公生活、休闲、教育等方面进行建设与服务。

东湖新技术创业中心打造孵化云智能管理系统实现创业孵化服务流程化、标准化和精准化。东湖创业中心基于云及移动互联网技术整合各类服务平台建设孵化云大平台，实现孵化服务的智能化管理，将服务业务工作流程化、规范化，形成孵化规范和孵化标准体系。孵化云智能管理系统在孵化环节严格管控，提升管理效率，实现低成本构建服务生态；孵化服务精准匹配，通过收集企业的入驻、孵化、毕业整个成长过程数据，归类研究企业的潜在需求，通过人工智能算法精准匹配孵化服务；实现区域双创数字化管理，基于海量企业数据及项目数据，利用人工智能+精准孵化，为双创管理者提供智能数据服务和企业服务管理。

（资料来源：罗程，武汉东湖新技术创业中心发展战略研究，2013）

拓展知识

专栏 7-11：浦软孵化器——聚焦于 TMT 领域的专业创业孵化平台

上海浦东软件园孵化器（简称“浦软孵化器”）是由上海浦东软件园投资建设、上海浦东软件园创业投资管理有限公司运营和管理的软件与信息服务领域的专业孵化器，是中国电子信息产业集团有限公司的三级子公司。浦软孵化器于2008年7月成立，2010年12月成立浦软一期基金，2013年1月被评为国家级孵化器，2015年12月开放运营创业苗圃爱酷空间，2016年12月正式开放运营浦软投融资中心。经过多年的发展，浦软孵化器构建了“创业苗圃——孵化器——加速器”的孵化链条，成功孵化企业（团队）400余家，涉及互联网、IC设计、先进智造、云计算、人工智能、大数据、行业软件、文化创意等TMT（数字新媒体产业）领域，包括天天果园、洋码头、喜马拉雅、七牛等重点代表企业，另外浦软孵化器还帮助企业获得融资超过50亿元，推动6家企业在“新三板”挂牌。

浦软孵化器形成以“专业孵化＋创业导师＋天使投资”为核心的服务体系。浦软孵化器整合自有场地设备资金、软件园服务资源、集团公司及孵化企业的技术资源、投融资机构的投融资能力、第三方服务机构的专业服务能力、企业家高管的企业管理经验等，已形成在服务内容上资源提供与辅导支持并重、在服务形式上线上服务与线下服务兼顾、在服务来源上自行提供与外部对接并行的服务体系。

浦软孵化器强化交流对接促成孵化器内部的企业合作共生。浦软孵化器通过聘请毕业企业创始人担任创业导师、举办Family Day（家庭日）交流对接活动、促成在孵企业和毕业企业间的技术交流与合作等方式，在孵化器内部初步形成了企业合作共生的格局。具体而言，浦软孵化器聘请达观数据陈运文等毕业企业的创始人作为创业导师，为在孵企业在经营过程遇到的困难进行解答和指导，形成毕业反哺；每月组织一场Family Day交流分享活动，让创业者开阔认知眼界，促进信息资源共享，助力孵化器成员进行思维碰撞，目前已举办20期；帮助在孵企业对接相关领域其他在孵企业和毕业企业，促成企业间的技术合作、上下游需求匹配，成功促成达观数据与七牛等企业合作。

浦软孵化器推进国际合作导入海外优质双创资源。浦软孵化器作为首批“上海创业首站合作基地”，积极开展国际化业务，加大国际化合作，不断促进海外创新创业资源的导入和集聚。一方面积极开展国际合作交流，包括举办欧盟（比利时）创新合作研讨会、中美波士顿创新中心项目接洽会、MSH创新创业论坛、被誉为“可穿戴计算之父和增强现实（AR）之父的多伦多大学教授斯蒂夫·曼（Steve Mann）主题演讲等25场国际对接活动，以及接待西班牙ESIC商学院、香港大学国际商学院来访交流。另一方面持续推进与海外机构合作，包括与芬兰诺鼎联盟签署战略合作协议，围绕智慧园区建设、孵化器运行管理、中小企业服务等方面进行交流对接；还与德国柏林雄鹰科技园深化合作，通过园区为企业提供优惠政策和“一站式”“软着陆”服务培训。

经过多年的发展，浦软孵化器形成了一系列行之有效的建设经验。一是以阶段化入驻标准和标准化流程提高筛选效率，浦软孵化器聚焦TMT领域，制定苗圃、孵化器、加速器不同阶段入驻企业标准，实现对创业项目/企业的发展阶段进行快速筛选分类。二是以多元化的服务模式开展深度服务，浦软孵化器构建了“创业导师＋辅导员＋联络员”三位一体的服务机制，同时根据服务对象需求差异建立“一对一”“多对一”的专职顾问服务机制，形成对企业的深度化服务。三是以平台、活动建立多元主体交流合作机制，浦软孵化器注重推动在孵企业、毕业企业的交流合作，通过建立“浦软同学汇”产业集聚社群，促进了企业之间的资源互换、业务合作和产业对接，激发了各类资源的活力。

（资料来源：作者参考相关资料编写）

拓展知识

专栏7-12：汇龙森——聚焦生物医药领域的全链条孵化平台

汇龙森公司是科技部认定的“国家级科技企业孵化器”，是经北京市科委认定的“高新技术产业孵化基地”。自成立以来秉承“专心做孵化器”“以创业者为伍”的经营理念，始终围绕创业者的实际需求，整合资源、搭建平台，营造环境，提升服务内涵，积累服务资源、服务资产和服务能力。

汇龙森国际企业孵化（北京）有限公司于2002年4月在北京经济技术开发区注册成立。2006年12月，被科技部认定为高新技术创业服务中心。2011年11月，“国家生物医药产业基地汇龙森中小企业公共实验中心”正式挂牌，成为中关村开放实验室。2013年11月，科技部批准汇龙森为全国首批科技创业孵化链条建设示范单位。经过多年的发展，汇龙森取得了一定的孵化成效，孵化企业517家，留创企业82家，上市企业14家，主要领域涉及生物医药、医疗器械类、新材料、智能制造等，孵化出德鑫泉、星和众工、新博医疗、龙兴生物、傲锐东源等重点代表性企业。

汇龙森的基础性综合商务服务满足科技创业孵化链条中不同阶段企业需

求。汇龙森建立的综合商务平台能为企业提供基本人财物产供销、法律、行政和政府窗口对接事务的支撑服务，帮助企业解决企业落地和发展中遇到的一般性商务问题。具体而言，一是政策支持服务。汇龙森开展中关村产业化专项、北京市科委/发改委重大项目、北京市科委高成长项目、北京市科委科技促进首都经济发展专项等以及知识产权专项支持，如北京市科委知识产权专项、中关村科技园区专利促进资金等政策汇总，为企业提供政策便利。二是培训交流服务。汇龙森通过开展行业沙龙、CEO 高峰聚会、融资项目推介会、产品展示交流活动，举办促进企业能力提升的管理培训讲座以及政策宣讲与项目申报培训、法律、知识产权、财务等培训讲座，为企业提供培训交流服务。三是人力资源服务。汇龙森为企业提供人事代理服务、人才招聘服务、人才培训活动等人力资源服务。四是信息与宣传服务。汇龙森为企业提供政策信息发布、综合信息快递服务、企业宣传服务等。

多模式打造全链条公共技术平台助力企业技术创新。汇龙森采取横向产业化共性技术链（共性）+纵向细分产业技术链（个性）的叠加方式形成产业化关键技术支撑链。建成了包含生物制药中试车间、化学合成中试车间、GPCR 实验室、分子生物学实验室、晶型研究室、药代药动实验室等从研发实验，到小试、中试的技术平台，助力企业发展。

多渠道整合资源助力专业技术孵化。汇龙森发挥孵化器天然的纽带作用，整合资源、搭建平台，从高度、宽度和深度上延伸服务链，整合产业链资源，降低中小企业进入相关产业的门槛。目前联合赛林泰医药、清华大学生命科学学院、北大分子医学研究所等主轴单位和企业，共同打造生物医药全产业链服务支撑体系。汇龙森构建创新基地生态系统，在创新端链接科研院所，对接清华、北大等创新源头资源，建立为产业服务的特色实验室；在园区设立早期项目孵化中心，力促创新发生。在产业化层面，建立主轴企业机制，整合存量资源，着力解决产业发展中基础性、关键性和瓶颈性障碍；建立全产业链技术支撑服务体系，形成协同创新、帮助企业成长和科技成果转化的环境条件。在产业端，通过对接行业龙头的生产要素资源和成熟市场资源，帮助中小企业快速融入行业，加速成长。在要素支撑方面，通过建立产业基金、理顺产业配套、对接国际化资源等资源和能力建设，助推全产业的协调发展。

经过多年的发展，汇龙森形成一系列行之有效的建设经验。一是多模式整合专业资源打造全产业链技术服务。汇龙森通过自建、企业共建、院校合建等途径建设从公共实验室，小试、中试车间等公共技术平台，同时整合高校院所、产业链企业资源，形成全链条的技术服务体系。二是整合各类服务机构搭建多元商务服务体系。汇龙森孵化器通过整合物业机构、投融资机构及建设自身专业化的管理服务团队，形成从场地、资金、政策申报、咨询辅导等全方位的商务服务体系。三是多元化服务形式推动创新资源融合融通。汇龙森通过组织形式多样的企业交流与培训活动，推进了园区企业之间、园区企业与科技界以及商界的知名学者、企业家、投资家开展广泛的交流与合作，形成企业、政府、学校互动合作的平台。

（资料来源：作者参考相关资料编写）

三、加速器

（一）加速器的概念

企业加速器（Enterprise Accelerator），是一种以高成长企业为主要服务对象，通过体制创新、产业组织创新和资源配置方式创新充分满足高成长企业对于发展空间、设施管理、商业模式、资本运作、人力资源、技术合作等方面个性化需求的新型空间载体和服务网络。其内涵主要有以下四方面。

一是以助推高成长性企业做大做强为使命的新型空间载体和服务网络。科技企业加速器是一系列服务的组织提供者和运营管理者，是创新发展、内生增长和加速机制的有效提供者，具有更强的集群吸引力、创新网络形态和产业发展生态。

二是“创业孵化—产业化”科技企业培育体系的重要环节。解决“后孵化”期的高科技企业发展瓶颈问题，是“企业孵化”到“产业孵化”的突破口，有助于优势高科技产业的集约化发展和壮大。相对“孵化器”而言，加速器更着重于对成长期企业的支持；相对“产业化园区”而言，加速器更注重于提供灵活的经营性空间与专业化服务。从创业项目到孵化服务，再到加速器进行催化，进而进入园区进行产业化发展，科技企业经历一个完整的培育体系，科技企业加速器成为深化孵化成果、推动产业快速发展的主要动力。

三是具有研发创新、中试制造、服务提升、辐射扩散四方面主要功能。科技企业加速器为载体内的高成长性企业提供研发创新的技术平台环境，提供与科研机构进行科技成果转化和技术转移的桥梁和纽带，促使企业自主创新能力整体提升。为企业提供专业化、个性化的标准厂房和可拓展空间，促使企业进一步节约生产制造成本。

四是为企业提供高质量、高水平的专业服务，促使企业提升人力资源、营销管理、财务管理等管理水平。科技企业加速器对周边区域在产业、技术、人才和资本等方面具有辐射与带动作用，与孵化器、专业园等协作发展。科技企业加速器为企业提供专业化、市场化、网络化、知识化、国际化服务。科技企业加速器专注于某一特色细分产业，为入驻企业配置专业基础设施、公共平台和政策环境。通过吸引民间资本、民营企业参与科技企业加速器的运营、服务和管理，建立市场化的服务体系、服务方式和服务机制。科技企业加速器促使同类产业、同类环节、产业上下游间的企业、服务机构和创新资源进行整合，为企业提供各种支持性的服务网络。科技企业加速器是知识型服务组织，具备广泛的科技、人才、信息等知识要素积累。

总之，企业加速器是解决自主创新基础设施问题的一个关键性新机制，是资源整合与先进的技术创新载体，助推瞪羚企业加速成长。瞪羚企业具有强劲的创新活力和竞争力，是新经济形势下实现自主创新的主力军，是推进自主创新能力提升的重要主体。企业加速器解决了瞪羚企业在发展过程中的制约因素，为其加速发展提供了新空间。

（二）加速器的特征

加速器具备整合资源的显著功能。对物理空间的急速需求是高成长企业成长壮大的关键环节，同时对于设施环境、文化氛围等高附加值服务亦具有明确的要求。高成长企业对于包括人力资源、技术、资本和市场等关键发展因素具有更高层次、更加专业化的需求。同时，组织、管理和引导包括人力资源、金融机构等专业性中介机构，以及商务、财务、展会等标准化服务机构，形成资源网络体系以实现企业加速器和入驻企业共同增值，推进科技园区走向高端发展和内涵式发展之路。

企业加速器具有市场化和网络化的特点。以服务模式创新开拓更广泛的客户源和更宽广的服务增值空间，对客户需求作出反应快速。经过论证和协调，以有效的资源整合和合理的流程安排，适时推出新型服务品种和服务内容，结合客户反馈信息及时调整发展方向，推进企业加速器这一企业自身的有效经营，进而增强区域的创新动力。

企业加速器具有专业性和知识性的特点。加速器本身即是知识型服务组织，对于客户需求的把握、客户关系的管理、服务产品的创新和推广、服务实现方式的风险分析、服务产品跟踪、客户需求信息反馈等一系列业务的开展都需要以广泛的专业知识积累。企业加速器以高效率的协调机制为依托，联合专业机构，提供一系列针对高成长企业发展需求的专业化服务，最大限度地满足企业的需求，推进高成长企业加速发展。

（三）加速器的发展历程

目前，很多高成长企业的发展状态呈现“空间上搬家搬家再搬家、人员上招聘招聘再招聘、资本和服务需求井喷”的特征，急需大量资金支持研发成果的转化、大规模物理空间支撑快速扩张、具有创新性的科技园区管理方式适应进一步发展。于是，以满足高成长企业的需求为出发点、为企业提供加速发展的机制——企业加速器应势而生。中国加速器的发展，经历了萌芽阶段（2000年—2005年），直到今天也一直处于发展阶段，市场上虽然存在不少加速器，创办主体、主打方向及受众人群也各不相同。

中关村科技园区是我国最早、最大的高新区，每年新增创业企业几千家。更为重要的是，每年都活跃上百家快速发展的“瞪羚”企业，即连续三年销售收入递增30%的高科技企业。这些企业发展速度之快，以至于出现了每年甚至几个月就要搬家的状况，企业对办公空间、专业服务、平台支撑和政策环境都提出了高质量的需求，这些需求是绝大多数孵化器难以满足的。因此，在中关村科技园区永丰产业基地出现了我国第一家企业加速器。

永丰企业加速器是为满足高成长性企业的多种需求而提出的，并且在实践中不断探索和完善为企业服务的功能。永丰现代加速器提供的主要服务功能可以简单概括为“三四六”服务框架，即三个基础性服务，包括提供开放和可快速拓展的空间、优质和高增值的配套服务、优惠和快捷的政策服务；四个发展型服务，包括提供业务网络、专业化研发、规模化融资和高端HR等；六个延伸性服务，包括提供全方位的商务、开拓性的展会、定制化的信息、高层次财务法律、合作型专家和互动式交流等。

自永丰企业加速器成立之后，国家科技部批准其为科技企业加速器试点，并在相关文件中支持这一创举，由此拉开中国企业加速器建设的序幕，企业加速器也因此纳入国家实施自主创新战略的政策体系。北京、深圳、无锡等地科技园区纷纷创办企业加速器试点。2007 年 4 月，科技部在《国家高新技术产业开发区“十一五”发展规划纲要》提出：“要把企业加速器的建设与专业孵化器、大学科技园和创新服务体系建设等结合起来，为高速成长企业提供高质量服务。”自此，我国加速器以极快的势头高速发展，众多加速器随着国家双创的扶持政策不断涌现，新增数量和绝对数量都呈历史最高。越来越多的创业公司开始了解和认同加速器的定义和作用，并开始寻求加速器对于自己创业的帮助；各类加速器也逐渐加速出越来越多成功的创业企业。

拓展知识

专栏 7-13：武汉光谷生物医药企业加速器

武汉光谷生物医药企业加速器位于武汉国家生物产业基地生物创新园与生物医药园两大园区。总规划面积 120 万平方米，于 2008 年 11 月启动建设。已初步建设成为集技术创新、产品中试、规模生产于一体，加速服务体系健全，配套功能完善的专业加速器。

五大优势助力加速器快速发展。武汉光谷生物医药企业加速器的快速发展主要得益于以下五个方面，一是专业化的技术服务平台，其拥有一个自主建设的诊断试剂产业化平台，并整合外部资源成立了 6 个技术服务平台。二是日益健全的融资服务体系，先后引入 16 家国内外知名风险投资公司，吸引投资 12 亿元；2012 年 8 月 4 日，东湖高新区获批“新三板”试点。三是多渠道人才引进服务体系，在美国、法国、比利时等地设立海外引才工作站，以“专家院士＋项目＋团队”的模式引进海外高端研发人才团队。四是逐步完善的科技中介服务，引进德勤审计（武汉）、美国沪亚、湖北技术交易所、赛默飞世尔等多家高品质科技中介服务企业和机构。五是便捷高效的行政服务，设立光谷生物城政务超市，引入药品检验和监督机构，为企业提供行政审批及药品申报相关的服务。

三大建设模式筑牢发展优势。武汉光谷生物医药企业加速器经过多年的探索，形成了三种主要的建设发展模式：一是市场化运营模式，加速器通过政府政策及资金引导、加速器有偿服务制、利用投资获取收益三个接续环节，实现市场化运行。二是“孵化器—加速器—产业园”无缝对接机制。三是面向全球的开放式发展模式，加速器已经与30多个国家和地区的科技园区、科研机构、行业组织签署了合作协议，与光谷百桥公司紧密合作，聘请国外的专家和院士担任加速器发展顾问，引进了一批海外留学人员和国际化人才。

（资料来源：作者参考相关资料编写）

四、大学科技园

（一）大学科技园的概念

大学科技园是指以具有科研优势特色的大学为依托，将高校科教智力资源与市场优势创新资源紧密结合，推动创新资源集成、科技成果转化、科技创业孵化、创新人才培养和开放协同发展，促进科技、教育、经济融通和军民融合的重要平台和科技服务机构。代表包括清华科技园、浙大科技园等。

从1990年东北大学科技园成立以来，我国大学科技园从无到有，模式日益多元，规模不断壮大，已经成为高校科技成果转化、科技企业孵化、创新创业人才培养和服务区域经济发展的重要平台。随着我国创新驱动发展战略深入实施，“大众创业、万众创新”进入新的阶段，大学科技园必将成为培育新技术、新模式、新业态，营造区域创新创业生态，培育经济发展新动能的重要队伍和承载平台。

在双创的纵深发展阶段，打造创新创业生态是推动高端创业、跨区域创业、硬科技创业的关键。大学科技园作为能够链接高校、企业、社会机构等多元主体的创新型产业组织，能够打破创新主体之间的障碍，促进人才、资本、技术、信息等要素资源的充分流通，形成主体多元、要素丰富、机制灵活、运行有效的创新创业微生态。

创业型大学是国家创新力提升的重要力量，是创新生态中的重要源头。推动大学科技园的建设和发展，有利于加强对具有创新精神与创新创业能力的人才的培养，促进“大学—企业—政府”协同创新机制的运行，推动新技术的发现和应用，成为重要的创新策源地。

（二）大学科技园的发展历程

自20世纪80年代，我国大学科技园从无到有，规模不断壮大。经历了探索发展阶段、规范发展阶段、稳步推进阶段和高质量发展阶段。

1. 探索发展阶段

20世纪80年代初，改革开放政策改变了我国大学传统的封闭办学模式，高校逐步开始兴办科技产业。在教育和科技体制改革驱动下，东北大学于1990年正式建立了我国第一个大学科技园，开启了大学科技园探索序幕，随后北京大学、清华大学、哈尔滨工业大学等高校相继开始建设大学科技园。

2. 规范发展阶段

1999年，科技部、教育部印发了《关于做好国家大学科技园建设试点工作的通知》，确定了清华科技园等15个大学科技园作为建设试点单位。2000年出台了《国家大学科技园管理试行办法》，2006年发布了《关于国家大学科技园税收政策的通知》。多项政策的颁布，进一步加强了对国家大学科技园的指导和管理，引导大学科技园步入规范发展的轨道。

3. 稳步推进阶段

2009年，科技部、教育部开展对国家大学科技园建设、认定、评价工作，先后认定10批115家国家大学科技园，国家大学科技园进入稳步发展阶段。2001—2016年间，科技部、教育部先后出台了《国家大学科技园"十五"发展规划纲要》《国家大学科技园"十一五"发展规划纲要》《国家大学科技园"十二五"发展规划纲要》等多项文件，针对大学科技园的孵化能力、创新研发能力、要素集聚能力等方面开展指标评价。

4. 高质量发展阶段

2017年，科技部、教育部启动了对《国家大学科技园认定和管理办法》（2010）修订工作，旨在加强对新时期大学科技园发展的引导和支持。2019年，科技部会同教育部发布了《关于促进国家大学科技园创新发展的指导意见》，并启动新一轮国家大学科技园认定和大学科技园评估工作，进一步引导提升大学科技园在支撑高质量发展的关键作用，大学科技园进入新一轮高质量发展。

发展至2019年，国家大学科技园数量达到115家。同时各个地方政府也在组织协调、土地及基础设施建设、税收政策等方面对大学科技园给予大力支持，大学科技园发展的地方特色也逐渐形成。根据《火炬统计年鉴2020》数据显示，截至2019年底，国家大学科技园覆盖除西藏以外所有省、自治区和直辖市的数百所高校，其中北京、江苏、上海三地国家大学科技园数量均超过10家，位居全国前三；全国的国家大学科技园场地总面积达到599.6万平方米，在孵企业9483家。

（三）大学科技园的功能定位

多年来，国家大学科技园功能定位不断提升。2000年《国家大学科技园管理试行办法》将国家大学科技园功能定位为技术创新基地、高新技术企业孵化基地、创新创业人才聚集和培育基地以及产学研结合示范基地。2006年《国家大学科技园管理办法》将国家大学科技园功能定位为自主创新的重要基地，高校实现产学研结合及社会服务功能的重要平台之一，高新技术产业化和国家高新技术产业开发区“二次创业”以及推动区域经济发展、支撑行业技术进步的主要创新源泉之一，高校科技成果转化与产业化的重要通道，国家大学科技园成为国家创新体系的重要组成部分。2010年《国家大学科技园管理办法》将国家大学科技园功能定位为高校技术转移和科技成果转化、创业企业孵化、创新创业人才培养的综合性科技创新平台，高校实现产学研结合及社会服务功能的重要通道，为科技企业创新创业提供条件和增值服务的机构，以及支撑战略性新兴产业发展的重要平台，国家大学科技园成为中国特色高等教育体系的重要组成部分。2019年《国家大学科技园管理办法》将国家大学科技园功能定位为促进融通创新的重要平台、构建双创生态的重要阵地、培育经济发展新动能的重要载体，具备创新资源集成、科技成果转化、科技创业孵化、创新人才培养、促进开放协同发展等五大功能。

（四）大学科技园的运营模式

经过多年的发展，国家大学科技园的建设与管理运营模式呈现多元共存格局。主要有一校一园、一校多园、多校一园和校府共建等模式。

“一校一园”便于快速促进学校科技成果转化和开展产学研合作，例如江南大学国家大学科技园、东南大学国家大学科技园。“一校多园”通过分园建设加强高校辐射带动，例如清华科技园在北京、上海、广州、昆山、南京、西安、天津等地区建立分园20多个；复旦大学国家大学科技园由主园区、枫林科技园、园国权分园三部分组成。“多校一园”能够发挥多所大学或科研院所的资源优势，例如河南省国家大学科技园依托郑州大学、河南工业大学、郑州轻工业学院等高校共同建设而成；新疆国家大学科技园由新疆大学、新疆农业大学、新疆医科大学等高校共同建设而成。“校府共建”发挥多所大学和地方政府力量建设，例如浙江省国家大学科技园由浙江工业大学牵头，浙江理工大学、中国计量大学、杭州市原江干区人民政府共同建设而成；深圳虚拟大学园是政府牵头，以多校一园的特殊形式建立的虚拟大学园。

目前，各大高校也积极依托学科优势打造特色大学科技园。成都电子科技大学、西安交通大学、江南大学等高校依托优势学科建成了电子信息、智能装备、生物医药等一批高科技领域大学科技园。同时，农业类、林业类、财经类、体育类、海洋类等大学也结合自身学科定位探索建设了一批特色大学科技园。

拓展知识

专栏 7–14：清华大学科技园

清华大学科技园建设于 1994 年，是首批认定的国家级大学科技园和全国第一所 A 类大学科技园，由启迪科技园运营管理有限公司进行独立的管理运营。科技园主体已在全国 15 个城市独立或合作建设了 9 个科技园区、8 个科技城和 3 个众创空间，整合了“政、产、学、研、金、介、贸、媒”等多方创新资源，孵化出众多达到世界领先水平的自主创新技术和行业领军者企业。建立完善的企业培育创新服务体系。清华大学科技园根据企业规模、从事专业、创客身份等差异，分别设立了移动互联网、纳米、节能环保等多个不同方向的孵化器，提供涵盖物业、电信、商务、文化生活等基础服务，金融、创投、人才、培训、政策、中介、技术、市场等增值服务，以及钻石计划、摇篮计划等专项服务，形成了差异化的标准创新服务体系，同时聚集了大批创业企业和世界 500 强等一流企业。截至 2014 年，仅在中关村园区的总部就入驻企业 550 家左右，其中科技类企业 380 家，软件、网络与计算机服务类企业比例近 60%，销售收入超 600 亿元，知识产权数量累计超过 2000 项，孵化培养上市企业 9 家。重点发展科技创新服务。清华大学科技园借助自身资源，加强产学研合作，为校内的技术成果转化提供支持，最终实现技术应用和产业落地。2013 年成功帮助纳米压印 LED 图形衬底技术、重型燃气轮机与煤气化联合循环核心技术、利用燃煤烟气脱硫废弃物改良盐碱地技术等多项技术实现商业化转化，帮助中清阳明光伏科技、兆易创新、华卓精科等企业成功申报国家级项目19项。重视校园创业人才培养。清华大学科技园一是设立大学生创业基地，为大学生创业项目提供专门的孵化服务，帮助创业项目链接启迪孵化器内部基金和天使基金，已孵化项目60余个，成功孵化海斯凯尔、云杉科技等学生创业科技企业。二是成立清华大学创新创意创业实践平台X-lab，定位于创意创新创业学习和实践活动，实现校内多学科合作，整合校外各种资源，提供商业模式和社会价值实现的方式和路径，是面向大学、超越学科界限、发现和培养创意创新创业人才的教育平台。已累计培育240个项目，其中40个项目成立公司入驻启迪孵化器。扩大园区影响力，实施平台支撑、地区辐射、国际化战略。清华大学科技园搭建顾问咨询、委托运营、开发建设、基金合作四个方向的合作平台，与国家部委、大型企业、第三方机构开展园区建设合作；在全国15个城市合作设立22个孵化平台，服务地方区域经济；与全球24个国家的39个园区和机构开展交流合作，担任国际科技园及区域创新协会（IASP）常任理事，对外输出清华大学科技园发展运营孵化理念和方法。清华大学科技园作为清华大学社会服务功能的有机外延，卓越地实现了社会服务功能。建立跨境孵化器，搭建全球孵化网络。清华大学科技园在美国硅谷创办了首个中美跨境孵化器——创源孵化器。创源孵化器聚合了清华大学及清华大学企业家协会等大批优质资源，同时清华大学与国际知名大学，如斯坦福大学、麻省理工学院、加州大学等有着良好的互动和交流。清华大学启迪创业孵化器内大学生创业基地的学生创业团队可以通过清华大学的国际创业桥梁和校友资源吸引国际风投资金的关注，加强与国际学生创业团队的交流，拓宽大学生创业的国际视野。首批12家入孵的企业中，已有一家企业被百度以数千万美元收购。

（资料来源：《科普中国》——新时代的新引擎之大学科技园典型案例）

拓展知识

专栏7-15：北京航空航天大学科技园

北京北航科技园有限公司（以下简称“北航科技园”）成立于2000年，以北京园区为核心，通过拓展异地园区、共建产业技术研究院、搭建专业化的孵化载体、成立大学生创业基地等方式培养创新创业人才，培育高科技企业，提高科技成果转化率，促进当地经济发展。截至目前，北京本部已形成40万平方米的总部研发基地、4万平方米的产学研基地以及相应的配套服务设施，入园企业总数近500家，总收入达到400亿元。共建产业技术研究院，促进成果转化。北航科技园开发建设了中小企业产学研合作技术支撑平台、软件出口国际交流与人才培训技术支撑平台、微软—北航科技园嵌入式公共技术服务平台及中小企业创新服务信息化平台等四大公共服务和公共技术平台，为科技成果转化提供工程化开发和信息咨询服务，通过提升科技成果转化能力建设，提高了科技成果转化率。科技园还积极与地方政府共建产业技术研究院、技术转移中心，目前已在青岛、广州、深圳、浙江及江苏建立了专业化产业技术研究院，逐步形成了以北京为核心，地方为支点的“1+N”产学研基地布局。例如以温州产业技术和城市发展需求为牵引共建北航（温州）研究院；为推进科技成果在江苏省的落地转化，与丹阳市共建“北航（丹阳）航空航天产业研究院”，成立了“丹阳航空航天产业院士工作站”。建设专业化孵化载体，培育科技型初创企业。依托北航在航空航天和信息技术领域的学科优势及北航科技园内龙头企业研发、试验资源等打造专业化众创空间。建立O2O科技资源平台，创客可查询仪器设备、科技成果、科技人才等信息。成立了由技术专家、企业家等组成的“技术创新导师”及“专家创业导师”团队，为企业提供技术领域及企业管理方面的咨询和指导。成立了总规模13.7亿元的4只基金，覆盖了企业发展过程中不同阶段的融资需求，为园区全链条孵化提供了有效的资金保障。截至目前，入驻企业200余家，成功培育出国内首家专注于STTMRAM存储芯片及衍生产品设计开发的北京智旋科技及专注于工业级无人机、智能飞行系统等领域的产品研发和技术服务的天峋创新（北京）科技有限公司等科技型企业。成立大学生创业基地培养创新创业人才。创业基地可为大学生提供3—5个月的免费工位，创业团队可免费使用会议室、洽谈室，基地聘请园区内成功创业家作为创业导师，为大学生创业企业提供一对一的辅导。建立大学生科技创业培训机制，组织国家科技政策、财税政策、创业优惠政策等方面的专题讲座、论坛、沙龙等活动，组织大学生到创业基地开展创业实践和交流活动。设立创业种子基金，对创业基地内优秀的大学生创业项目以占股不超过20%的股权投资的方式进行投资，并为创业企业的发展提供建议与全面孵化服务。截至目前，创业基地内共有学生创办创业企业40余家，主要集中在互联网、计算机应用、机电一体化、文化创意等领域。创业基地营造了浓厚的创业氛围，产生了一批拥有核心技术与产品，具有较强市场竞争能力，进入快速发展周期的大学生创业企业。拓展异地园区，促进区域经济发展。北航科技园以北京园区为中心，面向重点区域经济中心，结合北航优势和当地特色开展深度合作，在地方建立了洛阳北航科技园、西安北航科技园、烟台北航科技园、沧州北航科技园等科技园分园，在延安、郑州、芜湖、青岛等地的北航科技分园目前正在规划中。通过异地园区的建设构建了区域内企业全生态的产业链条，搭建了专业化的服务平台，是地方科技成果转化和高科技企业孵化的重要基地，促进了地方区域经济的建设。

（资料来源：《科普中国》——新时代的新引擎之大学科技园典型案例）

拓展知识

专栏 7–16：浙江大学科技园

浙江大学国家大学科技园创建于 2000 年，是国家首批 15 个大学科技园试点园区之一，当前已发展成为我国最具特色、成效最显著的大学科技园之一，在全国排名始终位于前列。它不仅成为区域创新的重要源头和培育新经济增长点的重要引擎，也成为浙江大学创业型大学建设的核心载体。截至 2017 年 7 月，累计创办各类企业约 1400 家，其中科技孵化企业 1000 多家，培育毕业企业 380 多家；累计创办大学生创业企业 500 多家；入园企业累计转化科技成果 800 多项；累计培育上市（含“新三板”挂牌）企业 11 家；承担国家创新基金、浙江省和杭州市等各级科技计划项目 270 多项。

创新“政产学研”协同机制，狠抓科技成果转化。出台系列政策，先后出台《关于浙江大学教职工和学生在大学科技园创办科技孵化企业的若干规定》《浙江大学促进科技成果转化法》《浙江大学科技成果转化审批细则》等政策文件，在若干制度领域先行先试，极大激发了教师科技成果转化积极性；建立系列平台，联合浙大技术转移中心、浙大工研院，建立以企业需求项目库、科技成果项目库和行业技术专家库为支撑的浙大科技成果转移转化平台；推动实验室开放共享，浙大大部分科研基地、实验室设备均面向科技园企业开放，为企业提供研发、检测、试验等各类服务；为科技成果转化及高技术创业提供各类基础咨询服务、商业化咨询服务及投融资服务，有效提升了科技成果转化成功率。

建立了完善的创业服务体系，大力推进师生高技术创业。浙江大学科技园整合各方资源，集聚资本、技术、市场、人才等创新要素，建立了覆盖企业成长全链条的创业服务体系。拥有 e-WOKRS 创业实验室、各类创客空间及人工智能专业化众创空间等平台，建立了面向潜在创业者、初创公司、成熟公司的完整孵化空间载体；拥有"一基础""五增值"服务，包括由工商注册、税务登记、信息网络、物业服务及会议、餐饮、商务交流等配套服务组成的基础服务体系，以及投融资、政策申报辅导、创业导师服务、创业培训服务及人力资源五大增值服务，为师生创业建立了完善的创业服务体系。

注重创业教育，不断集聚培育创新创业人才。秉承浙大重视创业教育的特点，面向在校生及毕业生开展各类大学生创业教育，为科技园创业培育集聚了大量人才，成为浙江大学创业教育的重要环节。"园校合作"，与学校、政府共同创办企业家俱乐部、大学生创业训练营、创业学院及各类创业班等推进大学生创业教育及相应能力提升；"园企合作"，与企业共建大学生创业实践基地，为学生提供各类创业实习、见习岗位；"园政合作"，与杭州市西湖区共建"杭州市大学生创业园"，双方联合为大学生创业提供各类服务支持。

创新分园建设模式，全面推进品牌输出及成果转移转化。采取"一园多点"开放合作的建设原则，在浙江宁波、江西南昌、杭州高新区等地建立分园，输出"品牌+服务+管理"及推动浙大科技成果在各地转移转化。虽分园建设成效不一，但为浙大科技园杭州核心园的发展提供了更大空间、注入了更多资源，有效提升了浙大科技园品牌知名度，成为浙大科技成果推广、辐射至全国的有效载体。

（资料来源：《科普中国》——新时代的新引擎之大学科技园典型案例）

拓展知识

专栏 7-17：电子科技大学科技园

电子科技大学国家大学科技园始建于 1988 年，是首批认定以及国家级 A 类大学科技园，由成都电子科大资产经营有限公司进行市场化管理。经过 29 年的发展，在成都建成沙河科技园、西区科技园、天府科技园三个园区，总面积 500 亩，建成载体空间 13 万平方米，聚焦电子信息产业，形成从苗圃到产业园的完善孵化链条，为学校科技成果转化、学生双实双业和孵化企业、服务地方经济发展作出了有力的支撑，构建了围绕高校的新兴双创孵化生态圈。

打通学校双创服务链条，服务学校“双实双业”工作。科技园一是整合学校教务、劳工、创新创业等学校部门以及各学院，打通学校创新链条，服务并参与学校人才培养过程，支持大学生“实习、实训、创业、就业”，现已经联合各学院举办暑期学校、夏令营、创新创业训练营、创新创业大赛、“双创·思比齐”等多种学生双创活动。二是提供给大学生500平方米创新创业场所，提供在校学生创新创业孵化基金200万元，联合企业项目及业务外包为大学生创业提供项目支持以及业务指导，截至2019年已有以光电、微固学院互联网、RFID应用开发项目为代表的8个创新创业团队近80人入驻基地。

搭建科技成果转化和服务平台，关注校内科技成果转化。科技园一是建立了以企业为中心的科技成果产业化平台，已组织风投机构与技术人员、企业高管交流会15场，参加科技成果对接会2场，扶持15个技术成果二次开发和产品化，与上百家行业主管部门或企业进行双向互访，促成多项技术成果转移及企业合作市场推广。二是重视校内科技成果转化，以学校成果入股的方式投资组建高科技企业28家，其中高新技术、双软认证及现代服务业的企业占比80%，集中在通信互联技术、信息安全、数据储存等十几项高技术领域行业。三是持续向地方转化多项国内乃至世界领先水平的自主知识产权技术成果，已为80余家企业提供了企业技术升级与创新服务，直接增加企业销售收入50余亿元，提高了企业创新能力。

链接资源打造创新生态体系，服务区域经济发展。科技园一是三元统筹规划，建立起从“苗圃－孵化－加速－产业”的技术驱动创新孵化体系，形成了“大学＋科技园＋孵化器”的模式，拥有专业服务机构30多家，签约创业导师50多人。二是积极链接“政企校科金介”多方资源，与银行、风投等金融机构打造“电子科技大学－金融蜂巢科技创新孵化联盟”，联动电子科大校友会设立创投基金，完善金融服务体系。三是作为电子信息产业的凝聚地与辐射源，聚焦大量专业领域内的优秀高科技企业，带动地方就业和经济发展，截至2019年底，园区已入驻企业300家，拥有创新成果630余项，其中电子信息产业成果580余项，培育出高新技术企业26家，引进军工军品配套企业18家。

（资料来源：《科普中国》——新时代的新引擎之大学科技园典型案例）

第四节　创业孵化的主要模式

一、硅谷训练营

硅谷训练营是打磨创业想法、快速完成初期探索的一种孵化模式。其核心是帮助创业者洞见新经济中的机遇。像硅谷的 YC、PNP，都是提供创业训练营的知名孵化器。长城战略咨询宁波业务中心创办的“商业模式概念验证实验室”，就是对标硅谷训练营的创业训练营。

YC 孵化器公司 2005 年由保罗 · 格雷厄姆（Paul Graham）在硅谷发起成立。格雷厄姆在哈佛大学做《如何创业》的演讲时，开始思考关于天使投资的问题，并决定为想创业的学生创造机会，于是在 2005 年暑假举办了一个夏令营，做大学生创业的项目。共有 8 支团队参加了这次夏令营，其中有的顺利得到了下一轮融资。有了这次成功尝试之后，格雷厄姆与 Blackwell（布莱克维尔）一起成立了 YC，从一个有经验和资金的成功创业者转变成一名天使投资人。Y Combinator 是编程术语，指创造函数的函数，意指 YC 是一家“创造公司”的公司。基于强大的创业辅导能力和不断出现的成功案例，构建起强有力的品牌影响力，成为全球孵化器的标杆。

YC 堪称硅谷创业圈中的“精英班”，为只是初具想法的团队提供天使投资，一般是 1.5—2 万美元，然后通过训练营为他们提供创业辅导，在团队间形成了互相帮助的校友网络，并搭建天使投资网络，为初创公司在演示日上获得更多、更好的融资机会。2012 年，YC 孵化企业的总价值已经达到 77 亿美元以上，在福布斯全美“十大美国创业孵化器与加速器”评选中排名第一。但这家孵化器甚至不为初创公司提供办公场所。YC 基于训练营的实际创业故事和打磨过程，出版了《YC 创业营》《黑客与漫画家》等，主要是传播自己的创业服务和新型孵化理念。

二、奥斯汀西南偏南

全球创新创业顶级盛会。最初“西南偏南”只是一个文化娱乐圈的盛会，后来逐步加入科技元素后，成为“电影 + 音乐 + 科技”三位一体的跨界盛典。“戛纳 +TED（技术公开宣讲）+CES（国际消费电子展）”综合体。

科技企业推出新锐应用的首选发布平台。“西南偏南”为创业者提供了一个不分国界、种族、宗教、阶层、性别与年龄的无界限交流平台，是各企业及业内人士积累人脉、扩宽视野、交换意见的重要渠道。现在家喻户晓的 Facebook、Twitter（推特）、Siri（苹果智能语音助手）、Meerkat（一款 IOS 上的视频直播应用）等都是从“西南偏南”开始，创造了属于自己的神话；Twitter、Google（谷歌）、SONY（索尼）、SAMSUNG（三星）、Dell（戴尔）等科技、互联网巨头，每年都要来“刷脸”。

中国新创企业在“西南偏南”这个世界舞台上崭露头角。近年来，西南偏南在中国的影响力不断提升，很多新创企业在“西南偏南”这个世界舞台上崭露头角。2017 年，“西南偏南”设立“聚焦中国 @SXSW”单元，摩拜单车、商讯、极客公园、出门问问、微信、知乎等国内科技企业参加。2018 年，摩拜单车、亿航、蚂蚁金服、快手、VIPKID（在线英语教育品牌）等中国科技创新企业参展，受到关注。2019 年，成都成为首个在“西南偏南”大会上进行推介的中国城市。2020 年，三大关键词：创新、跨界和包容，众多科技初创企业将在中国市场已验证成熟的模式在这里进行全球化的输出，由“场景实验室”“创新地图‘联合’China Gathering（聚焦中国）”，以“中国创新聚会”为名，共同打造了“2020 年西南偏南 China House（中国屋）”，让世界看到了一个场景丰沛的中国。

三、中关村创业大街

从咖啡店搭起创业大舞台。这条著名的大街最初只是一条普通的商业街区，从创业咖啡店开始，逐步发展成为集聚创新创业资源的创业社区。随后政府有关部门对此进行了重新规划和设计，改造成为中关村核心区的标志性建筑群，并重点布局了 2000 多家创业服务机构，首创创业期科技型集中办公区服务模式，成为中关村创业的金字招牌。

构建完整的创新创业服务生态。中关村创业大街联合50多家大企业、50多家高校院所、2000多家风险投资机构等各类合作方，构建起功能完备、服务专业、要素齐全的创新生态雨林，形成完整的创新创业服务生态。中关村创业大街的模式让创业更加开放，人与人之间的交互更加自然顺畅，使得创新资源更自由地流动，给创业者带来了更加贴心的创业体验。

四、武汉光谷青桐汇

中国自古就有劝农、劝学、劝业的传统。改革开放以来，“治国之道，必先富民”成为重要的发展目标，全社会自上而下逐步形成劝创业、劝致富的氛围。光谷青桐汇是起源光谷、辐射全国的创业交流活动，激发了百万青年人创新创业的热潮，体现了地方政府鼓励创业的导向作用和动员创业的组织能力，是新时期中国“劝创业”的典范。

截至目前，光谷青桐汇已举办108期，路演项目超过800例，推介项目近1300例，参与的投资机构超过800家，观摩人数近7万人，投资机构现场寻项目，超200个项目累计融资近40亿元。众多拥有技术的老师、博士凭优质项目在青桐汇获得融资，有效促进了科研成果的转化落地。青桐汇的价值在于顺应了科技成果转化的规律，把劝创业变成了顺水推舟的事。让武汉的创新创业呈现出崭新的良好生态格局：一是双创氛围媲美硅谷，创业新观念深入人心；二是新经济企业蓬勃发展，光谷渐成双创“科技码头”；三是树立全国双创标杆，各地纷纷复制效仿。

纵观近年来的发展，青桐汇的实施效果是很显著的，武汉的高成长企业数量爆发增长，瞪羚、独角兽等新物种企业不断涌现。瞪羚企业数量从2011年的30家，上升到2020年的460家，增幅超过14.3倍。2015—2017年，光谷实现了独角兽数量从0到2到5的递增，成为中国独角兽新城。2020年新冠病毒感染期间，光谷也涌现了2家新晋独角兽：新能源与智能汽车赛道的亿咖通、“互联网＋医药流通”赛道的药帮忙。

青桐汇不仅影响了光谷的创业人，还走出湖北，成为中国很多地区双创活动品牌的原型与样板，共同谱写出属于创业者自己的最强音。当前，全国各地涌现出各类具有区域特色的众创微生态。京沪深成为集聚大量创业孵化资源的创新创业尖峰，杭州、成都、武汉、西安等地区也出现了丰富的创业服务形态，成为创新创业活跃地。

本章小结

本章内容介绍了孵化器的概念、发展历程和现状，对众创空间、大学科技园、加速器、高能级孵化器这四种主要孵化器进行了概述，介绍了众创空间的概念、特征及主要类型；科技企业孵化期的概念、分类；加速器的概念、特征及发展历程；大学科技园的概念、发展历程、功能定位及运营模式，介绍了创业孵化的四种主要形式。

推荐阅读

- [美]丹·塞诺、[以色列]索尔·辛格著，王跃红、韩君宜译，《创业的国度：以色列经济奇迹的启示》，中信出版社，2010。
- 《中国创业孵化30年》编委会编，《中国创业孵化30年：1987—2017》，科学技术文献出版社，2017。

思考题

- 中国孵化器有哪些主要类型？
- 调查所在地的孵化器，思考分别属于什么类型？其功能定位是什么？

第八章　孵化器发展展望

第一节　创新创业与孵化器发展趋势

一、创业服务与企业成长

伊查克·爱迪思（Ichak Adizes）博士于 1989 年出版《企业生命周期》，书中将企业生命周期划分为成长阶段、再生与成熟阶段、衰退阶段。成长阶段包括孕育期、婴儿期、学步期三个子阶段；再生与成熟阶段包括青春期与盛年期；衰退阶段包括稳定期、贵族期、官僚期等子阶段。同时爱迪思博士指出企业在不同阶段所面临的问题并提出了解决问题的方法，具有很强的实践性、操作性。对于创业企业来说，企业的成长也必然存在生命周期，任何一家企业的发展都要经历研究开发、创办、发展乃至成熟阶段。在国外管理学界对企业生命周期进行广泛探讨与深入研究的同时，我国学者在爱迪思博士所提出的企业生命周期模型基础上，针对企业成长的规律性也进行了诸多有益的探索。一般而言，我国创业企业的生命周期可以划分为种子期、初创期、成长期等阶段。针对全生命周期中的不同成长阶段，创业企业的特征及其所需要的创业服务侧重点也有所不同。

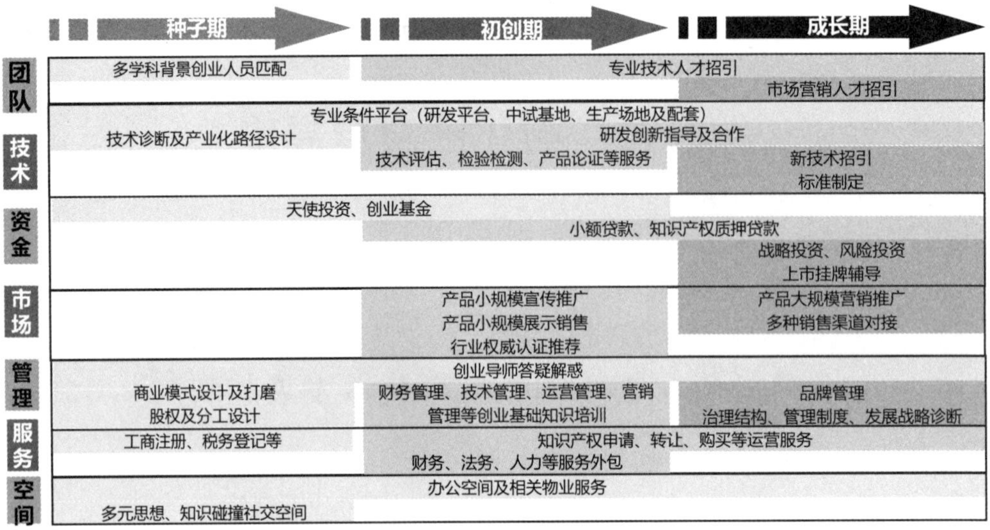

图 8.1　企业成长各阶段创业服务需求总结图示

（一）种子期企业

种子期企业的需求聚焦在明确方向、搭建团队、配置资源。种子期是创业者将模糊的、发散的创意构想逐渐深化为清晰的、系统的商业计划、技术路径或产品原型的阶段，这一阶段企业需要解决“做什么怎么做”（方向）、“谁来做靠谁做”（团队）、“需要什么资源做”（资源）三个问题，所需要的创业服务主要是商业模式打磨、技术路径打磨、启动资金筹备等创业筹备服务。

（二）初创期企业

初创期企业需求聚焦在技术产品化、客户选择、市场开发。初创期是创业者将创意构想向可供市场出售的新产品 / 服务或新工艺转变的阶段，是创业风险最高的一个阶段。这一阶段企业需要解决“卖什么”（产品）、“卖给谁”（客户）、“怎么卖”（市场）三个问题，所需要的创业服务是协助企业将技术路径和产品雏形转变为成熟的产品并小规模面向市场推广、筹措外部资金、开展企业运营管理等，帮助企业在创业初期便获得先行优势。

（三）成长期企业

成长期企业需求聚焦在创新迭代、资本运作、组织管理。成长期是企业完成创意构想向工业化产品或服务的转化，开始扩大生产规模、拓展市场份额的阶段，这一阶段企业需要聚焦“有创新”（创新迭代）、“有杠杆”（融资）、“有结构”（组织管理）三个问题，对应的创业服务则主要是协助提升产品规模化生产及创新迭代能力、拓展企业快速发展所需市场、扩融资金、完善企业组织管理结构等。

二、创新创业发展新趋势

（一）创新创业趋向更大范围

“大众创业、万众创新”提出后，我国创新创业实现了“从局部到整体”“从现象到机制”的跨越，创新创业成为更加社会化、大众化的事业。一是创业群体更加广泛，“人人皆可创业”的氛围日渐浓郁，青年学生、技能型人才、产品经理、转业军人、科研人员、企业家、投资人、返乡农民工等，纷纷加入创业者的行列。二是创业孵化机构更加多元，孵化器、大学科技园、众创空间以及新型研发机构、平台型企业、投资机构、非营利机构等都在参与创新创业服务。三是创业领域更加广泛，不再局限于经济建设领域，也包括更为广阔的社会建设领域，涵盖科技创新、商业模式创新、产业组织创新、跨界创新、公益活动和公益事业创新、制度创新等。

与此同时，在创新创业大众化环境下，新型创业者不断涌现，创业人群高端化已经成为创新创业的新趋势。一方面，创业者素质不断提升，科技领军人才、跨区域创业者、系列创业者、创客与极客、职业经理人、产业组织者等高水平人群成为创业的中坚力量。另一方面，这些创业群体不仅拥有更强大的技术、资源、经验和能力，也表现出愈加明显的新时期创业者特质，即敏锐的洞察力、厚积薄发、拥有博大的梦想与情怀、情商魅力高等，能够从容面对和解决科技创业征程上的系列挑战和问题，更容易开展“有效创业”“确定性创业”等。

（二）创新创业趋向更高层次

当前，创新创业的聚焦领域、模式不断升级，带领创新创业走向更高层次。从创业方向来看，前沿高技术领域的科技型创业不断高涨。新技术、新产业、新业态成为抢占发展制高点与主动权的核心，面向大数据、人工智能、区块链、物联网、智能制造等前沿科技和未来产业成为创新创业瞄准的发展方向，围绕智能机器人、无人驾驶、基因诊断、智能家居等前沿领域，涌现出一大批运用新技术、新模式推动传统产业转型升级的创业实践。从创业组织来看，新组织、新机构参与创业的积极性高涨，研究型大学、科研机构、大企业、军工科研机构和企业等越来越多拥有产业资源或创新资源的组织和机构融合数字化、平台化技术，参与双创及成果转化，衍生出不同的孵化方式，提升了创业孵化和成果转化的质量。

（三）创新创业趋向系统价值的实现

创新创业更加追求系统的有效性，通过新的组织模式推动创业、研发和产业化的高度一体化，真正实现“价值发现—价值转换—价值提升—价值实现”的内在发展逻辑。中科院深圳先进技术研究院是这一趋势的典型践行者，在科研方面设有研究所及技术平台，实现基础研究与应用研究共同发展，而在先进技术的产业化方面，则设有工程中心、育成中心、投资基金等，通过科研与产业化结合的双螺旋战略实现了产学研共创的高价值创新创业，截至 2018 年底，与企业签订工业委托开发及成果转化合同逾 500 个，合作开展产学研项目申报超 700 个 [1]，育成企业逾 637 家，持股超过 191 家，估值过亿企业达 26 家。

（四）创新创业趋向与资本强关联

目前，我国创新创业的金融服务体系日益完善，资本的深度参与承担了早期创新创业试错风险和成本。早期天使投资、专业化风投资本、CVC 基金、创新基金等耐心资本，除了为创业企业提供资金支撑外，还能凭借投资人对市场的敏锐眼光和产业生态圈资源优势，为企业提供方向引领、产业资源链接等高水平的投后服务，成为创新创业必不可少的支撑。在这一趋势下，新时代的创新创业发展，应当加速资本市场和金融工具改革创新，注重发展耐心资本，进一步推动技术的产权化、资本化，持续畅通资本市场融资渠道，全方位增强资本对科技创新企业的包容性和适应性，促进资本在创新创业中发挥更大作用。

（五）创新创业趋向更开放的发展格局

中国的创新创业活动正在从以国内市场为主，逐步向同时面向中国和全球市场转变，创新创业向更加国际化的开放发展格局迈进。大部分中国硬科技独角兽企业的早期融资都有外资投资背景机构参与，微软、奥迪等跨国公司与中国多地合作建立孵化器等，都是创新创业全球化的体现。在这一趋势下，中国

[1] 数据来源：东滩智库——《城市创新生态的构建》。

的双创发展，需要在国际化的三个层面上继续发力：一是要加速国际创新资源要素的汇聚，即不断优化外籍人才、资本等流动的支持政策，促进要素、主体能够更加自由地流动；二是要打造更强的全球资源链接能力，即鼓励支持跨境研发、离岸孵化、整合利用国际创新资源；三是要塑造开放发展的经济格局，即开放消费市场、资本市场、服务市场等，创造提供更多的市场机会，促进面向全球的技术商品贸易、技术服务贸易以及产业供应链体系。

（六）创新创业趋向与实体经济、产业转型升级深度融合

创新创业已成为推动经济增长的重要动力，一大批市场化的创新创业行为用新技术赋能传统产业，提升产业效率、降低产业运营成本、优化产业形态，与产业转型升级的结合更加紧密。一方面，创新创业将成为引爆传统产业的新增长点，随着数字技术在制造业、服务业等传统产业的全方位应用，承载着改变人类生活方式的应用场景不断推动技术创新应用，为创新创业提供重要方向，由此带来新兴产业的爆发和传统产业的转型升级。另一方面，“双创”引领未来产业发展的作用更加凸显，国际贸易争端等新因素、新挑战，倒逼国内传统改变创新路径，过去以商业模式创新为引领的创新之路备受挑战，以数字经济、生命健康、新材料为引领的硬科技创新创业正成为更受关注的方向。

（七）创新创业趋向治理能力提升

进入数字时代，政府所处的社会环境将更加开放，经济、社会发展的各个领域也更会为深刻地受互联网、大数据等方面的影响和冲击，发展环境的变化对治理能力、治理方式都提出了新要求。就创新创业而言，“大众创业、万众创新”持续向更大范围、更高层次和更深程度推进，创业行为及其催生的新物种越来越多，产业边界日趋模糊，治理难度不断加大，治理理念的转变、治理水平的提升成为当前创新创业环境发生改变的一大体现。具体而言，治理能力的提升主要体现在以下四个方面：

从管理到治理。不同于过去以政府为单一决策者的“管理”模式，数字时代的治理更加强调社会各类主体在国家和社会事物中的地位和作用，即突出国家和社会事务的共治，并为此构建多元主体共同参与的平台，完善多元主体平等协商的机制，从而激发社会活力。

从人治到法治。伴随社会环境发生更加全面和系统的变化，政府也将在更加民主、法制、开放的社会环境下进行治理，即坚持以法律和法理为依据，界

定权利义务、明确责任界限、规范社会行为、整合社会秩序、保障社会治理良性运行。

从政府到全民。政府决策者的公共服务职能逐步社会化，其实施交由社会组织承担。在这一趋势下，新治理更强调多元治理主体的角色、职责及其相互关系，广泛动员全体社会成员，激发出强大的社会参与和自主能动力量。

从传统到技术。随着“大数据”的普遍盛行和深入发展，创新创业治理更强调综合应用大数据、人工智能等新技术创新治理模式，汇聚各类创新和数据资源，绘制创业企业、研发机构、服务机构等创新主体画像，强化对创新创业的数据统计、运行监测、跟踪分析、精准服务，提高智能化、专业化治理水平，实现中小企业靶向服务和精准支持。

（八）创业服务趋向更深程度

创新创业升级发展，就是要充分发挥市场在资源配置中的决定性作用，围绕创新链、产业链聚集全要素资源，推动“双创”向更深程度发展。在“双创”升级的大背景下，创新创业服务更加强调深度“赋能”，具体表现在集成化、专业化、批量化、生态化四个方面。

集成化：从单边孵化到多边孵化、从闭环发展到互联融通。依托互联网技术的发展，创业服务平台的服务功能和资源更加集聚，正逐步实现研究开发、技术转移、孵化服务、科技金融、科技咨询等多元化服务内容在平台的集成，线上线下融合也成为创业服务的新模式。如西安科技大市场等多元化综合服务集成平台，将技术转移、设备共享、政策服务等全方位的服务功能在平台上进行有效整合和集成，能够满足不同层次、不同类型创业者的服务需求；而“创投圈”等专业领域资源集成平台，则聚焦投融资、软件信息等领域集成专业化服务内容和服务机构，打造专业细分领域的资源和服务集成平台。

专业化：专业的服务资源、专业的服务团队、模式和机制提升了专业化的服务能力。一是创业服务面向的产业领域更加聚焦，围绕人工智能、基因诊断等细分领域，提供技术打磨、技术升级服务、供应链整合、市场渠道等服务，实现专业化技术能力及行业资源的整合链接。二是创业服务切入的环节更加垂直，环节聚焦的创业服务机构不断涌现。如中关村将孵化器专注于帮助技术创业者找到细分领域的标杆用户和战略资源，美国 Dreamlt Ventures 孵化器则重点帮助创业者对接数字医疗和教育领域的消费者以及关键战略伙伴，开展中试项目并获得客户反馈。三是创业服务团队更加职业，大多创业服务机构同时具备职业化的孵化服务团队、提供创业培训及资本对接等服务的创业导师、标准化的服务流程和服务内容。

批量化：建立在标准化、精益化及资源整合基础上的产业化模式。新型创业孵化机构通过“筛选—训练—路演”的孵化模式和机制，通过集中一段时间内的精准辅导、资源导入，实现创业项目的高质量、批量化孵化。在筛选环节设立严格的项目筛选机制，只有满足多方面要求标准的项目才能够进入孵化培育；在训练环节开展定期的系统性培训，通过导师辅导、模块化课程帮助创业团队打磨技术、产品、商业模式等内容；在路演环节通过集中路演实现批量孵化，即帮助一批创业团队集中对接大企业、投融资机构、市场服务机构等资源，从而以标准化模式完成高效孵化。

生态化：资源网络的立体化、开放式发展推动孵化生态的建立。孵化器越来越多地通过与大企业、高校、科研院所、科技服务机构等主体合作，形成创业服务机构关系网络、高校院所的创新源头网络、大中小企业的产业链协同创新网络等多种形式的开放化立体服务网络，通过全方位的交流合作与资源共享，提高服务质量和孵化成功率。

第二节　高能级孵化器是未来方向

自孵化器在我国诞生以来，曾经经历过爆发式增长的许多早期设立的企业孵化器，开始逐渐出现发展乏力、造血能力差、生存困难、服务体系重复建设等困境。面向未来，在我国创新创业进入持续发展期之际，规模庞大的创业孵化载体亟须突破政策驱动的路径依赖，向专业化、产业化、国际化提升孵化能级发展。

一、高能级孵化器的概念

高能级孵化器相比传统孵化器来说，瞄准产业升级需求、强调两大服务能力，提供更加精准转化的孵化服务。两大服务能力是指洞见力和链接力，洞见力指能够帮助企业思考自身发展，提高创业者的洞见力和方向感；链接力则指能够促进创业者更好配置资源，在产业企业资源、机构服务资源、政府公共资源以及要素市场资源之中，优化人才、资本、技术、经验、知识以及业界关系等方面的高效对接及优化配置。

高能级孵化器一般具备以下七个条件：一是有聚焦的产业细分领域；二是有创新或创业导师，为创客提供技术创新辅导、创业辅导、创业培训；三是有为在孵企业提供科研和制造条件的平台，具备与创业企业共享资源的条件；四是提供创业投资，为在孵企业拓展融资渠道；五是有开放式的互联网平台，可集成线下资源，实现共享和有效利用；六是有创客，即企业内部员工、科研人员、外部创客人群等；七是有机制，服务于建设主体转型升级和新业务开发、科技成果转化，具备完善的运营管理制度。

从目前发展情况来看，高能级孵化器主要呈现如下特征。第一，拥有创新源头，依托龙头骨干企业、科研院所、高校建设，为创业提供有效源头供给，推动创新与创业齐头并进。第二，资源共享基础好、水平高，建设主体具备良好的科研与制造能力、管理与市场渠道资源，为资源共享提供有力支撑。第三，产业整合能力强，建设主体在行业中有影响力，能形成创新创业生态和产业生态。第四，孵化服务质量高，围绕专业领域，高能级孵化器可为创业者提供更贴合产业特点的高水平、专业化、特色化的集成式服务。

二、高能级孵化器的主要类型

高能级孵化器的核心是依托具有创新资源和产业资源的建设主体，提供专业化、高端化的服务，弥合从应用研究到中试环节的断线，推动科技成果转移转化。根据服务主体的性质和服务内容的不同，孵化器呈现出不同的发展模式，形成大企业开放资源，高校、科研院所溢出等模式。

（一）大企业孵化器

大企业开放资源是其利用内部和外部的研发资源，探索开放共享的新型组织模式。大企业孵化器则是指，大企业依托开放的网络众包研发平台或内部员工创业平台，通过任务悬赏、委外研究、技术合伙、在岗创业等形式，打破企业内部各部门间、企业与外部协作单位间的壁垒，将全球范围内的想法、创意、技术为企业所用，形成内外部融通的企业创新体系。大企业孵化模式具有很强的平台性、战略性和辐射作用，近年来以海尔为代表的企业有诸多成功实践。

拓展知识

专栏 8-1：海尔集团·海创汇

海创汇众创空间（以下简称“海创汇”）是依托海尔集团建设的创客孵化平台，鼓励和服务内部员工和外部人员开展智能家居领域的创新创业、促进海尔自身改革和转型升级的专业化众创空间。海创汇专注于智慧家庭、TMT、智能硬件等领域技术型创业，通过开放海尔内部研发、供应链和渠道等强大的产业资源吸引来自全球的创意、技术和资金资源，通过全流程创业加速服务，助力海尔内部员工和离职员工、合作伙伴、社会资源、全球资源、用户等在平台上进行创业。海创汇既是海尔制造创客的创业服务平台，也是一个市场化、专业化、集成化和网络化的创客孵化加速器。

一、主要做法

打造全产业全要素服务平台。海创汇建立了五大服务平台为创新创业提供支持。(1) 创业教育平台：创建海尔创客学院，与北大、清华、麻省理工等院校，共同发起成立创客训练营、创新创业联盟，培训创客；(2) 创客实验平台：开放加工实验资源，建立集研发设计、检验检测、技术优化、产品中试等于一体的开放式创客工厂，提供各种研发资源服务；(3) 融资融商平台：设立创客基金和创业种子基金，提供资金保障和投融资咨询服务，建立线上线下众筹、众包服务；(4) 孵化加速平台：配置孵化服务和创业导师，提供从创业培训到企业注册、人员招聘、财务管理、市场拓展等全流程、一站式服务；(5) 资源对接平台：创建创业资源和创业者对接的海立方线上创业平台。

开放企业专业化资源。依托海尔全球24个制造工厂，为创业者提供供应链匹配和生产支持服务，可以为创意形成的产品样品设计、产品试制、小批量试生产提供工厂服务支持。依托海尔集团强大产业资源平台，通过3万家线下体验店、3个线上平台、9万“车小微”、遍布全球100多个国家和地区的66个贸易公司为创客者提供全球范围内的线上、线下的营销平台及服务平台。

二、建设经验

形成“众创－众包－众扶－众筹”的服务模式。众创：为创业者搭建创意交互平台，帮助创客提升创意质量，邀请创客零距离参与创新。海尔搭建海立方线上平台，通过互联网平台吸引来自全国的优秀创意，同时该平台还汇聚了提供创业创新服务的各类社会资源。众包：为资源方和创业者搭建资源交互平台，帮助创客解决创意变成具体产品的问题。海尔借助互联网手段搭建HOPE(开放创新平台)、模块商资源网和模具云平台，吸引全球一流外部资源并通过模块商资源实现技术产业化。HOPE侧重吸引全球一流的科研院所、大学、技术专家等资源，模块商资源网侧重于吸引全球一流的包括材料、零部件、模块集成、供应链管理等供应链资源，模具云平台侧重把工业设计、结构设计等外包给全球一流的设计专家，同时吸引模具设计领域方面的创业者来创业，帮助创业者实现创意。众扶：为创业者搭建培训、咨询的平台，帮助创客解决创业过程中遇到的各种难题。通过海尔创客学院、海尔创客实验室为有创业意向人员提供全方位、系统性培训，能够与专业设计师交互、优化自己的创意。海尔引入的创业导师都是在全国具有声望的并且有具体创业实践经验的创业者。众筹：为创业者提供融资和拓展市场的平台，帮助创客解决资金和初期市场用户测试的难题。海尔集团出资作为母基金构建海尔创投基金、海融易平台，拓展创业创新投融资新渠道，吸引风投共建创业基金，规模超过 13 亿元，投资智能硬件、智能家居、互联网等相关产业。与京东等众筹平台开展合作，实现众筹伙伴、海尔和创业项目方的共赢。京东通过海尔创业平台获得优质好项目，带来项目和人气流量，项目在海尔平台上可以更好更快地获得京东众筹服务，带来资金流和客户流。

针对不同创客形成五种孵化模式。针对不同类型的创新创业主体特点，海创汇形成了五种孵化模式。一是集团内部孵化模式，与集团主业强相关的创业项目，企业占大股＋引入风投＋员工跟投成立创业的模式；与公司主业弱相关的创业项目，采用企业占小股＋引入风投＋员工跟投成立创业公司的模式。二是脱离母体孵化模式，创业团队脱离企业，自筹资金，借助企业资源自行孵化，达标后企业承诺回购。三是众筹创业发展模式，合作伙伴参与众筹，既是股东，又是社区经营者，众筹股份达标后可转化为上市公司股份。四是轻资产小微创业模式，企业轻资产模式，不投资，向创客提供订单、结算、信息化系统等服务。五是围绕创新生态圈创业模式，通过开放式创新生态圈，开放源代码，通过 4200 个在册的研发接口人，吸引全球在平台注册 15 万的合作伙伴，触及全球 140 万一流资源。

三、建设成效

海创汇提高了海尔研发资源、设备资源的利用效率，完善了海尔集团智能家居产品生态体系，实现集团利润的持续增长，促进了海尔集团从传统家电制造企业向面向全社会的创客孵化平台的转型升级。

创业孵化成效显著。自 2013 年以来，海立方线上平台诞生了 1500 个创业项目，孵化、孕育了 2000 多家创客公司，成功开发出雷神、小帅影院等一批新产品。HOPE 和模具云平台拥有注册资源 23 万家，注册用户 20 万，提供了 1 万多个解决方案。截至目前，海尔创新创业平台上已经聚集了 4700 多家外部一流资源、30 亿创投基金、1330 家风险投资机构、103 家园区孵化器资源。同时平台上有超过 100 个小微企业年营收过亿元，已有 24 个小微企业引入风投，有 12 个小微企业估值过亿。海尔集团利润连续三年实现 20% 以上增长。

缩短创业企业研发周期。为创客降低研发成本 35%，研发技术资源匹配周期缩短到 4 周，研发周期缩短到 6 个月，体验设计服务周期较之前缩短了 25%，模型检测验证周期缩短 30%。

（资料来源：中国投资咨询网——众创空间如何“创”？海尔采用“差异化”孵化模式；GEI 新经济瞭望——企业发展 | 以用户为中心的平台型组织生态圈助推大企业转换新动能）

（二）高校孵化器

高校、科研院所溢出模式的特点是高校、科研院所依靠国家资助建设的重点实验室、科技条件平台等科研基础设施，以及技术人才优势，对外提供先进技术研发、技术转移、中试、检验检测服务等科技服务，该模式具有一定的公共属性。高校孵化器一头连接高校技术成果和人才资源，一头连接企业市场主体，围绕高校的优势学科或优势研究领域，开放实验室等学校研发平台，将创业教育与实践相结合，服务于学生的培养、学科建设和科技成果转化。

拓展知识

专栏 8-2：南京邮电大学·物联网专业化众创空间

南京邮电大学是国家“双一流”建设高校和江苏高水平大学建设高校。南京邮电大学国家大学科技园依托南京邮电大学在新一代移动通信、物联网、移动互联网等国内领先的研究领域优势，整合科技园企业优质社会资源，聚焦物联网产业的创新创业服务。南京邮电大学依托自有优势科研平台和产学研公共服务平台，在科技园内打造创新空间、创业空间和科普空间，建立了全方位物联网领域服务体系，聚焦多层次孵化平台，培养复合型创新人才，孵化科技型创业企业。

一、建设经验

开放南京邮电大学及大学科技园专业化创新资源。开放南京邮电大学国家和省级重点实验室的科研设备，建设跨界交叉领域的创新服务平台推动优势互补、利益共享、产学研紧密合作机制促进创新链、产业链、资金链全链条融合联动。充分发挥射频集成与微组装技术国家地方联合工程实验室、江苏省物联网技术与应用协同创新中心等开放式创新平台作用，为入驻的初创团队和企业供给专业化创新资源和仪器设备，推动与高校院所和行业龙头企业的协同创新，加速初创企业成长。免费开放教育部泛在网络健康服务系统工程中心、教育部宽带无线通信与传感网技术重点实验室等国家和省部级科技创新平台，为创业企业提供信息通信类设备主要包括高端频谱分析仪、网络分析仪，以及研究高频段无线通信的专用仪器设备。开放优质的研发平台，已建立完成 SOI 基 MEMS 器件测试平台、光纤耦合器件测试系统、可见光通信系统等。

聚集以南京邮电大学师生为主的三类创客。物联网专业化空间主要聚集了以南京邮电大学师生为主的创业项目和企业，南京邮电大学师生项目占园区内总项目数的八成，其中包括南京邮电大学在职教师、在读博士、在读学生、毕业校友等为企业主体的项目。第二类创客是物联网专业化空间建设后面向社会宣传所吸引的外来创客，成立企业多为初创小微企业。第三类创客是具有一定规模的成熟企业，入驻物联网专业空间以寻求科技创新及科研成果转化项目合作。

聚焦物联网搭建交叉支持的科研创新平台。南京邮电大学建设了从基础研究到应用开发、从科技创新到综合集成的多个科研平台，形成了科研领域交叉支持、优势平台资源互补的布局。其中通信与网络技术国家地方联合工程中心、江苏省物联网技术与应用协同创新中心、南京邮电大学物联网研究院三大特色平台支撑了南京邮电大学物联网领域的核心研发能力。南京邮电大学物联网研究院在泛无线通信与物联网技术领域，突破多项关键技术，提出基于物联网技术的 3S 智慧服务体系结构，给出了物联网在各行业的应用解决方案。

构建以物联网专项众创扶持基金的投融资体系。物联网专业化空间在企业投融资方面不仅提供常规扶持基金，同时针对物联网项目设立了专项扶持基金，成立了相应的评估机构和管理部门。另外通过学校投资、政府扶持资金、企业投资、债券融资、股权融资等多种投融资渠道，建立物联网领域专业的管理机构、完备的评价机制以及具体的管理办法，吸引更多的社会类型的风险投资企业进驻园区，建立完备的投融资体系。

建立“专家顾问＋创业导师＋创新导师”特色化导师团队。物联网专业空间在创业者引导、指导、创新等方面邀请了众多知名专家顾问及科研导师进行专业咨询服务，建立了“专家顾问＋创业导师＋创新导师”的特色化导师团队。邀请了南京邮电大学副院长、长江学者汪联辉等知名学者作为物联网领域专家顾问。搭建了以校内专职教师为主体，校外专家为补充的创业教育、教学、实践、研究及咨询指导的创业导师团队。成立了包括长江学者、千人计划人才在内的百名创新导师团队。

二、建设成效

物联网专业化众创空间目前集聚物联网初创企业共145家，在孵企业从业人员数1306人，累计孵化大学生创业企业103家。累计投资和参股学生企业36家，总金额418万元；资助创新项目213多项，资助金额近200多万元。建立了品牌式的物联网创业阵地。物联网专业化空间针对创业师生开展了一系列品牌化的创业指导、创新创业教育活动、创新创业研究分享会、创业培训课程等。物联网专业化空间每年开展系列创业专题讲座、路演、投融资对接会、参展等活动，并举办如3S杯系列的品牌化创业大赛等比赛，吸引了超过2000多支全国队伍参与，在全国创客心里留下了专业化物联网创业阵地的深刻印象。物联网专业化创业空间成为全国大学生物联网技术与应用创新的领军阵地。

（资料来源：作者参考相关资料编写）

（三）科研院所孵化器

科研院所孵化器充分发挥科研院所的专业人才、技术积累、科技成果、科研设施等基础优势，充分利用工程（技术）研究中心、重点实验室、工程实验室等创新平台，开放科研资源，创新科研体制机制，为科技人员开展成果转移转化提供专业化服务。

拓展知识

专栏8–3：中国科学院西安光机所·中科创星

2015年9月，中科院西安光机所研究生部、中科创星国家级科技企业孵化器和西科天使投资基金共同发起成立“中科创星众创空间”。中科创星整合了西安光机所优势学科、人才和实验室硬件设施资源，西科天使的创投资源，利用中科创星孵化器的创业孵化经验和创业导师资源，为光电信息产业领域的科研人员、大学生、海归人员提供“人才＋技术＋资本＋服务”四位一体的创业服务。

一、主要做法

建设联合办公与试验空间。中科创星众创空间包含种子期项目孵化空间、天使期孵化空间和多个专业技术方向众创空间，目前拥有168个开放办公工位，2800平方米独立办公空间，为创业者提供联合办公区域和实验区域，并设立联合洁净实验室，引进MIT微观装配实验室、UCloud云服务、阿里云等优质资源，打造功能完善、设施齐全的一站式创客服务社区。

提供专业化科研支撑服务。中科创星挖掘和释放光机所拥有的科研设备、科学家资源、科教平台、中试平台以及初创研究院、光电子集成电路先导技术研究院等创新资源，为创业者提供洁净厂房，建成特气供给设施、3T纯水系统、气体侦测系统等，搭建GaN工艺平台、光电子集成电路先导技术中试平台，提供400余台/套公共设备等科研支撑服务。

创建科技创业培训服务体系。2015年中科创星创建了西北地区首家专注于硬科技创业的培训服务体系，聘请光电子行业专家担任特聘专家、投资顾问、创业导师、项目导师共180位，其中2位院士，提供技术辅导和商业辅导，累计开展CEO特训班、创业大讲堂、创业沙龙、创业公开课等各类活动40余场，并与多所高校展开紧密的创业项目孵化合作，营造了良好的创新创业氛围。

成立科技成果产业化基金。中科创星联合西安高新区政府、投资机构等，设立西科天使基金、陕西先导光电集成科技基金等5只基金，已完成投资超过4亿元，已投资百余个项目。帮助科技创业领军人才跨越科技成果转化“第一公里”的资本“空隙”，并与多家的VC/PE机构开展密切合作。

二、建设经验

西安光机所中科创星众创空间是科研院所进行体制机制改革，推动创新资源开放共享，通过创业孵化推进科技成果转移转化的典型案例。为科研院所发挥科研设施、专业团队、技术积累优势建设专业化众创空间，以创业孵化促进学科建设和成果转化，推进产业技术升级，构建科研与市场紧密对接的创新创业生态体系提供了宝贵的经验。

创新用人模式，激发创新活力。建立与国际接轨的人才评价体系，将科技创新成果的影响与价值纳入人才评价标准之中，吸引了一批国内外高水平的创新创业领军人才落户研究所。

参股不控股，发挥企业经营自主权。通过“科研人员持股、技术团队持大股”的激励方式，将责权利捆绑在一起。坚持“孵化”高科技企业但不“办”企业、研究所参股而不控股的产业化原则。充分发挥经营自主权，实现了按照市场需求安排部署研发计划。

三、建设成效

中科创星依托西安光机所资源逐步构建起“研究机构＋天使基金＋孵化器＋创业培训”的科技创新创业生态圈，不仅激发了内部科研人员创业热情，也吸引了多个国内外顶尖团队落户西安创业。截至目前，累计孵化高科技企业达到200家，其中，2017年孵化企业50家，引进高端团队20多个。通过对接市场资源，促进了所内科技成果的产业化发展。

（资料来源：作者参考相关资料编写）

本章小结

本章对孵化器的未来发展进行了展望，介绍了企业成长的不同阶段对创业服务的不同需求，介绍了创新创业发展的八大趋势。提出高能级孵化器是未来的发展方向，介绍了高能级孵化器的概念、主要类型。

推荐阅读

- 马凤岭、王伟毅、杨晓非编著，《创业孵化管理》，人民邮电出版社，2019。
- 陈颉著，《孵化器运营与商业模式研究》，人民邮电出版社，2015。

思考题

- 企业在不同阶段分别呈现出哪些特点，对创业服务提出了怎样的诉求？
- 为什么大企业、高校、科研院所建的科技企业孵化器孵化成效更高？

第四篇
新经济四新范式与创业

第九章　新场景与创业

场景是从非常具体的小切口出发，是创意与技术的结合，好的场景会快速实现爆发式成长，并通过新治理建立符合场景创新特征和规律的新规则。目前，场景正成为新的创新方向，为前沿技术落地提供测试打磨空间，成为科技企业争夺的新焦点。

第一节　场景创业

一、场景的概念

场景，原本是影视用语，如今这个概念被用到了新经济领域。狭义上，场景是指由互联网、大数据、人工智能等新技术催生的，由伟大的创业者和独角兽企业创造出来的，具有前沿性、科技感和创造性的新技术应用界面。也就是说，“新”场景的界定需满足两个条件：一是新技术，二是应用界面。比如将互联网、大数据和人工智能等技术应用到购物，就产生了电商，应用到工业制造领域，就产生了工业互联网，应用到交通管理，就产生了智慧交通。因此，新技术所应用的界面就是场景，新技术只有找到了应用场景，才能实现商业的爆发。

二、场景与创新创业

从广义来说，每一种技术都存在着应用场景的问题。例如，聚四氟乙烯是1938年由化学家罗伊·普朗克特博士在杜邦实验室中意外发现的。1954年，法国工程师马克·格雷瓜尔的妻子柯莱特突发奇想，觉得丈夫用来涂在钓鱼线上防止打结的不粘材料特氟龙，如果用在煎锅上，效果一定不错，“不粘锅”也由此诞生。所以很多技术在不同的应用场景下，发挥的价值不一样，给创业者和企业带来的价值也不一样。

过去我们通过互联网平台来争夺流量，争夺入口；进入大数据时代，海量数据的产生，使得大数据成为一种生产要素；当人工智能等新技术进入了互联网领域以后，实际上场景就变得特别重要，尤其是人工智能的应用场景。

图 9.1　大数据时代的场景之争

拓展
知识

专栏 9-1：旷视科技——在“小题”上“大做”AI

清华大学人工智能少年班，简称“清华大学姚班”，是由中国科学院院士姚期智创办的。姚班中的三个学生，印奇、唐文斌和杨沐，便是旷视科技的创始人。

在成立旷视之前，三人联手做的一款游戏“乌鸦来了”曾经冲到了中国区苹果 App Store 游戏排行榜前 5 名。意外的收获与 Facebook 高价收购以色列一家人脸识别公司的消息，让印奇三人萌生了成立计算机公司的想法。游戏的下载量虽然表现亮眼，但带给他们的实质性收益并不高，计算机是三人所长而又有案例在前，其市场前景自然不可估量。在这样的想法激发下，旷视科技诞生了。

2012 年，旷视转向市场，开始涉足 face++ 云平台。如给相亲网站做人脸识别的平台，做面相大师，还开发了根据脸型自动匹配服装的小游戏。但是市场并不看好，当年只拿到了数百万的天使投资。所以整个2013年他们都在寻找场景，他们主要思考的是：我拥有顶尖的技术，在什么样的场景里能够实现爆发？

转机出现在2014年，他们开始与支付宝合作刷脸支付。2015年3月在德国汉诺威的博览会上，马云向全世界展示刷脸支付，一下子引起了整个投资界的注意。接下来，他们开始与各个城市的安防部门进行合作，通过人脸识别技术监控疑犯甚至通缉罪犯。2016年G20杭州峰会期间，旷视与当地地铁、公安系统合作，在所有地铁站的出入口安装了人脸识别系统，识别出若干通缉犯。于是，在2015到2016年实现了爆发。

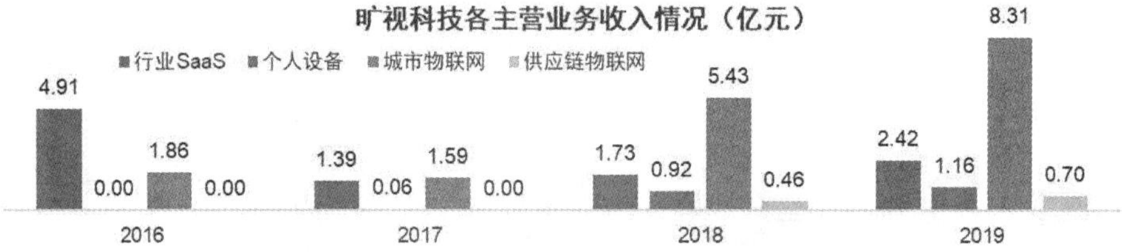

图 9.2　旷视科技各主营业务收入情况

（资料来源：作者根据旷视招股说明书整理）

三、场景创业的核心要义

创业是从0到1的过程。原则上需求拉动经济社会的发展，但在实际创业过程当中，伟大的创业行为不是单纯靠需求拉动的，更多需要创意。比如，由于小区方圆两千米之内没有超市，选择创业开一个超市，这是需求拉动。但智能手机的出现就是创意拉动，智能手机来自乔布斯的创意。因为在智能手机出现之前，消费者并没有产生要将作为通信工具的手机变成一部集电话、电脑和照相机等功能和技术于一身的需求。乔布斯的这一创意，就实现了从0到1的质变。那么从0到1之后，如何从1到n，这就需要找到爆发的场景。

创业的过程就是场景创新实践的过程。通过场景创业的过程有5个核心要义，分别是创意、小切口、大赛道、简单、爆发。

图 9.3　场景创业的核心

（一）创意

创造性地应用新技术是新场景的起点，创意对新场景而言至关重要，改变世界的场景源于创业者伟大的创意。以创意应用为导向开展技术研发、集成和商业化，是场景驱动的创新不同于传统科研创新的最大特点。当年，大疆将无人机创意应用于消费级航拍场景，打开了无人机商业化的大门，快速成长为全球消费无人机领军企业。快手将个性推荐算法技术与短视频内容分发进行创意结合，通过短视频分享生活场景，由此集聚起大量草根博主，既完成了自身最初的流量积累，也促使短视频领域里新赛道爆发。

拓展知识

专栏 9–2　快手：将新技术创造性地应用于新时代的消费，依托场景实现爆发式成长

创始人宿华，毕业于清华大学，精通算法；创始人程一笑，擅长做产品，曾经在惠普和人人网工作。快手的前身，叫“GIF 快手”，成立于 2011 年 3 月，最初是一款用来制作、分享 GIF 图片的手机应用，流行于微博和人人网，此时并没有商业模式。2013 到 2014 年，进入了转型阶段，特别是 2014 年春引入了个性化的推荐算法后，快手实现爆发式成长，2014 年 7 月，快手的日活用户突破百万，2015 年 1 月突破千万，日活用户数实现了一年 100 倍的增长。

2017—2021 年是快手真正的爆发期。2019 年 11 月，快手短视频携手春晚正式签约“品牌强国工程”服务项目，成为中央广播电视总台 2020 年《春节联欢晚会》独家互动合作伙伴，开展春晚红包互动。2020 年入局电商，陆续上线快手小店、小店通、生意通和好物联盟等，实现了快速爆发。2021 年 2 月 5

日，快手正式在香港上市，成为市值万亿级企业。

（资料来源：根据网络资料整理）

（二）小切口

新场景不是宏观层面的“摊煎饼式创新”，而是聚焦微观世界，从“小切口”入手解决大问题，将新技术应用于真实而具体的某个“点”，通过点的突破带动一类问题的突破。能链集团聚焦职业司机低价加油这一小切口，打造了“在线找油”场景，链接了 2 万多座加油站，累计服务了数亿车主，成立三年即成长为独角兽。

拓展知识

专栏 9–3 能链集团：聚焦职业司机低价加油这一小切口，实现爆发

能链集团，成立于 2016 年，国内最大的职业司机加油平台。其业务覆盖全国 1800 余座城市，旗下有团油、快电、能链云、能链物流、能链综合能源港、能链智电等 6 款产品。

创业之初，创始人戴震发现，在加油行业中，长尾品牌油站数量占 53%，却对应着 65% 的商用车加油份额。全国有 220 万个中小车队需要加油，尤其是货车，这些物流车队的平均利润只有 8.1%，而能源费用占总成本的 50%，他们对油价非常敏感，如果能降低 5% 的能源成本，它的利润率就可以提高两个点以上，那么整个行业的利润率可以提高 30%。抓住为职业司机低价加油这一小切口，能链团油平台成立，并由此实现爆发。能链现在的业务覆盖全国 1800 多个城市，链接 2.5 万余座加油站，占到国内油站总量的 23%。同时能链也布局充电业务，已经连接了 40 余万根充电桩。能链在 2020 年 7 月拿到 9 亿元 D 轮融资，2021 年 1 月和 3 月分别拿到 1 亿美元和 2 亿美元的战略融资。

（数据来源：根据企业介绍资料整理）

（三）大赛道

改变世界的场景，受众群体一定是大众化、大范围的，要有足够的创新空间和巨大的爆发力。万亿级赛道可提供前所未有的场景，加速各种新技术的创新和集成，带来新的赛道和新的业态，是场景得以实现的基础。盯住万亿级大赛道中的关键场景，找到不同场景的切入点，通过场景实现技术研发的突破、熟化和商业的规模化应用，从而催生一批新物种企业。例如，自动驾驶是各方都看好的万亿级新赛道，英特尔预计，2050 年全球自动驾驶汽车市场规模将达 7 万亿美元。无人驾驶出租车、无人车零售、无人重卡货运都是自动驾驶大赛道的关键场景。

（四）简单

新场景实现快速爆发，要有一个好的商业模式，这就要求场景背后的新产品、新服务要足够“简单”，容易交付。所谓的“交易简单”就是很容易成交和交付，不需要有很复杂的讨价还价的过程。工程项目是一种很复杂的交易模式，从建立双方的信任，到确定服务内容，到招标采购，到工程交付，整个过程很长，也很拖沓。好的成交模式就是让人容易作出决策，并且快速交付、快速回款、快速滚动。

（五）爆发

场景是以“爆发增长”为前提的变革性创新。场景的“爆发”有三层含义：一是商业的爆发，依托场景打磨的新技术新产品拥有足够大的市场，能够快速在全国乃至全球复制，引爆形成新物种；二是技术的爆发，场景是新技术的应用，通过真实的市场需求与竞争加速倒逼前沿技术的突破和集成应用；三是社会的爆发，高价值的场景会引发世界变革，改变既有规则。例如，当前无论是超一线城市还是乡镇农村，人们已经习惯了二维码扫码支付购物，这一场景的爆发除了成就支付宝、微信等移动支付巨头之外，也加速了二维码、移动支付、安全支付等相关技术的突破应用，同时从底层上颠覆了支付逻辑，推动中国率先进入“无现金社会”。

拓展知识

专栏 9-4：找到数字支付场景，成就支付宝、微信两大支付巨头

二维码是日本 Denso Wave（株式会社）公司腾弘原 1994 年发明的，之后很快就传到了中国，当时的应用场景主要是仓储和物流。支付宝在 2011 年创意地将二维码技术用于移动支付场景。

支付宝：2013 年，支付宝利用“双 12”电商购物节的机会，在 100 多个品牌、2 万多家门店中推出阿里补贴业务，只有在支付宝上用二维码进行支付才能享受到优惠，短时间内支付宝的下载量得到爆发。而当人们体验到扫码支付的便捷之后，便再也离不开这种支付方式。

根据数据显示，在第三方支付市场上，支付宝的市场份额从 2012 年的 14% 上升到 2014 年的 82.3%。也就是说，仅用两年时间二维码扫码支付就覆盖了 82.3% 的支付人群，这就是爆发。当然扫码支付是有收益的，这是它的商业模式。

微信：微信支付 2013 年 8 月正式上线，比支付宝晚了两年，2014 年支付宝已独占鳌头，占据了 80% 多的支付市场，微信支付刚刚起步，它真正爆发是在 2015 年。

2015 年春晚，微信红包成“最火节目”，除夕当天微信红包收发总量达到 10.1 亿次，微信摇一摇互动总量达到 110 亿次，互动峰值达到 8.1 亿次 / 分钟。从一开始追赶支付宝，几年后就成长为与支付宝并肩的支付巨头。中国支付清算协会《2020 年移动支付用户报告》显示，微信支付的比例从 2019 年的 87.3% 增至 2020 年的 92.7%，支付宝比例从 2019 年的 90.7% 增至 91%，这两个加起来大于 100%，原因在于有很多人既用支付宝也用微信支付。

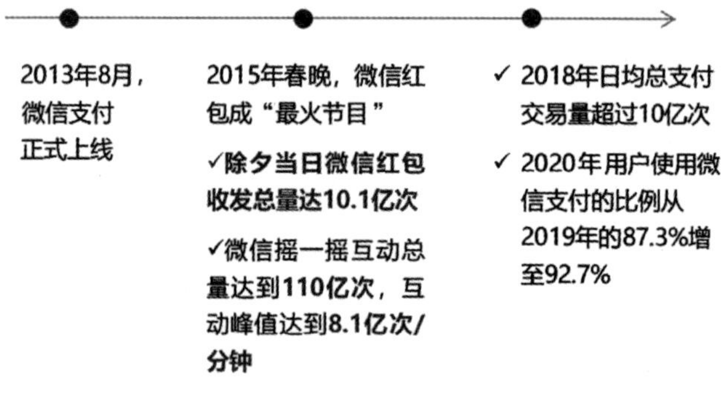

图 9.4　微信支付的发展历程

（资料来源：作者根据中国支付清算协会《2020 年移动支付用户报告》整理）

第二节　传统创新与场景创新

一、传统创新

二战以来，线性创新模式是业内主流认可的基本创新范式，研究与开发（R&D，Research and Development）一般被认为是相继连续的统一体，起始于基础研究，之后为应用研究和开发、小试中试，直到最终规模化量产和市场化，每一个阶段都是建立在前一个阶段基础之上的，并且成为下一个阶段的基础，这一对科学知识转化为技术和商品的认识被称为创新的“线性模型”。新经济时代，这种创新模式发生了颠覆，尽管仍然还有科学家实验室里做实验后的成果转化，但是更多的创业者是在场景中握有技术，在创业过程当中不断创新。当然，这种模式在几百年前也是存在的。

拓展知识

专栏 9–5：瓦特与蒸汽机

事实上蒸汽机不是瓦特发明的，是瓦特改良了蒸汽机。蒸汽机很早以前就有，只不过它的效率非常低。瓦特是没上过大学的人，但他很喜欢摆弄各种机械的东西。中学毕业以后，他去英国的格拉斯哥大学当了一名修理工，帮着实验室修理仪器。通过对一台旧蒸汽机进行改良，他将蒸汽机的功率提高了100% 以上。但他并没有找到适合蒸汽机使用的场景，所以即使有很多投资，最终并没有带来经济收益。蒸汽机不断优化和先进，但就是不赚钱。

19 世纪初，瓦特终于找到了一个场景。当时世界上的陶瓷生产以中国为主，荷兰和德国也开始生产质量上乘的陶瓷产品。而制作原料黏土矿的挖掘工作完全靠人力完成，十分艰辛低效。瓦特将蒸汽机作为动力源用于陶土的开采和加工，使加工过程变得高效。且蒸汽机的使用使得产品的产出变得标准化，在几年之内将整个欧洲的陶瓷工艺和产量提升了一大截，成本显著下降。瓦特和他的投资人也由此成为富翁。这就是利用场景来创业的故事。

（资料来源：作者参考相关资料编写）

二、场景创新与传统创新的区别

（一）新研发与场景创业

新研发是技术持续迭代创新的过程，需要不断吸收外部资源，并伴随企业爆发式成长。新研发是在场景中一边创业一边研发。场景创业是新研发的深化，面向真实需求，以创意为起点，在小切口上做深耕，依托伟大创业者组织资源，实现技术突破和商业爆发。

典型的传统创新模式是，先从大学或科研机构的科研成果开始，通过交易把技术卖出去，然后由企业家运用交易获得的科研成果来组织生产或服务。而在场景创新当中，科研人员、创业者（企业家）和投资人这三种类型的人，或者叫三种资源是结合在一起的。场景创业需要满足以下三点：第一，一个优秀的创业者（企业家），善于创业，善于冒险，有新的创意，能找到场景。第二，掌握技术的科学家。第三，投资人。有时候，掌握技术的科学家可能同时也是一个有企业家精神的创业者，这样的创业成功故事也是层出不穷。

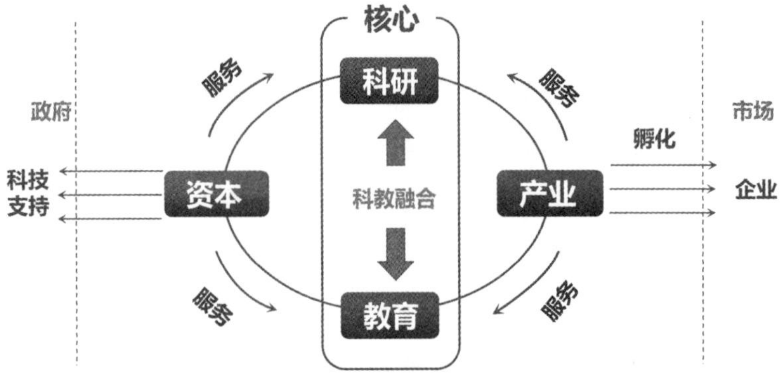

图 9.5　场景创业模式

（二）场景创新不同于传统创新

区别于“科学发现—应用研发—成果产业化”的线性创新模式，场景创新以找到有爆发力的场景为基础，以科技企业为主体，基于微生态组织并集成创新资源，追求快速创新和商业化。在整个科技创业过程当中，人工智能是目前场景创业最活跃的领域。人工智能与实体经济融合，从消费、城市走向工业，产业场景越来越多。

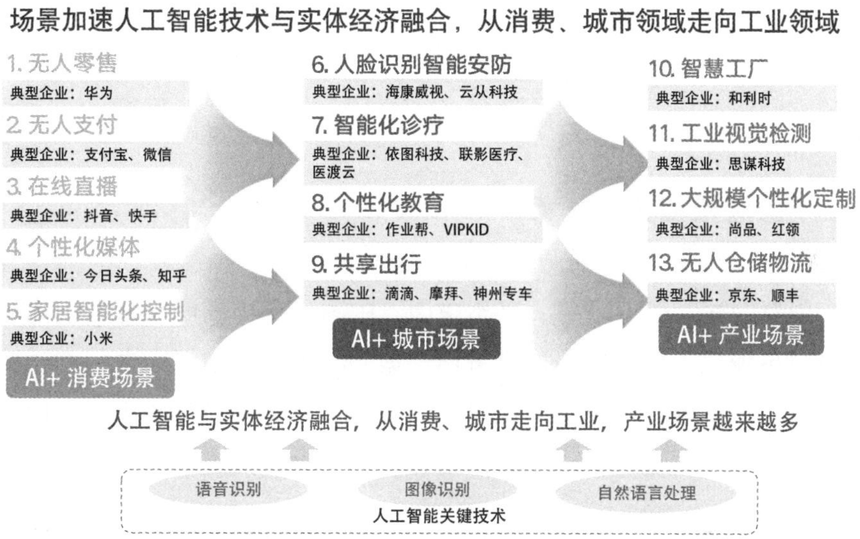

图 9.6　人工智能领域的场景创业

拓展知识

专栏 9–6：极智嘉——AMR 物料搬运场景，加速电商物流大仓的智能分拣搬运

北京极智嘉科技股份有限公司成立于 2015 年，是一家引领全球智慧物流变革的智能机器人公司，在全球 AMR（自主移动机器人）市场占有率位居全球第一，占据市场领先地位。公司获得 400 项海外公开专利，其中，机器人性能、算法方面的专利多达 200 项。公司是“货箱到人”机器人领域唯一拥有 CE 及 ETL 安全认证的“双料王”。

极智嘉将 AMR 技术全面应用于物流搬运场景，如通过机器人的柔性部署和可视化的操作界面，有效减少人员走动，提高拣选效率和准确率；通过移动货架和货箱的综合存储方案，为不同体积、库存深度的商品匹配合适的存储容器，提高货位空间利用率；通过货箱到人方案[1]的投入，减少通道占用面积，利用仓库上层空间增加存储密度，最大化提高仓库空间利用率；通过智能仓库管理系统（iWMS）高效处理订单和管理库存，根据业务特征选择不同的订单策略和上架策略，实现多渠道业务管理。据统计，极智嘉华北旗舰仓的仓配一体化服务助力客户拣选效率提升2—3倍，存储能力提升50%，拣选准确率提升至99.995%。

（资料来源：作者参考相关资料编写）

三、中国场景创新的优势

场景创新的探索源于硅谷、兴于中国。中国具有场景创新的巨大优势，非常适合场景创业。主要体现在四个方面：第一，中国市场大、空间大、网民体量大。我国近十亿网民构成了全球最大的数字社会。多元化场景和应用有利于构建多元种类数据。第二，中国是制造业大国，产业资源丰富，产业数字化场景多。中国制造业全球第一，制造业高质量发展，产业智能化转型升级需求迫切，带来大量技术场景需求。第三，城镇化快速发展，城市智能化升级场景多。预计到2025年城市化率超过65%，城镇化为场景提供城市空间。同时，数字社会写入“十四五”规划，智慧城市成为场景创新的天然试验场。第四，互联网经济发达，新基建建设基础好，信息网络、超算中心有效支撑场景建设。具体如下：

第一，中国成为全球最大的网络社会。截至2020年12月，我国网民规模9.89亿，互联网普及率70.4%，我国网民占全球网民的1/5左右。[2] **第二，电商平台构筑全新的商业新基础设施。**截至2020年12月，我国网络购物用户规模7.82亿，占整体网民的79.1%。2020年全国网上零售额达11.76万亿元，截至2020年12月底，15家在境内外上市的我国网络零售和生活服务电商企业总

[1] 极智嘉在2019年ProMAT国际物流展上发布了最新的货箱到人解决方案（Geek Robot Shuttle System）。该系统是一套结合了搬运货箱的C200系列机器人和阁楼货架，从而提供一种“货到人”拣选系统。由上层系统进行统一调度，通过搬运标准货箱或纸箱进行拣选，AI算法进行智能路径规划，高精度导航，机器人同步支持自动充电功能。

[2] 数据来源：CNNIC第47次《中国互联网络发展状况统计报告》。

市值达 13.59 万亿元。[1] **第三，流量用户迅猛增长，每个人都可成为流量的拥有者。**以抖音和快手为例，抖音平均日活跃用户突破 6 亿（截至 2020 年 8 月），日均视频搜索次数突破 4 亿（截至 2020 年 12 月）；快手截至 2020 年 12 月，平均日活跃用户为 2.646 亿，平均月活跃用户为 4.811 亿。[2] **第四，健全的物流网络让商品直达中国的最基层。**2020 年快递业务量 833.6 亿件，快递业务收入 8795.4 亿元。如全球最大的小商品集散中心义乌，快递量已位居世界第一。[3] **第五，移动支付促进商业发展。**截至 2020 年 12 月，我国网络支付用户达 8.54 亿。2020 年非银行支付机构处理网络支付业务 8272.97 亿笔，处理业务金额 294.56 万亿元。[4]

拓展知识

专栏 9–7：抗疫让中国场景创业优势显现

新冠病毒感染是千年之变，其中一个非常重要的变化就是倒逼大量的新经济企业快速爆发、快速成长。为什么能快速爆发、快速成长？是因为大量新的、前所未有的场景在疫情防控过程中提前出现了，使得这些企业有了更多的机会。如疫情中的机器送餐和运输。疫情暴发后，通过线上平台买菜成为一种新的生活方式。买生鲜是每个家庭的刚性需求，兴盛优选创造了一个新的模式，在一个社区内设置采购团长，通过社区将规模扩大，使得快递费成本降低。由于批发量大，使得成本下降。此外，普渡科技、叮咚买菜等新经济企业也因此获得了爆发式成长。

经过疫情，改变世界更应成为创业者的初心和目标。疫情引起千年之变，疫后带来新经济和伟大创业者的出现，并正在成为一场伟大的变革。原来改变人类生产生活方式仅是创业者的选项之一，而现在，来自外界的压力，使得改变世界成为创业的第一需要和必由之路。改变世界有两个目标：一是引领产业变革，实现颠覆式创新，改变生产方式。二是探索新场景，结合前沿技术，改变生活方式。

（资料来源：作者参考相关资料编写）

[1] 数据来源：CNNIC 第 47 次《中国互联网络发展状况统计报告》。

[2] 数据来源：抖音、快手最新年度报告。

[3] 数据来源：中国物流与采购联合会。

[4] 数据来源：CNNIC 第 47 次《中国互联网络发展状况统计报告》。

第三节　场景创业的路径

一、明晰新政策

国家重视场景创新，应及时跟进最新有关于场景的政策文件。国家对于场景创业越来越重视。2021 年 3 月，《中华人民共和国国民经济和社会发展第十四个五年规划和 2035 年远景目标纲要》发布，正文共 6 次提及场景，并以专栏形式提出智能交通、智慧能源、智能制造、智慧农业及水利、智慧教育、智慧医疗、智慧文旅、智慧社区、智慧家居、智慧政务等十大数字化应用场景。北京、上海、青岛、成都、重庆、合肥等很多城市纷纷启动场景建设计划，发布场景清单。

二、聚焦新技术

目前新技术层出不穷，改变世界的机会持续出现。很多年轻创业者可能会有疑问，现在通过场景创新成功企业已经足够多了，我还有机会吗？永远都有机会，永远都不晚。因为新的技术在不断涌现，每一个技术都需要寻找自己的应用场景，实现爆发，从而帮助创业者创造财富。

长城战略咨询梳理了目前中国主要的场景，发现其主要由八大技术群支撑。其中，支撑场景创新最常用的技术是这 10 类：SaaS、智能分析、在线服务、电商平台、机器视觉、互联网连锁、云供应链、AR/VR 互动、在线社区和智能调度。大量新技术还未找到应用场景，只要善于发现场景，就有创业的机会。

三、探索小切口

以色列作家尤瓦尔·赫拉利创作的《未来简史》中讲到，人类对未来有三个期待，而这三个期待在未来的50年到100年内很可能会实现。第一，追求幸福生活，指通过新兴技术不断改善、丰富人类物质及精神生活方式。代表企业如Magic Leap（虚拟现实公司）、大疆。第二，探寻长生不老，指以先进的生物科技，延续人类器官的机能。代表企业如23andMe、碳云智能等。第三，变身"超人"，指依赖数据与算法，实现感官、思考能力的延伸与跨越。代表企业如Neuralink、雷神Raytheon等。

四、组建跨界人才团队

通过场景创业，一定要有多种资源的汇集。如一个创业管理专业毕业生想去创业，除了一腔创业热血，还需要满足四个条件：第一，找到一项好技术和技术持有人；第二，找到这个技术能够落地爆发的场景和小切口；第三，找到投资人，提供资金支持，让科学家在场景中研发创新，让新的产品和服务变成财富；第四，找到一个优秀的管理团队，即职业经理人。创业者所要做的，就是将技术、场景创意、资本、管理人才等要素集成起来，实现融合转化。

拓展知识

专栏9-8：场景创业的底线——技术伦理

场景创业是要有底线的。技术本身是中性的，但是场景是有善恶之分的。新技术在不当场景中的滥用，具有很大的法律和伦理风险。

3D打印——用于工业制造、建筑、医疗等，可降低产品开发成本，缩短新产品开发周期。但如果将非金属3D打印用于枪支场景，则对公共安全构成重大威胁。

脑机接口——在康复医疗、智能机器人、可穿戴计算和人机交互等领域具有重要意义。人类可不费吹灰之力拥有各种知识。正如《未来简史》这本书所预测"人类迎来第二次认知革命，人工智能和算法将战胜人类，99%的人将沦为无用阶层"。人工智能和算法可分析人的思想，用意念控制智能设备，使得财富不再安全，秘密不再有。

基因编辑——可精确地改变动植物和微生物的DNA，为癌症等疾病的新疗法作出贡献。但基因编辑技术的滥用，也有重大的伦理和法律风险。如2018年11月，南方科技大学贺建奎宣布，一对名为露露和娜娜的基因编辑婴儿诞生。这对双胞胎的一个基因经过修改，使她们出生后即能天然抵抗艾滋病，是世界首例免疫艾滋病的基因编辑婴儿。但这一事件也引发了巨大的人类伦理风险。

人脸识别技术——用于疫情防控、手机解锁、身份验证、上班打卡、公安刑侦等。但非法采集人体生物特征信息的隐患很大。2020年10月，南方都市报人工智能伦理课题组和APP专项治理工作组发布的《人脸识别应用公众调研报告（2020）》显示，三成受访者已因人脸信息泄露、滥用而蒙受隐私或财产损失。

（资料来源：作者参考相关资料编写）

本章小结

本章主要讲述了场景与创新创业，从场景的定义、场景的核心要义、场景与创新的关系入手阐述了场景对创新创业的重要性。指出场景创业与传统创业的区别，说明场景创业的底线即为技术伦理，并提出通过场景创业要了解新政策、聚焦新技术、探索小切口、组建跨界人才团队。

推荐阅读

- [美]彼得·蒂尔、布莱克·马斯特斯著，高玉芳译，《从0到1：开启商业与未来的秘密》，中信出版社，2015。
- [以色列]尤瓦尔·赫拉利著，林俊宏译，《未来简史》，中信出版社，2017。
- [美]彼得·戴曼迪斯、史蒂芬·科特勒著，贾拥民译，《未来呼啸而来》，北京联合出版公司，2021。
- [美]阿伦·拉奥、皮埃罗·斯加鲁菲著，闫景立、侯爱华、闫勇译，《硅谷百年史：伟大的科技创新与创业历程》，人民邮电出版社，2014。
- [美] 凯文·凯利著，东西文库译，《失控：机器、社会与经济的新生物学》，新星出版社，2010。
- [美] 阿什利·万斯著，周恒星译，《硅谷钢铁侠：埃隆·马斯克的冒险人生》，中信出版社，2016。

思考题

- 提出一个你认为有价值的场景，从创意、小切口、爆发、新治理角度，描述该场景的价值。

第十章　新物种与创业

当前我国经济正步入高质量发展新阶段，各地创新创业生态不断改善，资本市场积极拥抱新经济。物联网、人工智能、区块链、大数据等创新技术与实体经济深度融合，推动产品创新与产业重构，助力新技术、新产业、新业态、新模式发展壮大，高水平创业和高频次创投持续涌现。这一时代背景下，企业发展环境不断变化，一大批具有新经济属性、呈现非线性增长规律的企业不断涌现。

第一节　新物种的概念及成因

一、新物种的概念

新物种企业是以数据作为主要驱动要素、发展速度快、创新能力强、备受投资者青睐且数量稀少的新经济企业。目前出现的独角兽企业、潜在独角兽企业、哪吒企业、数字驱动的瞪羚企业为主要的新物种企业。独角兽企业具有爆发式成长、颠覆式创新等特征。潜在独角兽企业作为独角兽企业的后备军，是更具发展潜力和成长性的明日之星，是新赛道的开拓者和场景爆发的推动者。瞪羚企业是进入高速成长期的创新型企业。哪吒企业是在创业初期就获得 1 亿元以上投资的、具有成立时间短、成长起点高、赛道领域新、场景创新强等特征的新经济企业。

二、新物种形成的核心因素

相较于美国等西方国家，中国在传统行业与高科技领域的发展代际上具有显著差异，所以中国经济发展结构会呈现出更为复杂交融的结构。由此，相比于美国社会中较为清晰的企业分类，中国也会产生更多复杂的企业形态。对新物种企业的定义和分析，就是建立在这种复杂性的基础之上的。

在新经济时代，中国的新物种企业是技术发展与产业变革深度融合的产物。新物种企业必然以新的技术、新的产品、新的组织方式、新的价值理念等要素组合进入到我们的视野中，然而更为深层的是新的商业模式、新的生态思维、新的治理方式、新的场景与赛道的选择，使得新物种成为区别于“传统物种”的核心原因。对新物种企业的诞生与进化进行研究，会发现其具有较为明显的规律，基因突变、创新生态和种群隔离是新物种产生的三大核心原因，具体为：

一是企业之所以成为新物种，在于其能够产生基因突变。基因突变是新物种企业诞生并持续壮大的决定性因素。基因突变包括创业者立志改变世界、坚定不移走硬科技之路、积极进行组织变革与“跨界”这四方面。新物种企业是由具有想象力、洞见力、行动力和企业家精神的伟大的、立志改变世界的创业者创办的。每一次、每一个原始创新的硬科技技术的应用，都是为创新型企业嵌入了一个实现了基因突破的内核，新物种企业由此诞生并成长。在商业环境不断进化的过程中，传统的组织方式与人员架构很难满足新物种企业发展与进化的需求，唯有对组织进行变革，才能够实现新物种企业快速迭代、颠覆式增长的目的。跨界的本质是经济单元的基因再造，它能够引发企业基因突变，产生新物种企业。

二是在自然生态中，新物种的诞生与成长遵循着生态环境“物竞天择”的自然选择规律。新经济时代，新物种企业的顺利成长，离不开创新生态中的宽容文化和良好氛围。在新经济环境背景之下，高新区是企业创新发展的高地，是新物种企业诞生的最佳环境。相比于工业经济，新经济生态高地有更为完善的创业支撑体系，在技术基础设施上可为新物种企业提供良好的创业硬件基础与赋能；同时，新经济生态高地能够有效吸引人才与资本流入，以利于新物种企业整合资源；新经济生态高地具有较好的创业氛围，相比于工业经济领域有着更能够宽容失败、鼓励创新的文化；在市场发展方面，新经济生态高地可以为竞争中的新物种企业赋能，提供更为广阔的市场空间和市场竞争力。

三是新物种与旧物种通常具有显著区别，种群隔离是新物种诞生的有效条件。对于新物种企业来说，“种群隔离”意味着新物种企业在场景、赛道、治理三方面，做到了与传统企业的有效隔离，从而保证其有效诞生与壮大发展。新赛道是实现新物种企业种群隔离、引领产业发展的爆发点。新场景创新作为科技创新的一种新机制，可以为新物种企业提供具有前沿性、科技感和创造性的真实实验场所，为企业新技术的应用落地和适应市场的产品技术迭代更新带来巨大的发展空间。新治理为新物种企业带来治理隔离，营造新物种企业诞生与发展的环境基础。

第二节　瞪羚企业

一、瞪羚企业的概念与特征

瞪羚企业的概念最早由美国经济学家戴维·伯奇在 1994 年提出，此后《硅谷指数》、OECD（经济合作与发展组织，简称经合组织）、欧盟统计局等均提出瞪羚企业界定方法，并认为瞪羚企业数量是反映区域经济发展状况的一项重要指标。长城战略咨询总结认为，瞪羚企业是指创业企业跨越死亡谷，商业模式得到了市场认可，进入高速成长期的创新性企业，具有成长速度快、创新能力强、区域集聚等特征。

其一，凭借长板优势实现井喷式、裂变式增长。瞪羚企业普遍成立时间不长，在创业过程中试错成功后，能实现几倍、几十倍甚至百倍的增长速度，比传统跨国大公司更快做大企业规模、实现行业引领。在新兴产业领域出现的一些超级瞪羚企业，往往能在十几年甚至几年之内就达到传统公司经过几十年发展达到的成长规模。

其二，通过研发原创性技术、采用全新的商业模式，实现创新发展。新经济的瞪羚企业来源于创新创业，无论在技术、商业模式还是产业组织方面，都具有强大的创新能力。这些创新活跃的瞪羚企业不断创造出新产品、新技术、新服务和新市场，成为产业生态体系中打破平衡态、推动业态创新的主力军。

其三，在创新创业活跃的区域和产业集群内集聚成长。从新经济发展的历史来看，瞪羚企业的出现与产业的发展阶段和区域的经济环境密切相关。从国家高新区瞪羚企业的历史数据来看，瞪羚企业更容易出现在创新创业活跃的区域和产业集群内部，并在相关产业的特定发展时期呈现群体性爆发式增长。换句话说，瞪羚企业并不是在任何产业的任何时期内和任一区域中都能出现的，而是需要相对特殊的“新经济土壤”。

工业经济的核心是抓大企业、骨干企业或龙头企业。新经济的核心则是抓创业企业和“瞪羚”企业。新兴产业的兴起由“瞪羚”企业的多少决定。当大量“瞪羚”出现在产业价值链分解的某一环节，表明出现了细分产业模块，成为能够支撑产业快速发展的基础和主体。当一个区域在某一个领域或者是相关的产业出现大量的瞪羚企业，那么说明新兴产业的集群已经形成。而各个区域地方政府想要支持某一个产业集群发展，也一定需要培育大量“瞪羚”企业作为支撑。

二、瞪羚企业的成长机制

瞪羚企业三大成长机制：使命感、抓机会、拉长板。使命感是指企业需要拥有并坚持改变世界的梦想，它是瞪羚企业快速成长的精神动力；抓机会是指企业需要具备敏锐的感知并牢牢抓住时代发展的机遇，它是瞪羚企业快速成长的外部动力；拉长板是指企业能够最大限度地拉伸自己的长板而非弥补短板，它是瞪羚企业快速成长的内生动力。

（一）使命感

使命感是瞪羚企业改变世界的精神源泉，为瞪羚企业成长提供精神动力，引领瞪羚企业的长远发展，引导瞪羚企业配置资源。

第一，使命感能扩展企业家战略视野，瞪羚企业家持续的创业动力来源于使命感。一个企业未来发展最终能达到的目标，很大程度上取决于企业家的视野；树立远大使命感可以帮助企业家提升自身视野，站在更高的角度看待行业及企业的发展；帮助企业家看到未来的趋势，不局限于眼前的格局。

第二，使命感激励团队自发地去追求目标、实现愿景，形成内在精神动力，带来持续的奋斗激情。使命感使得企业家着眼企业愿景的实现，提供克服眼前困难的精神力量，始终坚持道路方向而不偏离。使命感成为引领和感召员工的力量，引导和汇聚内部力量形成合力，使团队产生前进的动力和力量。

第三，崇高的使命感，有助于获得资源所有者的信任和支持。明确的目标有助于企业找到内外部需要配置的资源去实现使命；明确的方向引导资源配置重点，有助于实施有效的配置措施，同时也有助于避免与使命方向无关的外部资源和机会的诱惑。

（二）抓机会

抓住时代发展的机遇是瞪羚企业快速成长的外部动力。瞪羚企业之所以能够快速成长，关键在于能够抓住市场机会，不断形成业务增长点，从而获得业务的快速增长。瞪羚企业在成长期核心要做的就是保持高速成长，寻找并抓住各种可能的机会，成长的速度决定于其抓机会的能力。瞪羚企业成长的可能机会在于产业价值链的分解与融合、社会变革、技术变革三个方面。

首先，瞪羚企业可从产业价值链演变的运动中发掘增长机会，从价值链的分解、融合和跨界中谋得商业模式的创新，形成自己的增长模式。随着新经济的发展，专业化的分工越来越细，企业内部价值链环节分解、独立出来，企业可选择专注于某一特定领域，并逐渐发展壮大；价值链环节向不同产业渗透，甚至发生更为彻底的整合，企业可从中寻找新机会；产业的跨界融合导致产业组织、价值结构的重构，新业态随之出现，瞪羚企业应充分抓住机会形成新的业态。

其次，瞪羚企业可从社会变革中产生的新市场、新需求中抓机会。社会变革对人们的思想及行为产生深刻的影响，每一次重大的社会变革都会伴随产业的变迁，从而带来新的市场空间；尤其是与人们生活息息相关的领域，变革的速度加快；重大变革不再是以满足需求为主，而是以创造需求为主，会拓展全新的需求领域，带来新的行业发展机会。

最后，瞪羚企业可从技术的发展变革趋势中寻找新的发展机会。技术的革新呈现多种路径，比如新的科技发明所带来的全新技术，包括互联网、半导体、云计算、3D 打印等；再如在现有技术的基础上实现技术升级更替，包括数据存储处理、多点触屏等；又如技术跨界应用于新的行业，包括视频应用于安防、激光应用于医疗等。这些技术革新又为企业的商业模式创新带来了无限的空间。

（三）拉长板

最大限度拉伸长板是瞪羚企业快速成长的内生动力。企业的成败不在于补短板，而在于如何使最长板发挥出最大的效益，将企业的优势长板做到极致，使其成为绝对的优势。瞪羚企业拉伸自身长板的关键在于准确把握自身在产业集群中的位置、恰当选择核心业务并建立合适的商业模式三个方面。

一是在产业集群中用己所长、集采众长、互利共赢，穿透价值链并反向进行资源配置；**二是**在业务选择中深入分析行业增长机会，结合内部长板优势，从新老业务中选择最有利于发挥长板的业务增长点；三是在商业模式构建中围绕将长板拉长、穿透价值链，展开多角度创新，即要对企业自身不同经营环节、关键领域展开结构性、局部性或流程性创新，从交易方式、运营机制、操作流程到组织管理，乃至技术配套等，展开系统再造，建构全新的商业模式。

拓展知识

专栏 10–1：高新区瞪羚企业发展现状

根据《国家高新区瞪羚企业发展报告 2020》，2019 年国家高新区内瞪羚企业共 3336 家。瞪羚企业群体表现出优异的经营业绩，对高新区经济增长贡献突出。瞪羚企业群体 2019 年营收总额 14320.2 亿元，2019 年净利润 1591.0 亿元，2019 年技术收入 3641.1 亿元，2019 年科技活动人员 364404 人，年末从业人员 1113747 人。瞪羚企业数占国家高新区入统企业的 2.4%，贡献了 3.5% 的工业总产值、3.7% 的营业收入、6.1% 的净利润、4.0% 的出口、3.5% 的实际上缴税费、5.0% 的从业人员数量。同时，瞪羚企业的技术收入总额占比为 7.7%，科技活动人员占比为 7.8%。中关村、上海张江、深圳高新区、广州高新区、苏州工业园区瞪羚企业数量分列前 5 位。

表 10.1　2019 年排名前 10 位的国家高新区历年瞪羚企业数量

序号	国家级高新区	2013	2014	2015	2016	2017	2018	2019
1	中关村	411	385	535	650	661	709	608
2	上海张江	46	60	103	271	296	289	304
3	深圳	37	53	78	117	123	146	215
4	广州	69	88	90	111	116	124	136
5	苏州工业园	28	48	65	82	100	117	110
6	武汉东湖	40	60	57	73	85	108	105
7	西安	35	24	48	56	53	69	86
8	南京	19	18	21	28	38	48	75
9	成都	37	45	66	55	60	65	74
10	杭州	56	53	72	74	85	83	67

（资料来源：《国家高新区瞪羚企业发展报告 2020》）

第三节　独角兽企业

一、独角兽企业的概念

“独角兽企业”作为新经济企业的典型代表，具有较强的时代特征，部分独角兽企业由瞪羚企业成长而来，其概念由天使投资人 Aileen Lee（艾琳·李）于 2013 年提出，指发展速度快、数量稀少、受投资者青睐的创业企业，具有爆发式成长、颠覆式创新等特征。独角兽的标准有以下几点：曾获得风险投资或私募股权投资、企业估值超过 10 亿美元、成立时间不超过 10 年且未在国内外证券交易所上市。其中企业估值超过 100 亿美元的被称为“超级独角兽”。“独角兽”概念提出后迅速获得了全球风投行业和科技界的认可，相继有包括 Tech Crunch（美国科技类博客）、CB Insights（全球领先的科技市场数据平台）、华尔街日报、财富杂志等在内的多家国外机构发布独角兽榜单。

二、独角兽企业的意义

独角兽企业对推动原创新兴产业的产生、传统产业颠覆式变革以及区域经济高质量发展具有重要意义。

（一）推进原创性新兴产业产生

原创新兴产业的诞生与“高风险”和“高试错”密不可分，大企业一般无法承受高风险和高试错所带来的一系列不确定因素，只有创业企业才有机会进行这一尝试。创业企业通过海量的试错，在大量企业不断地诞生和死亡中发现成熟的商业模式和技术路线。少部分创业企业在试错中幸存下来，就会成为瞪羚企业。当围绕一种新的商业模式或一条新的技术路线集中涌现出一大批由创业企业发展而来的瞪羚企业时，一个新兴产业就诞生了。

新兴产业诞生之后，极少数的优秀瞪羚企业凭借其卓越的市场表现脱颖而出，逐渐成为行业巨头或控制几个细分领域，成为新兴产业中的独角兽。以大疆创新为例，深圳市大疆创新科技有限公司由汪滔于2006年在深圳创立，是全球领先的无人飞行器控制系统及无人机解决方案的研发和生产商，客户遍布全球100多个国家，占世界民用无人机市场份额近70%，全球小型无人机市场份额为50%。创始人汪滔等人怀揣对无人机的热爱，秉承极客精神首创民用无人机产品，满足市场所需，成为高新区瞪羚企业的技术创新先锋，最终成长为无人机领域的独角兽。

（二）推进传统产业颠覆式变革

对传统产业的颠覆往往需要应用“新规则”和“新模式”，传统产业中现有的大企业作为既得利益者，缺乏创新规则和模式的动力和基因，只有新进入的创业企业才能打破窠臼，破旧立新。从创意、想法孕育而生的创业企业往往不会受到传统产业旧规则、旧模式的约束，对市场需求和技术创新更具洞察力，因此更容易建立起符合需求变化和创新规律的新规则、新模式。这些具有颠覆性创新能力的创业企业在试错成功后成为爆发式成长的独角兽企业，不断抢占传统大企业的市场份额，挑战传统产业原有的行业格局，逐步改变行业规则和模式，最终引领整个行业发生颠覆式变革。

小米手机从2011年成立，用了不到5年时间销售收入就突破100亿美元（2015年税前销售额约116亿美元），其手机销售则颠覆智能手机的传统商业模式，铸就了全新的商业模式：利用互联网进行智能手机的研发和销售，善于利用饥渴营销限量发行；运用粉丝经济，打破和消费者的藩篱，与智能手机发烧友在一起，学习取经，通过天使客户反馈不断改进产品。小米创新的商业模式使得其在5年时间迅速成长为估值约450亿美元的超级独角兽。

（三）引领区域经济高质量发展

新经济时代，企业的成长路径不再是单纯的线性增长，而是呈指数型爆发成长，形成新的企业组织形态——独角兽企业。作为引领区域发展的领头羊，独角兽企业在产业变革、经济发展及行业创新中都起到了核心作用。独角兽企业作为城市名片，在提升区域知名度、激活区域经济活力等方面发挥了重要作用。

位于武汉东湖的斗鱼TV，在2016年短短半年时间之内，累积融资额已经超过20亿元。截至2016年3月，斗鱼市场占有率达70%以上，注册用户总数已超过1亿人、拥有2亿月活跃用户和1500万日活跃用户，最高同时在线人数达到400万，这几乎是业内其他直播平台数据的总和。斗鱼在两年内成长为直播领域唯一的独角兽，是武汉新名片之一。同时在斗鱼的带动下，武汉集聚了一批直播领域的企业，同时集聚了大量产业中上下游的资源，在光谷形成了直播产业集聚，在斗鱼的带领下光谷占领了直播的高地。

三、独角兽企业的成长机制

独角兽成长机制可以概括为“1+3+4”。“1”是洞见；“3”是企业爆发式成长的三大驱动因素，即人才（合伙）、资本（创投）、技术（创新）；“4”是企业爆发成长的四大支柱，即跨界、平台、引爆点、自成长与生态圈。

“1”，即洞见，是独角兽企业爆发成长的内在动力。洞见发现并引领企业的战略发展方向，在扩展企业家视野的同时提供企业精神动力；洞见能够让企业家看到未来趋势，不局限于眼前格局，着眼企业愿景，克服眼前困难，全力以赴，始终坚持道路不偏离。

“3”，即企业爆发式成长的三大驱动因素，为人才（合伙）、资本（创投）、技术（创新）。以人才为核心的合伙制是爆发式成长的内核基因，反映了新经济以人为本的价值诉求，集合具备能力的合伙人才，可以形成优势互补；志同道合的合伙人才，具备相似价值观，形成团队后可实现长期合作，发挥人才的最大价值。资本是实现爆发式成长的外力条件，反映了创业投资正在重新定义创新创业格局，引入战略资本进行长期投资，投向新技术、新产业、新模式，给予企业机会与时间去成长。以技术为代表的创新是爆发式成长的内生动力，反映了新经济的经济增长正由生产要素驱动转向创新驱动，创新包括前沿技术创新、应用技术创新、硬技术创新、软硬结合创新、跨界创新、思维方式和资源配置方式创新等。

“4”指企业爆发成长的四大支柱，即跨界、平台、引爆点、自成长与生态圈。一是价值支柱，即跨界，反映了交叉领域的边缘式创新和新业态诞生的原因，跨界通过整合多领域优势，加深产业价值链融合，促成新业态。二是组织支柱，即平台，反映了资源组织的新模式和赢者通吃的竞争规则，可将自身打造成平台，或与平台开展合作以求爆发式成长。三是市场支柱，即引爆点，反映了新经济创新生态系统微观运行的基本规律，探寻爆发阈值，引爆潜在市场。四是管理支柱，即自成长与生态圈，反映了新经济企业管理的自组织特征，遵循生态化发展的规则，自主进行扩张成长。

其一，跨界可集聚多领域优势，是从创业/瞪羚成长为独角兽的根本途径。产业跨界是指承载了两个以上产业的功能，产业价值链的融合程度最深，产业边界模糊化、商业模式重构，形成新的业态。跨界为新晋者颠覆既定游戏规则带来了机会，往往催生爆发成长，容易出现独角兽。

以成立于2010年的小米为例，它打破了智能手机传统模式，首创用互联网模式开发手机操作系统的模式，利用社群、粉丝进行研发创新，不再局限于硬件服务，从2012—2014年销售额增长了近8倍，2021年营收超过3000亿元。36氪包括36氪媒体、创投以及氪空间，从媒体跨到投资，再跨到联合办公空间，集合了不同行业的优势，可以为创业者及中小企业提供从资讯信息、对接融资渠道、直接获得资金到解决办公场所以及相关的配套孵化等服务，形成了对互联网创业者、投资人及周边群体的全覆盖。

其二，平台通过颠覆传统商业逻辑，重构价值创造模式，为业务爆发带来无限可能。平台分离了资产和价值，平台提供者不直接拥有或控制资产，而是通过连接、匹配资源来创造价值，使效率和价值都得到进一步提升。平台通过引入新型中间人，即线上的自动化工具，代替了传统市场中不可拓展的、低效的中间代理人，直接在生产者和消费者间建立联系。在需求规模效益的驱动下，生产者和消费者两个群体相互吸引，实现正向网络效应的良性循环，带来市场扩张，创造出新的价值连接和增值。同时，平台带动了产业内部各类主体进行开放式创新，带动企业、客户的跨界融合、协同创新、共生共荣，成为新的产业资源组织者。以滴滴为例，其通过搭建互联网出行平台，连接司机和乘车人两个具有不同网络外部属性的客户群体，使他们在平台上实现信息交互；同时，基于网络聚合效应，通过建立良好的用户界面，对供给、需求信息进行过滤和匹配，解决司机与乘客之间的信息不对称的问题。

其三，引爆点是激活潜在市场、实现价值爆发的奇点，是由线性成长向爆发成长迈进的重要关卡。一款产品、一种思想、一个企业，想要引爆一场流行、一轮趋势，须满足引爆点理论的三大法则——个别人物法则、附着力因素法则和环境威力法则，当三者兼具备，引爆则是顺水推舟。以得到APP为例，在自媒体时代，得到 APP 以其颇高的用户量和专业累计销售量在知识服务型新媒体中一直高居榜首，迎合了用户快速获取有效信息的迫切心理，同时也引发了年轻用户群的喜爱与追捧，小范围内掀起了膜拜知识的潮流。得到 APP 这一产品引发的流行潮是典型的引爆点理论解释下的现象。

首先符合的是个别人物法则——自媒体时代，“新型意见领袖”强势登场。得到 APP 精心打造的数十位行业意见领袖无形中促进了其品牌的宣传与推广，凭借个人在本行业的专业度与影响力，吸引了大量忠实用户了解并认同了得到 APP。其次符合的是附着力因素法则——优质内容传播凸显其极致追求。得到 APP 自从开通至今一直以优质内容分发与推送取胜，这也是吸引用户群对其不间断投资与持续性关注的重要法宝。同时在得到 APP 订阅专栏之后，作者都会以提炼金句的方式结束，金句是对概念的高度强化，有利于提高用户对信息的接受度，同时也激发了用户的分享欲望，提高了内容本身的传播效力。最后也符合环境威力法则——媒体科技的顺势推动。在自媒体时代，用户更倾向于用更低的成本获取更便捷的产品和服务，在这个非常注重极致内涵的互联网时代，每个人都是一个网络自媒体节点，只有当极致产品打动了用户，用户才有可能分享和传播。

其四，自成长与生态圈是企业基于自组织的生态圈管理模式呈现出的自发成长，也是爆发式增长的基本发展方式，数据驱动型自成长的诱因可表现为粉丝生态圈传播和制定新规则。第一，粉丝传播是指一部分企业在产业生态圈中具有卓越的表现和足够的用户吸引力，能够借助消费者、产业链上下游企业等外部力量帮企业传播。能够做到粉丝自觉自动为其传播的企业，首先要作出能解决用户痛点、并且品质追求做到极致的产品，然后为产品寻找核心粉丝，并进行细分用户精准推广，最终建立反馈机制不断完善产品。第二，制定新规则的企业多为行业内少数的引领型企业，在其带动下，行业能够遵循新的生态进化法则，适者生存，依靠生态力量自发前进。这类企业能够解决人们没意识到的问题或长期存在难以解决的问题，并且通过主导市场规则来引领市场，获得爆发成长。

拓展知识

专栏 10-2：商汤科技

商汤科技是一家创立于 2014 年的人工智能平台公司，专注于自主研发的深度学习超算中心和一系列AI技术，包括人脸识别、图像识别、文本识别、医疗影像识别、视频分析、无人驾驶和遥感等。商汤科技现有2000位员工，其中150位华人科学家具有顶尖大学授予的人工智能领域博士学位。商汤科技2014年自主研发的人脸识别技术首次超越人眼识别准确率，突破工业化应用的红线；2017年自主研发的人脸关键点定位技术实现从106点到240点的突破，精度的提升能够实现更加复杂的应用，进而推动产业升级；2018年成为中国最大的AI算法提供商。公司总融资额超过16亿美元，估值超过45亿美元，服务客户700多家，多个领域市场占有率第一，实现了爆发式成长。

创始人徐立，本硕毕业于上海交通大学，博士毕业于香港中文大学，先后在摩托罗拉研究院、欧姆龙研究所、微软研究院、联想研究院等计算机视觉研究机构访问、工作。2014年创立商汤科技后，获得计算机视觉科学家"网易未来科技人物大奖""创新商业领袖"奖和2017中国经济年度人物新锐奖。

商汤科技抓住人工智能风口，深耕形成原创技术优势，用人工智能赋能不同场景，凭借跨界融合、生态探索与布局实现爆发式成长。其业务体系包括智能视频、身份验证、移动互联网三大业务，主要通过项目合作提供产品、技术和算法的支持获得收益。

第一，智能视频业务应用人工智能技术，抓住人脸识别、图像识别的用户需求痛点，在智能硬件（手机）、文化娱乐、电子商务、智慧城市和智能安防等领域实现跨界融合，为产业赋能。应用场景包括刑侦破案公安视频监控、智能交通监测的犯罪嫌疑人身份核验、娱乐场所证件查验、机场等出入口安检。

第二，身份验证业务应用SenseID提供身份验证解决方案，提供"刷脸"认证SensePhoto手机全套影像处理解决方案。应用场景为银行营业厅、民政办事大厅等便民服务场景下的自助智能终端，如互联网金融APP、移动运营商线上服务平台、高铁出入口、楼宇门禁、社区门禁。

第三，移动互联网业务应用原创AR开发平台SenseAR，与OPPO、京东、小咖秀等合作，为用户提供AR体验。此外，SenseFace、SenseFoundry用来布局智慧城市和安防，满足公安部门城市监察治理。应用场景在手机各类APP上，如图像美化和拍照APP、短视频APP、社交APP、人脸解锁APP等。商汤科技基于业务的产业布局，通过对外投资等方式进行生态探索与布局，现对外公布的投资项目包括51VR、禾连健康、苏宁体育、影谱科技，实际上已经投资了7个项目，计划中的投资标的还包括 AI 芯片、医疗、物联网、手机和互联网、游戏等。

（资料来源：长城战略咨询《中国独角兽企业研究报告 2019》）

四、独角兽企业的发展现状

中国独角兽企业群体不断扩大。根据长城战略咨询发布的《中国独角兽企业研究报告 2021》。2020 年，中国独角兽企业 251 家，其中，超级独角兽企业 12 家，新晋独角兽企业 72 家。2020 年，上市独角兽企业 24 家。

（一）融资估值分布

2020 年中国独角兽企业总估值首超万亿美元。12 家超级独角兽，平均估值为 463 亿美元，估值占比为 52.6%。2020 年，中国独角兽企业总估值 10553.6 亿美元，平均估值 42.0 亿美元。其中，估值大于等于 100 亿美元的超级独角兽，企业数量 12 家，企业数量占比 4.8%，估值占比 52.6%；估值 20 亿美元到 100 亿美元，企业数量 83 家，企业数量占比 33.0%，估值占比 28.7%；估值 10 亿美元到 20 亿美元，企业数量 156 家，企业数量占比 62.2%，估值占比 18.7%。[1]

表 10.2　2020 年中国超级独角兽企业

企业名称	赛道	地点	2020 年估值
字节跳动	数字文娱	北京	1800 亿美元
蚂蚁集团	金融科技	杭州	1500 亿美元
滴滴出行	智慧出行	北京	580 亿美元
菜鸟网络	智慧物流	深圳	300 亿美元
快手	数字文娱	北京	286 亿美元
微众银行	金融科技	深圳	216 亿美元
京东科技	金融科技	北京	200 亿美元
猿辅导	互联网教育	北京	170 亿美元
SheIn	新零售	南京	150 亿美元
京东物流	智慧物流	北京	134 亿美元
商汤科技	人工智能	北京	120 亿美元
满帮集团	智慧物流	贵阳	100 亿美元

（数据来源：长城战略咨询《中国独角兽企业研究报告 2021》）

[1]　数据来源：长城战略咨询《中国独角兽企业研究报告 2021》。

（二）赛道分布

以 2020 年独角兽的赛道分布为例，251 家独角兽企业分布于 27 个赛道、88 个细分赛道。其中，新能源与智能汽车、数字文娱、智慧物流、数字医疗、人工智能、新零售[1]的独角兽企业数量分列前 5 位，占比 42.6%。其次分别为电子商务、互联网教育、创新药与器械、产业互联网、金融科技、智慧出行、汽车服务、企业数字服务、旅游体育、集成电路、数字房产、网红爆品、智能硬件、生活服务、大数据、云服务、物联网平台、机器人、商业航天、量子科技、无人机赛道。

与前四期独角兽企业相比，2020 年新出现了网红爆品、商业卫星、智能充电、AI 制药、半导体材料、知识产权数据服务、数字医助、在线教室、数字健身 9 个新赛道。其中，网红爆品、商业卫星、AI 制药、知识产权数据服务、数字健身等 5 个新赛道在 2019 年已出现潜在独角兽和哪吒企业。

创新药与器械赛道新晋独角兽企业数量最多。2020 年，72 家新晋独角兽企业分布于创新药与器械、新能源与智能汽车、集成电路、网红爆品、产业互联网、数字医疗和新零售等 22 个赛道。其中创新药与器械赛道备受资本青睐，新晋独角兽企业数量最多，为 11 家。

251 家中国独角兽企业中前沿科技企业为 89 家，数量占比为 35.5%。新能源与智能汽车、人工智能和创新药与器械赛道企业数量在 10 家以上。其次为集成电路、智能硬件、云服务、大数据、数字医疗、物联网平台、机器人、商业航天、金融科技、智慧出行、无人机、企业数字服务、量子科技赛道。

（三）融资热点

2020 年 251 家中国独角兽企业中有 127 家在当年完成新融资。公开披露融资数据的 91 家独角兽企业中，融资额超过 10 亿美元的独角兽企业有 9 家。新获融资独角兽企业数量排名前 5 位的赛道分别为新能源与智能汽车、创新药与器械、数字医疗、人工智能及新零售。

[1] 人工智能、新零售赛道内独角兽企业数量相同，二者并列。

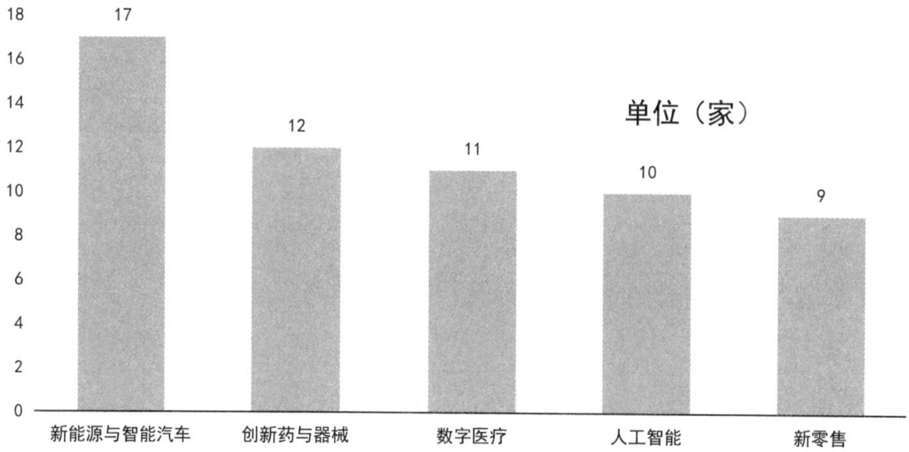

图 10.1　2020 年新获融资独角兽数量前 5 位的赛道

（数据来源：长城战略咨询《中国独角兽企业研究报告 2021》）

头部投资机构对独角兽企业关注度较高，是其背后主要的投资力量。2020 年中国独角兽企业中，参投独角兽企业数量达 15 家及以上的专业投资机构共 19 家。其中红杉资本参投了 66 家独角兽企业，占独角兽企业总数的 26.3%，成为年度“最佳投手”。此外，IDG 资本参投 41 家，经纬中国参投 29 家，高瓴资本参投 28 家，华兴资本参投 25 家，云锋基金参投 22 家，五源资本（晨兴资本）、中金资本各参投 21 家，启明创投参投 20 家，Temasek 淡马锡、顺为资本、真格基金和中信产业基金各参投 19 家，鼎晖投资和华平投资各参投 17 家，GGV 纪源资本和招银国际各参投 16 家，SIG 海纳亚洲、创新工场各参投 15 家。

大企业以技术创新为引领，以平台思维、互联网思维、产业生态思维重塑发展模式，参与投资、孵化以独角兽企业为代表的新经济企业。根据长城战略咨询的追踪研究，2020 年，有 37 家大企业参与孵化出 45 家独角兽企业，覆盖新能源与智能汽车、产业互联网、智慧出行、创新药与器械、数字房产等 16 个赛道。

其一，大企业围绕自身业务发展，孵化独角兽以延伸产业布局。链家围绕自身房产中介服务，孵化出自营公寓品牌自如和数字房产平台贝壳找房。微创医疗围绕医疗器械服务，孵化出专注于手术机器人的微创医疗机器人和专注于提供瓣膜疾病整体解决方案的微创心通两家独角兽企业。华大基因发力精准医疗，孵化出专注于生命科学与医疗健康领域仪器设备、试剂耗材等相关产品的研发、生产和销售的华大智造。吉利控股集团围绕自身汽车制造业务，孵化出智慧出行服务平台曹操出行和提供智能网联服务的亿咖通；与中国铁路投资有限公司、腾讯等联合组建高铁服务商国铁吉讯。富士康集团基于自身进出口货物交付需要，孵化出物流综合服务平台准时达。

其二，大企业引入互联网基因，培育发展新动能。零售大企业布局新消费，大型连锁超市物美孵化出多点 Dmall，以数字化技术赋能线下门店，驱动实体零售加快数字化转型，打通线上线下零售渠道；芙蓉兴盛孵化出兴盛优选，以线上预售为便利店赋能，通过“预售 + 自提”模式实现线上线下联动，在新零售赛道脱颖而出。

其三，国有大企业基于自身优势，孵化前沿科技独角兽企业。中航工业集团孵化出新能源电池独角兽中航锂电科技，将航空高技术融入民用领域，大力发展锂离子动力电池、智能装备等产品。中国兵器工业集团携手阿里孵化出位置服务云平台千寻位置，完善北斗产业链，提供位置服务。

（四）上市分析

2020 年全年，共有 24 家独角兽企业上市。选择美股上市的独角兽企业共 12 家，其中纳斯达克 8 家、纽交所 4 家，主要分布于创新药与器械、新零售和新能源与智能汽车赛道；选择港股上市的独角兽企业共 4 家，主要分布于创新药与器械赛道；选择中国内地资本市场上市的独角兽企业共 8 家，其中上交所 7 家（主板 1 家、科创板 6 家）、深交所 1 家（即创业板 1 家），为新能源与智能汽车赛道。

中国资本市场深化改革的利好效应正在独角兽企业中凸显。继 2019 年 1 月中国证监会发布《关于在上海证券交易所设立科创板并试点注册制的实施意见》后，2020 年 4 月又出台了《创业板改革并试点注册总体实施方案》。注册制在科创板与创业板相继落地，不仅完善了资本市场基础制度，还进一步拓宽了独角兽企业上市地点的选择范围。截至 2020 年 12 月 31 日，已有 6 家独角兽企业登陆科创板，1 家独角兽企业登陆创业板。

（五）区域分布

2020 年 251 家中国独角兽企业分布在 29 个城市。其中北京、上海、杭州、深圳、广州分列前 5 位，数量分别为 82 家、44 家、25 家、20 家、12 家。2020 年中国新晋独角兽共分布在 17 个城市，其中北京、上海、杭州、深圳、广州分列前 5 位，数量分别为 16 家、14 家、8 家、6 家、5 家。北京、上海、杭州和深圳仍为独角兽企业主要聚集地，2020 年共有独角兽 171 家，占独角兽企业总数的 68.1%，比例有所下降（2018 年为 77.2%，2019 年为 71.6%）。京津冀、长三角、珠三角及成渝集聚有九成独角兽。2020 年中国独角兽分布在京津冀地区的共 91 家，占全国的 36.3%，总估值 4941.8 亿美元；长三角地区共 91 家，占全国的 36.3%，总估值 3583.1 亿美元；珠三角地区共 34 家，占全国的 13.5%，总估值 1330.5 亿美元；成渝地区共 8 家，占全国的 3.2%，总估值 118.4 亿美元；4 个地区共 224 家，占全国的 89.2%。

主要城市独角兽企业特征分析如下：**北京独角兽 82 家，其中超级独角兽 7 家。**2020 年北京独角兽 82 家，其中超级独角兽 7 家，整体估值为 4807.7 亿美元，分布在 26 个赛道。北京新晋独角兽企业 16 家，上市已毕业企业 9 家。基于北京扎实的互联网基础，新冠病毒感染期间北京数字文娱与互联网教育赛道的独角兽企业快速发展。[1]

表 10.3　2020 年北京新晋 16 家独角兽

企业名称	所属领域	成立时间
多点 Dmall	新零售	2015
京东工业品	产业互联网	2020
元气森林	网红爆品	2016
百信银行	金融科技	2017
火花思维	互联网教育	2016
PingCAP	企业数字服务	2015
思派健康	数字医疗	2014
奕斯伟	集成电路	2019
翼鸥教育	互联网教育	2014
银河航天	商业航天	2019
十荟团	新零售	2018
美术宝	互联网教育	2014
Keep	旅游体育	2014
本来生活	新零售	2012
雪球财经	数字文娱	2010
泡泡玛特	新零售	2010

（数据来源：长城战略咨询《中国独角兽企业研究报告 2021》）

[1]　数据来源：长城战略咨询《中国独角兽企业研究报告 2021》。

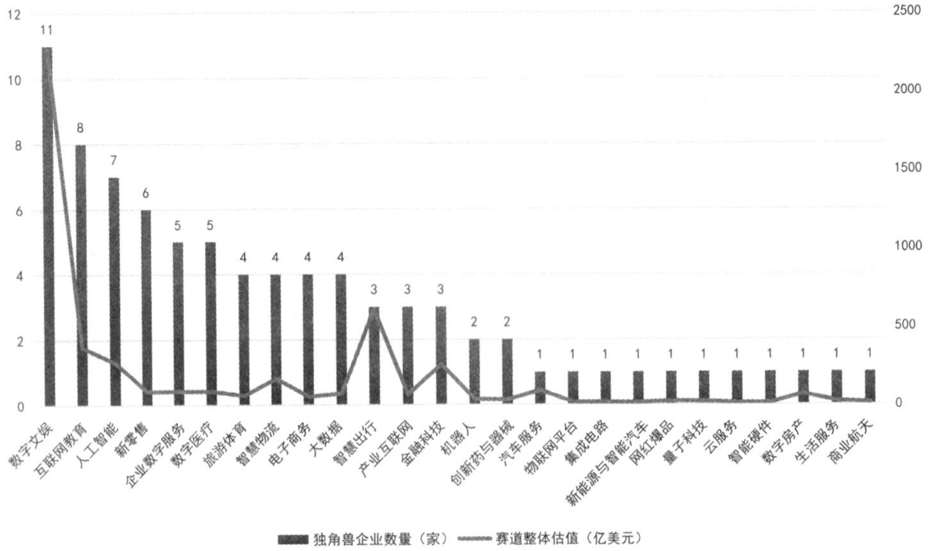

图 10.2　2020 年北京独角兽企业赛道分布

（数据来源：长城战略咨询《中国独角兽企业研究报告 2021》）

上海独角兽 44 家，新晋独角兽硬科技属性突出。2020 年上海独角兽共 44 家，整体估值为 1029.6 亿美元，分布在 20 个赛道。2020 年新晋 14 家独角兽，上市已毕业独角兽 5 家。上海集成电路赛道新晋 4 家独角兽。此外，上海形成了生物医药产业集群，该赛道新晋 4 家独角兽企业。

表 10.4　2020 年上海新晋 14 家独角兽

企业名称	所属领域	成立时间
微创医疗机器人	创新药与器械	2015
小度科技	智能硬件	2020
滴滴沃芽	新能源与智能汽车	2019
叮咚买菜	新零售	2014
震坤行	产业互联网	2014
翱捷科技	集成电路	2015
智己汽车	新能源与智能汽车	2020
海和药物	创新药与器械	2011
Manner 咖啡	网红爆品	2015
微创心通	创新药与器械	2015

（续表）

企业名称	所属领域	成立时间
思特威	集成电路	2017
壁仞科技	集成电路	2019
默升科技	集成电路	2015
药明巨诺	创新药与器械	2016

（数据来源：长城战略咨询《中国独角兽企业研究报告 2021》）

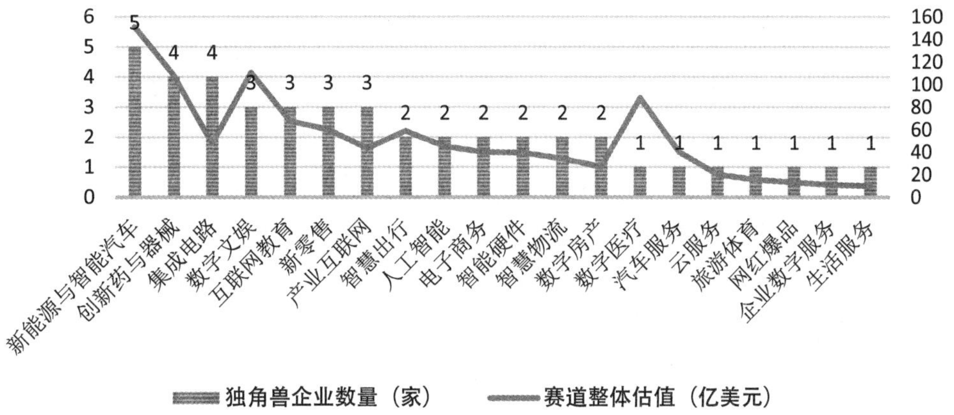

图 10.3　2020 年上海独角兽企业赛道分布

（数据来源：长城战略咨询《中国独角兽企业研究报告 2021》）

杭州独角兽 25 家，医疗健康领域涌现独角兽。2020 年杭州独角兽共 25 家，整体估值为 2042.6 亿美元，分布在 14 个赛道。 2020 年杭州超级独角兽 1 家，新晋独角兽 8 家。医疗健康领域涌现独角兽，数字医疗赛道新晋 3 家、创新药与器械赛道新晋 3 家。

表 10.5　2020 年杭州新晋 8 家独角兽

企业名称	所属领域	成立时间
青桔单车	智慧出行	2017
丁香园	数字医疗	2010
PingPong 金融	金融科技	2015
德晋医疗	创新药与器械	2015

（续表）

企业名称	所属领域	成立时间
瀚晖制药	创新药与器械	2012
太美医疗	数字医疗	2013
微脉	数字医疗	2013
e 签宝	企业数字服务	2014

（数据来源：长城战略咨询《中国独角兽企业研究报告 2021》）

深圳独角兽 20 家，新消费独角兽出圈。2020 年深圳独角兽 20 家，整体估值为 1075 亿美元，分布在 10 个赛道。2020 年深圳共有 2 家超级独角兽，新晋独角兽 6 家。深圳独角兽企业呈现科技创新属性强、硬科技实力出众等特点；深圳抢抓新消费风口，催生一批网红爆品，如喜茶、奈雪的茶、雾芯科技。

表 10.6　2020 年深圳新晋 6 家独角兽

企业名称	所属领域	成立时间
平安智慧城市	人工智能	2018
新瑞鹏	生活服务	2013
雾芯科技	网红爆品	2018
晶泰科技	创新药与器械	2015
奈雪的茶	网红爆品	2014
行云集团	电子商务	2015

（数据来源：长城战略咨询《中国独角兽企业研究报告 2021》）

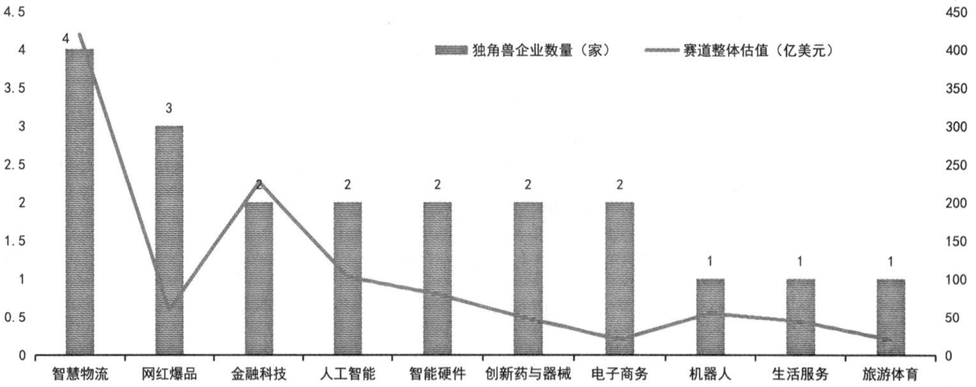

图 10.4　2020 年深圳独角兽企业赛道分布

（数据来源：长城战略咨询《中国独角兽企业研究报告 2021》）

第四节　哪吒企业

一、哪吒企业的概念

“哪吒”源自中国道家文化，是吸纳流变再创新的守护神代表。道家思想恰恰是中国科学思想的源头，“一气化三清”“无中生有”“与时俱进”是中国创新创业文化的精神内核。随着世界新技术革命的深化演进，近20年来中国新经济的高速发展已奠定了科学技术驱动经济社会发展的基础，以哪吒企业为代表的新经济创新创业是中国创新精神对世界科学与文化的重要贡献，是中国成为科技与文化输出国的标志性转变。

哪吒企业的概念由长城战略咨询董事长王德禄于2019年提出，是指成立时间三年内，A轮（含）前就已获得1亿元人民币以上融资的创新创业企业。哪吒企业具有成立时间短、成长起点高、赛道领域新、场景创新强的特征。一般由科学家、连续创业者、跨区域创业者等高端精英人才创办，或由大企业孵化而成。此外，其创业团队也不乏来自高技术大公司、世界500强的高级管理人才。他们具有广泛的人脉网络和丰富的商业经验，擅于运用符合新经济规律的开放式创新思维，快速促成前沿科技成果的商业化应用，这些企业未来极大可能成长为带动区域技术进步、业态创新、产业升级和经济结构转型的世界级领军企业。

二、哪吒企业的成长机制

哪吒企业在众多新兴企业中“鹤立鸡群”，其创新模式和创新科技更加面向未来，具有强有力的竞争力，是我国培育世界级企业的重要源头。

一方面，哪吒企业开创新赛道、发展未来产业。赛道是叠加政策导向、技术变革、市场需求多重影响，出现在成长空间大、未来增长性好的新兴领域，具有鲜明的更新迭代、裂变增长特征。哪吒企业作为新经济的新物种，是更具潜力的新赛道开拓者，开拓了脑机接口、数字孪生、数字防护、AI 制药等新赛道。这些新赛道不仅是新方向、新领域，更代表了新经济条件下的产业生态化发展的新结果。同时这些新赛道极有可能发展成为千亿级至万亿级市场规模的未来产业。

另一方面，哪吒企业创造改变世界的伟大新场景。新经济时代，随着群体性技术革命爆发、跨界融合创新兴起，新技术、新模式深刻改变着人类生产生活方式，场景成为新经济的高效应用中心和创新中心，以互联网、大数据、人工智能为代表的新技术快速发展催生了大量具有前沿性、科技感、体验感和创造性的新场景，并不断改变着人类的生产生活方式。以哪吒企业为代表的高成长企业，作为前沿技术、创新模式与市场的连接器，不断创造着改变世界的伟大场景，涵盖围绕人们“衣、食、住、行”的方方面面，体现出“智能化、无人化、平台化、个性化”的特征。

三、哪吒企业的发展现状

（一）赛道分布

根据 GEI 中国哪吒企业标准，2019 年中国哪吒企业共有 163 家，2020 年（截至 10 月 9 日），新晋哪吒企业 39 家。163 家企业中，成立于 2017 年的哪吒企业为 86 家，成立于 2018 年的哪吒企业为 68 家，另有 9 家哪吒企业成立于 2019 年。163 家中国哪吒企业分布于 71 个新赛道，且硬科技属性突出，五成以上为前沿科技创新企业。作为成长起点高、发展潜力大的新物种，哪吒企业呈现出了不同于独角兽和潜在独角兽企业的赛道分布特征。

哪吒作为高成长企业的后备军，是更具发展潜力的新赛道开拓者。2019 年 163 家哪吒企业分布于创新药研发、自动驾驶、AI 解决方案、基因检测、智慧物流、社交电商、AI 芯片、游戏电竞、社区团购等 71 个新赛道。相对于独角兽和潜在独角兽企业，新开拓了人源化模型、基因编辑、AI 制药、亲子社交、数据防护、5G 通信、协作研发 SaaS、沉浸式酒店、3D 传感器、智慧防务、智慧城市、大语文等新赛道。

2019 年中国哪吒企业中，新一代信息技术（人工智能、大数据、智能硬件）、生物医药、自动驾驶等前沿科技创新类企业共 87 家，数量占比 53.4%。其中，以昭衍生物、予果生物为代表的生物医药哪吒企业 33 家，以创新奇智、燧原科技为代表的人工智能哪吒企业 18 家，以文远知行、禾多科技为代表的自动驾驶哪吒企业 9 家。

（二）场景创新分析

2019 年哪吒企业开辟了即时新消费、数字化医疗、个性化教育、无人作业、智慧出行等 5 个大的场景及 17 个细分场景。

1. 即时新消费

即时新消费下，吸睛的创新产品提高人们的购买欲望，结合新技术“压缩”空间、时间，使得人们获取商品的时效、便捷度大大提高，同时，“冲动消费”带来的即时体验，也在一定程度上增强了人们的满足感。技术和场景的创新使得传统零售向便捷化、未来化方向发展。

场景之一无人便利店零售，是指在零售业态下，用智能算法加非接触式硬件完成整个零售服务链，从消费者进店—选购—比价—付款—送货等一系列流程都采用无人服务的方式，颠覆了传统的零售业态。典型的有无人售货机、无人商店两个细分场景。哪吒企业 EasyGo 未来便利店，通过“RFID 射频识别技术 + 小程序 + 大数据分析”来实现无人智慧零售，用户只需要进店挑选商品放进购物车，在门口核对后即可自动识别完成购买，未来无人零售的场景将作为传统零售的有力补充；哪吒企业在楼下科技，致力于构建深入城市社区的“公共冰箱”，其自主研发无人便利柜智能终端并自营供应链，为市民提供 24 小时营业、新鲜高效的社区零售服务，实现了大数据 + 优质供应链 + 智能自助设备为一体的无人货架运营。

场景之二社区团购买菜，从高频刚需的生鲜品类切入，以社区为单位由宝妈或店主成为团长，利用微信群和小程序等流量红利，通过“用户当日线上下单、预定，次日线下自提”的模式，在满足用户性价比要求的同时，解决了商家的成本问题，即社区团购。哪吒企业同程生活从生鲜品类切入，通过团长收集小区团员需求，落地形成新型的家庭消费社交电商模式；十荟团通过微信小程序，基于城市社区 / 小区，为社区家庭带来产地食材以及日用品等。

场景之三无人车移动零售，新石器致力于用无人车重构智慧城市物流基础作业设施，公司借车联网、车规级产品化之力，创造出零售型、快递型、运输型、安防型四个产品类型，率先运用在工厂区、景区、物流园区等场景下实现无人物流作业。

场景之四即食餐饮，消费升级趋势下，消费者对于消费体验的要求更高，企业端不断创新产品、挖掘更多细分场景，提升人们对产品的体验。即食餐饮场景即企业端通过挖掘客户深层次需求，精准定位产品使用场景，为消费者提供便捷即食的个性化产品。哪吒企业黄天鹅基于国内鸡蛋行业面临的无法有效控制沙门氏菌含量、鸡蛋品质亟待升级的现象，引进日本可生食鸡蛋标准，为消费者提供“可生食标准”的高品质鸡蛋，满足人们对于安全、品质等的需求；哪吒企业佐大师基于一人食外卖场景，提供佐餐产品及配套服务，如小罐辣酱 / 酱菜，通过直营销售和生态代理的方式与商户合作，最终经过外卖平台触达用户。

场景之五网红经济，网红经济时代，产品运营推广形式更加多样化，如打造 IP 爆款、KOL（关键意见领袖）推荐、网红种草、直播带货等，基于此类场景出现专注于网红经济运作的公司，从事网红孵化及运营，担当着内容输出者和网红培养者两大职能。哪吒企业大颜色科技是一家以智能投放、用户运营、裂变传播为主营业务的公司，用数据化 + 智能化的手段帮助 KOL 和网红实现高效率的营销和精准的传播，努力实现让每一个网红或者 KOL 的生长发展裂变都可视可控；哪吒企业小象互娱以游戏网红直播为基础，打造头部 KOL 矩阵、孵化短视频 IP。

2. 数字化医疗

基于物联网、云计算、人工智能等前沿技术的多元化应用价值，越来越多的企业基于医疗场景创新，将技术应用于精准诊断、医疗产品研发制造、医疗服务等多个细分场景，开启了医疗领域信息化建设的新局面。

场景之一智能化诊断筛查，运用大数据分析、人工智能等技术提高病理样本、CT 影像等医疗诊断速度及正确率。哪吒企业予果生物应用大数据技术搭建了 PACE 病原微生物数据分析系统（Pathogen Capture Engine），可以对临床样本快速进行病原微生物 DNA、RNA 序列测定，并通过机器学习算法建立自研数据库，从而使病原诊断更简单；数坤科技基于人工智能技术研发的心血管人工智能影像平台，通过多维度卷积神经网络技术，实现对医疗图像的精准诊断。

场景之二 AI 加速新药研发，以生物学、药理学及临床数据为基础，利用 AI、工业机器人等智能化核心技术加快药物研发进程。代表企业包括深度智耀，利用人工智能算法大幅降低发现靶点、构建分子试错的成本，并通过信息化等优势缩短研发周期，实现 AI 赋能的新药研发。

场景之三诊疗产业互联网，为医疗机构、实验室等企业端客户提供检验报告解读及疾病诊疗建议等来自第三方的医学精准检验服务、健康管理服务和增值服务。云呼科技是国内领先的应用于医疗产业互联网领域的服务平台，在医疗管理、医疗产品、医疗服务等三个维度为基层诊所提供行业解决方案，展开农村包围城市的差异化竞争，加大核心科技与基础设施投入，推动基层医疗行业信息化发展。

3. 个性化教育

人工智能、直播等新技术、新模式与教育深度融合，根据学习者行为分析结果、测试结果，实现辅导专人化、内容定制化、学习智能化等形式的个性化教学模式。

场景之一一对一在线学习，根据用户个性化需求提供一对一的在线辅导，进而补短提高。一对一在线辅导，教师因受众单独，时间充裕，能够更好“倾囊相授”，学生也不会因为群体行为而受影响，拥有一定的课堂自主权。哪吒企业葡萄智学产品为少儿英语学习及教育，提供基于 AI 技术支持的在线一对一外教课程，创新的教学模式打破了英语学习的互动壁垒、降低了外教资源的价格门槛；核桃编程产品为少儿编程教育，采用了人机互动双师课的授课模式，通过动画视频讲解、一对一辅导教学，并采用了真人讲师与人工智能相结合的方案。

场景之二智适应学习，利用大数据、人工智能等技术，根据学习者特征，个性化推荐学习内容。哪吒企业暗物智能通过研发具备高效学习、推理及泛化能力的新一代 AI 技术，打造具有认知推理能力的新一代人工智能系统，系统能够适应不同教学场景，完成各类授课任务，且可交互。其系统认知智能技术的运用，突破传统感知智能的技术局限，引领教育更加个性化、规模化；哪吒企业格燃教育通过智能化系统，根据用户对知识的需求，自主选择获取碎片化或系统化等匹配性强的专业知识的教育模式，为个人职业教育匹配相应的学习计划。

4. 无人作业

随着移动互联网的深度普及，以及智能硬件规模量产带来的低成本，以无人作业为代表的无人场景在近些年快速爆发，作为服务类行业创新发展的切入点，有效解决传统作业场景下运营成本较高、作业效率较低等问题。2019 年无人作业场景涌现的哪吒企业包括雪浪数制、微云人工智能和麦飞科技。

场景之一数据驱动下的制造升级，哪吒企业雪浪数制，发现传统制造企业存在一个明显痛点是生产过程中的数据十分分散，企业本身对自己拥有哪些数据不了解，不明晰数据之间的关系。基于以上痛点，雪浪数制构建了“雪浪 OS”平台，帮助工业企业汇聚、发现各种数据的联结关系，并进行有机地融合，再通过建模实现现实世界与数字世界相对应，同时延伸行业深度提供简单易上手的算法编辑工具，进行工业 APP 的开发。

场景之二齿科专业云定制，哪吒企业微云人工智能，基于医疗工厂场景，以机器人和人工智能技术为核心，通过云端大脑决策系统和智能机器人末端，以“全数字化、全智能化、全信息化”的牙科医疗服务模式和自有核心技术在全流程近乎无人工介入的条件下自动制造全品类牙科产品。

场景之三智慧农业服务，哪吒企业麦飞科技，作为专门聚焦于精准农业服务场景的 AI 大数据公司，从视觉光谱智能监测和科学施药变量作业切入，采用“技术 + 数据 + 服务”的模式，构建农产品全生命周期的数据框架体系，从而为农业种植者提供精准科学化服务。

5. 智慧出行

人工智能、物联网、大数据等前沿技术的发展，使得资源得到更有效的调度，人们的出行变得更加智慧、便捷。

场景之一随时随地手机充电，哪吒企业怪兽充电是一家智能共享充电宝运营公司，通过将手机充电宝放置在各类线下场景，进行分时租赁来获取利润。是典型的 B2C 共享模式，具有复制速度快、控制力强等特点。

场景之二随时随地电动车充电，智租出行是一家以电动两轮车租赁 + 电池共享为主营业务的企业，并且在努力推动电动两轮车的标准化换电服务，让所有电动车的电池统一规格，实现随时充换。

场景之三智能网联汽车，以人车交互体验为核心，将物联网技术应用于汽车，打造智能网联系统。哪吒企业蘑菇智行在显示屏、行车记录仪等硬件基础上，结合大数据等技术，开发了为车主提供精准路况信息的软件系统，即高效、便捷的人机交互平台，丰富用户的出行场景。

场景之四共享出行。哪吒企业 T3 出行，由一汽、东风、长安三家车企联合打造，以 B2C 模式打破网约车行业 C2C 模式弊端，集中采购定制化、智能化的新能源汽车，并深度应用车联网技术，突破了传统的司机、乘客与平台的连接方式，司机不需要手机，全程通过车联网设备为乘客服务，提高了安全性、隐私性、精准度。

拓展知识

专栏 10-3 京东健康

京东健康股份有限公司成立于 2018 年 11 月 30 日，是中国在线医疗健康平台。基于“以供应链为核心、医疗服务为抓手、数字驱动的用户全生命周期全场景的健康管理平台”的战略定位，京东健康已经实现全面、完整的“互联网＋医疗健康”布局，产品及服务可覆盖医药健康实物全产业链、医疗全流程、健康全场景、用户全生命周期。截至 2020 年 6 月 30 日，共逾 1.5 亿名用户曾使用公司的平台购买医药和健康产品或医疗健康服务。京东健康的业务范围涉及了医药供应链、互联网医疗、健康管理、智慧医疗等，同时还与产业链上中下游各环节的企业进行合作，以打造更加完整的大健康生态体系。

京东健康的零售药房主要以自营、在线平台和全渠道布局的三种方式进行商业运营。三种模式全面布局，提供了丰富的产品布局和用户选择方案。

(1) 自营主要是通过京东大药房，类似于京东电商的采销模式，通过赚取差价来盈利，这也是目前销售收入的大头。自营服务依赖与京东电商的仓储、物流、流量入口等带来一系列的竞争优势。

(2) 在线平台主要是为第三方卖家提供服务，通过收取佣金和平台使用费等来盈利。

(3) 全渠道布局，主要是 O2O 类业务，通过线下门店和即时配送服务提供快速送达药品服务。

京东健康拥有 6.5 万多名自有和外部医生，来自全国 32 个省，60% 来自三甲医院，78% 是主治级别及其以上医生；线上坐拥超过 9000 名第三方商家，累计服务用户超 1.5 亿人次；并拥有强大的京东物流支撑，在药品的配送服务方面全国范围内可实现 80% 订单次日达，具备全行业最快的履约服务能力，不仅减少了线下医院的负担，也减少了患者前往医院就医过程中的交叉感染风险。此外，京东健康的“京东药急送”能够在 200 多个城市为用户提供全天候 30 分钟送达，7×24 小时快递服务，京东健康线上零售平台有超过 1000 万种商品，并且在全国范围内建设和布局了 11 个药品专用仓库和超过 230 个非药品仓库，极大地满足了用户的紧急性用药需求。

（资料来源：作者参考相关资料编写）

第五节　平台型企业

一、平台型企业的概念

随着大数据、云计算、人工智能等新一代网络信息技术蓬勃发展，搜索平台、互联网平台、电商平台、社交平台，以及共享平台、内容平台、直播/短视频平台、生活服务平台集群式出现，各类平台型企业层出不穷并呈现快速成长的态势，从能源管理平台到工业互联网，从上半场消费互联网到下半场产业互联网，“平台”逐步由一种商业现象发展成一种在全球范围内快速壮大的新型经济形态，链接和撬动着多元化的利益相关方，深刻改变了经济社会各领域的生产生活方式，成为数字经济时代重要的组织模式。平台型企业类别众多，各有特点，但是它们也有显著共性。

平台型企业指基于价值创造、价值传递和价值实现的商业逻辑，依托技术手段，建立灵活的资源聚集、规则运行和结构组合的机制，链接具有关联关系的各方在此机制下高效有序交互，促使多方共生、共享、共赢的新型组织形态。在新经济条件下，平台型企业集数据驱动、开放协同、跨界共赢、生态繁荣于一身，不仅是新赛道新产业的领军者，还是新兴产业的生态孵化器、产业演进的掌舵人和新经济生态的赋能者，具有与数字经济相适应的诸多新优势，在诸多领域发挥引领作用。

二、平台型企业的功能

（一）功能演进过程

平台型企业功能处于不断演变进化的过程。当下，社会发展由传统工业经济时代步入互联网平台型经济时代，传统工业经济强调专业性、规模化、标准化。随着现代信息技术持续迭代与渗透，平台型经济在全球范围内迅猛发展，涌现出大批平台化企业，平台化趋势使传统的经济主体、流通环节和交易方式等都发生了巨大改变，推动了社会创新和产业升级。与此同时，社会的发展也推动着平台型企业从自发向自觉阶段演化，企业在发挥本身的商业价值之外，功能与价值也在不断叠加，社会价值将得到更大发挥，逐步从最早被动的道德约束发展为社会价值与商业价值互相驱动。自发阶段，平台型企业利用技术、资金积累探索新领域、培育新经济主体。但是由于早期平台型企业仍脱胎于旧有经济的母体、对其自身所代表的新生产力和所进入、所面临的新发展环境仍缺乏充分的认识，其所具有的思维、所尝试的路径、探索进入的领域体现出新旧两种发展方式的矛盾。在新经济继续发展中，由于新经济主体的增加、新经济覆盖领域、思想受众的扩大，平台型企业逐渐融入社会新基础设施、新经济生态建设以及经济演化形态中，不再将简单的市场能力获得、利润获取作为经营的唯一目标，更强调体系开放融通与社会问题解决，进而形成缓和竞争、构筑生态、协作共治、有序参与的新平台经济稳态格局。

（二）现有功能

1. 完善基础设施建设，协助多领域降本增效

平台的发展可以降低资源消耗，最大限度动员和整合人力资本和物质资本，有助于国民经济整体的降本增效。例如以顺丰、高德为代表的城市服务类平台型企业，为提升自身服务水平，扩大自身影响，在为市场提供商业化服务的同时，也在同步协助社会基建体系的不断完善。

顺丰物流为保障自身物流效率在全国部署了 49 个机场铁路站点、9 个枢纽级中转场、143 个片区中转场、330 个集散点，拥有 66 架全货机。其庞大的物流网点体系将顺丰物流自身服务能力拉入分钟级时代的同时，促进了行业供应链的整体效率提升，改善了消费者的体验，惠及供应链生态闭环中的各个主体。

再如，以浪潮云洲工业互联网平台为例的制造领域，借助平台网络协同、远程服务、工序对接等优势，平台型企业帮助其他企业优化工艺、控制质量，实现降本增效。2020 年以来浪潮云洲支撑 128 万家大中小企业进行数字化转型，服务企业数量同比增长 8%。在平台经济体内，平台、消费者、生产者、服务商共同构成了网状协作，重构各领域的市场格局和分工，并最终影响价值的创造

与分配。

2. 发挥产业整合能力，打造全新机遇

平台型企业以需求端为主要起点，通过平台化、数字化方式聚合分散资源，打通产业链各个节点，重塑企业之间的协作关系，为平台内各主体带来深度链接的价值空间、数字化服务能力和平台规模效应，实现商品流、信息流、资金流和物流的互通，进而撬动供给端、推动产业升级。诸如阿里、腾讯、美团、顺丰等典型平台型企业，借助自身的资源优势及平台化共享属性，为市场内的中小企业与创业团队提供包括网络平台、科技金融、科研硬件、产销渠道、市场推广、应用场景在内的众多孵化培育资源，孵化出新零售、硬科技、供应链管理等多领域的瞪羚独角兽企业。平台型企业带动了生产方式和商业模式的根本性转变，促进原有的产业集群逐渐升级为平台生态，产业合作方式更加共享、开放，增强平台生态的产业赋能效果。

3. 打造新岗位，成为新时期“促就业、稳民生”的主力军

平台型企业以技术、模式为依托，对传统行业升级更新，创造出大量的新岗位。平台型企业以数字经济流量赋能环保产业，打通用户端口与生态治理链条，创造新需求、新就业。截至 2020 年 5 月，蚂蚁森林凭借技术性流量，导入与创新用户参与环保模式，实现了守护公益保护地超过 280 平方千米，种树总面积超过 274 万亩，同时累计创造绿色就业岗位超过 65 万人次。快递行业在平台型企业的技术、资源和模式的拉动之下，实现快速发展，有数据显示，我国国内快递员数量在 2016—2019 年间增长率达到 54%，2019 年更是超过 320 万人。

与此同时，平台跨界融合之下诞生多类新型职业，如电竞、虚拟主播、网红带货等。近两年人力资源和社会保障部发布的新职业中，数字化管理师、人工智能工程技术人员等都是平台融合发展产生的新职业，阿里巴巴经济体诞生超过 100 种新职业，淘宝直播带动了 400 万电商、直播链条相关产业就业机会。此外，美团、京东、阿里等平台通过创新用工模式，创造出众包骑手、共享员工、多元化生态岗位等众多新岗位机会，在疫情期间大力缓解了国内的就业压力。

4. 参与社会治理，提升社会治理的现代化水平

平台型企业运用大数据、云计算等新技术和社会协作中的新积累，发展运营中产生的新经验参与数字政府建设，帮助政府全面提升数字治理水平。2020

年 12 月，高德地图发布交通“评诊治”系统，通过自动化高效分析城市交通情况，助力交通部门优化路网资源，实现城市交通智慧化。

平台型企业参与构建良性的互联网竞争环境，打破早期参与者利用先发优势构筑垄断的设想，促进生产要素流动。2021 年 2 月 1 日，抖音以腾讯通过微信和 QQ 限制用户分享来自抖音的内容为由起诉腾讯垄断。腾讯通过限制抖音传播信息，阻止抖音利用微信发展社交网络，达到了打击竞争对手的目的，却破坏了正常的市场竞争环境。抖音起诉腾讯事件实则加速了反垄断机制的发展和完善。

（三）新功能

当前，平台型企业已具备并将进一步完善其基础设施建设、挖掘并拓展产业机遇、创造就业机会、参与社会治理等功能，但在外部环境快速更迭、对平台型企业管理规则趋严的背景下，平台型企业作为新型生产要素的重要供给方之一，其功能或将进一步演进、迭代、升维，在更广范围、更深层次释放能量，功能主要体现在以下几个方面。

1. 发挥链接器作用

政府与市场的关系是经济发展的重要方面。从市场的角度来说，平台型企业在减少市场经济制度性梗阻、促进新经济市场发育、促进要素流动、提高资源配置效率、增强微观市场活力上发挥了集中优化作用。平台型企业塑造新商业模式、促进多要素创新组合、促进新要素市场加速形成、培育以独角兽为代表的新经济主体，极大地提升市场运作效率、提升了新经济发展活力。从政府的角度来说，平台在数字治理、智慧城市建设、信息平台建设中作为信息、物资等重要的流通通路、协作通路，承担了参与建设、通道搭建、能力延伸的重要功能，将新数据要素能力和新治理能力建设在微观层面有机结合。在推动有效市场和有为政府更好结合中，平台型企业实际上发挥了新型链接作用。

2. 促进“大众创业、万众创新”

平台型企业立足前沿科技与应用场景，集聚产业生态圈与社会的优质资源，未来既能解决创新创业中的成本及效率难题、使“双创”成本投入降到极致，又能进一步加快创意创新的商品化、产业化进程，全面促成“大众创业、万众创新”的升维。

在中小企业打磨 APP 应用产品投入较大的问题上，平台型企业通过打造软件开发平台或开源平台，聚拢主流的软件开发编写服务，和一站式的便捷操作，提供强大的技术支撑，极大地缩短中小企业 APP 的开发周期及版本迭代周期，避免了时间和成本的高投入、高消耗。同时，平台还将加速创新创业发展趋势，以国外创新平台 We are creation(大家创造) 为例，通过更多激励纬度、用有趣互动的方式，鼓励大众将创意创新想法在平台上探讨；同时也有众多用户将这些创意创新想法转化为实际产品和服务，实现了打破时间、空间限制的设计与生产的对接，加大了大众创意与创造能量的释放。未来，平台型企业将成为发掘前沿技术、新兴业态、创业商机的洞察者，带动创新创业生态向健康、活跃、可持续的方向发展。

3. 推动社会治理“扁平化”

传统的社会管理是政府对人民从上而下的单向管理，是一种低效模式。平台型企业通过搭建政府和民众双方沟通互动的崭新平台拓宽社会各界的“言路”，达到政令通达与民意反馈的及时汇通，推动民主政治的进步。例如，微博问政的出现就是平台型企业推动政府优化治理的典型标志。公众通过微博这个平台表达个人观点，政府能够通过微博来问政执法，树立亲民形象，促进政务更加公开透明，有利于提高政府行政效率，推动良政和善治。

4. 提升政府柔性治理能力

柔性治理理念在参与主体中强调多元主体共同治理。平台型企业作为新经济参与主体，可以通过逐渐提升构建平台内市场环境、自觉过滤不良信息、构建高效的问题处理机制和矛盾纠纷协调机制、打造平台参与政府社会管理工作的善治新场景，拓展政府治理边界。闲鱼作为全国最大的物品闲置交易平台，通过展开定期网络生态专项行动、优化不良信息屏蔽机制、主动披露更新社区信息发展规范、建立纠纷互助和交易维权智能服务大厅等，压实企业主体责任，提供高效便捷的矛盾化解和协调处理机制，现已成为社会矛盾协调处理机制正式途径的重要补充。

三、平台型企业与新物种企业

根据《中国独角兽企业研究报告 2021》显示，新经济平台型企业投资孵化了 54% 的独角兽，投资孵化独角兽成为平台型企业构建生态圈的重要途径。据统计，腾讯、阿里巴巴、百度、京东、小米、美团和58同城成为投资独角兽最多的平台型企业，合计投资独角兽企业（剔除重复）136家，占独角兽企业总数的54%。

腾讯参与投资孵化了61家独角兽企业，分布于数字医疗、新零售、数字文娱、互联网教育等20个赛道，包括微医、未来医生、丁香园等数字医疗独角兽；谊品生鲜、小红书、每日优鲜等新零售独角兽；得到、快手、喜马拉雅等数字文娱独角兽；猿辅导、火花思维、翼鸥教育等互联网教育独角兽。

表10.7　腾讯参与投资孵化的2020年中国独角兽企业赛道分布

领域	企业数	领域	企业数
数字医疗	9	企业数字服务	2
新零售	7	汽车服务	2
数字文娱	6	创新药与器械	1
互联网教育	5	大数据	1
金融科技	4	机器人	1
旅游体育	4	生活服务	1
智慧物流	4	数字房产	1
产业互联网	3	网红爆品	1
新能源与智能汽车	3	智能硬件	1
智慧出行	3	合计	61
电子商务	2	——	——

（数据来源：长城战略咨询《中国独角兽企业研究报告2021》）

阿里巴巴参与投资孵化的独角兽企业共51家，分布于数字文娱、智慧物流、人工智能等19个赛道，包括网易云音乐、聚好看等数字文娱独角兽；菜鸟网络、日日顺物流等智慧物流独角兽；旷视科技、商汤科技等人工智能独角兽。

表10.8　阿里巴巴参与投资孵化的2020年中国独角兽企业赛道分布

领域	企业数	领域	企业数
数字文娱	8	数字医疗	2
智慧物流	5	企业数字服务	2
人工智能	5	旅游体育	2
智慧出行	4	电子商务	2
互联网教育	4	云服务	1

（续表）

领域	企业数	领域	企业数
汽车服务	3	数字房产	1
产业互联网	3	金融科技	1
智能硬件	2	集成电路	1
新能源与智能汽车	2	大数据	1
新零售	2	合计	51

（数据来源：长城战略咨询《中国独角兽企业研究报告 2021》）

小米、百度、京东参与投资孵化的独角兽企业数量分别为 28 家、20 家、13 家。其中，小米投资孵化了口袋购物、喜马拉雅、智米科技、能链集团等独角兽企业；百度积极把握互联网教育、汽车服务赛道投资机会，投资了蜜芽宝贝、途虎养车、狮桥集团等独角兽企业，孵化了度小满金融、小度科技、百信银行等独角兽企业；京东孵化了京东科技、京东物流、京东工业品，投资了兴盛优选、花生好车、驹马物流、钱大妈等独角兽企业。

表 10.9　小米、百度、京东参与投资孵化的 2020 年中国独角兽企业赛道分布

领域	小米	百度	京东
数字文娱	5	4	1
互联网教育	3	2	-
集成电路	3	-	-
企业数字服务	3	-	-
产业互联网	2	-	1
新能源与智能汽车	2	2	-
智慧物流	2	1	2
创新药与器械	1	-	-
汽车服务	1	2	1
人工智能	1	-	1
商业航天	1	-	-
数字房产	1	-	-
数字医疗	1	1	-
新零售	1	1	3
智能硬件	1	1	-
旅游体育	-	1	-
大数据	-	-	1

（续表）

领域	小米	百度	京东
电子商务	-	1	1
金融科技	-	2	1
无人机	-	1	-
物联网平台	-	-	1
云服务	-	1	-
合计	28	20	13

（数据来源：长城战略咨询《中国独角兽企业研究报告 2021》）

美团、58 同城参与投资孵化的独角兽企业数量分别为 5 家、4 家。其中，美团结合自身优势进行布局，把握新零售赛道投资机会，投资孵化出美莱网、易久批、喜茶、水滴公司、谊品生鲜；58 同城孵化出天鹅到家、转转、快狗打车，并投资了途家网。

表 10.10　美团、58 同城参与投资孵化的 2020 年中国独角兽企业赛道分布

领域	美团	58 同城
生活服务	-	1
旅游体育	-	1
智慧物流	-	1
产业互联网	1	-
电子商务	1	1
数字医疗	1	-
新零售	1	-
网红爆品	1	-
合计	5	4

（数据来源：长城战略咨询《中国独角兽企业研究报告 2021》）

拓展知识

专栏 10-4　腾讯搭建众创空间及互联网平台，集聚资源赋能生态圈

腾讯控股有限公司（简称“腾讯”）成立于 1998 年，总部位于中国深圳。腾讯是一家世界领先的互联网科技公司，发行过多款风靡全球的电子游戏及其

他优质数字内容，为全球用户带来丰富的互动娱乐体验。同时，还提供云计算、广告、金融科技等一系列企业服务，支持合作伙伴实现数字化转型，促进业务发展。

截至2020年，腾讯近三年共孵化出小桔科技、国铁吉讯、微众银行、企鹅杏仁等25家独角兽企业，孵化出千聊、MOODY（新国货美瞳品牌）、笑果文化、分贝通等10家潜在独角兽企业，以及猫眼电影、美团2家上市企业。此外，投资赋能了44家独角兽企业、8家潜在独角兽企业、6家上市企业，包括晶泰科技、火花思维、思派健康、彩食鲜、微泰医疗、新格元生物等。

腾讯建立众创空间，大力扶植企业发展。腾讯在华北、华东、华南、华中、西部5个地区共22个城市建立了众创空间。通过建立数据平台，会员企业可以获得完善的文档资源。此外，从顶层为企业的应用场景、行业生态提供定制化的解决方案，更通过与青藤大学等高校合作，为企业不断注入新鲜血液。

腾讯打造工业互联网平台，推动集团创新发展。腾讯所创立的腾讯WeMake（工业互联网平台），通过将腾讯的平台资源（包括微信、企业微信、支付小程序、云计算、区块链等）向产业链进行互联网赋能，从而可以为合作伙伴构建良好的行业生态，推动其创新发展进程。

（资料来源：长城战略咨询《大企业平台化发展报告2021》）

本章小结

本章主要讲述了新物种与创业，阐述了新物种的概念及成因，重点介绍了瞪羚企业的概念、成长机制；独角兽企业的概念、意义、成长机制及发展现状；哪吒企业的概念、成长机制及发展现状；平台型企业的概念、功能以及平台型企业与新物种企业的关系。

推荐阅读

- ［加］萨利姆·伊斯梅尔，［美］迈克尔·马隆、尤里·范吉斯特著，苏健译，

《指数型组织：打造独角兽公司的 11 个最强属性》，浙江人民出版社，2015。

- 许单单著，《临界点：如何实现指数级增长的人生》，中信出版社，2022。
- ［美］彼得 · 蒂尔、布莱克 · 马斯特斯著，高玉芳译，《从 0 到 1：开启商业与未来的秘密》，中信出版社，2015。
- ［美］彼得 · 戴曼迪斯、史蒂芬 · 科特勒著，贾拥民译，《创业无畏：指数级成长路线图》，浙江人民出版社，2015。

思考题

- 以瞪羚、独角兽、哪吒为代表的新经济新物种企业，其成长的路径具有非线性特征，有共通的底层逻辑，请以独角兽企业字节跳动为例，结合课程中对独角兽企业成长机制的总结，分析字节跳动能够实现爆发式成长并成为独角兽的原因。

第十一章　新赛道与创业

新赛道是具有爆发式增长潜力的新业态和新产业，是新兴产业体系当中最具有爆发式增长潜力的新业态，是数字经济和实体经济深度融合过程中涌现的场景赋能、数字驱动的新产业，是新经济时期从创业到产业的发展路径，是新经济时代诞生独角兽企业的重要行业领域，也是改变世界的伟大创业者的主要创业领域。

第一节　新赛道

一、新赛道的概念

2022 年 6 月 28 日，习近平总书记在武汉光谷考察时强调，科技自立自强是国家强盛之基、安全之要。我们必须完整、准确、全面贯彻新发展理念，深入实施创新驱动发展战略，把科技的命脉牢牢掌握在自己手中，在科技自立自强上取得更大进展，不断提升我国发展独立性、自主性、安全性，催生更多新技术新产业，开辟经济发展的新领域新赛道，形成国际竞争新优势。

新赛道的出现意味着未来已来，城市加快抢占新赛道，推动新旧动能转换、现代化经济体系的建设及高质量发展。上海市于 2022 年 6 月发布《上海市瞄准新赛道促进绿色低碳产业发展行动方案（2022—2025 年）》，布局高端装备、低碳冶金、新能源汽车、氢能产业、绿色材料、碳交易和碳金融、碳捕集及应用、智能电网等新赛道。发布《上海市培育“元宇宙”新赛道行动方案（2022—2025年）》，布局交互终端、数字工具、虚实交互新商业、虚实融合智能制造、虚实融合医疗健康、虚实融合协同办公等新赛道。北京市以率先建成国际科技创新中心为引领，布局脑科学与脑机接口、基因与干细胞、液态金属、智能仿生材料、超材料和二维材料、双碳等未来产业。深圳市于2022年6月发布《深圳市培育发展未来产业行动计划（2022—2025年）》，明确了合成生物、区块链、细胞与基因、空天技术、脑科学与类脑智能、深地深海、可见光通信与光计算、量子信息等重点发力的八大产业。成都市于2021年12月发布《成都市“十四五”新经济发展规划》，锚定新经济发展方向，重点培育无人机、集成电路、工业互联网、智慧医疗、6G通信、智能网联汽车、脑科学应用等32个新赛道。武汉市于2022年9月发布《加快推进重点产业发展工作方案》，建立绿色低碳产业等新领域新赛道专班。

投资机构转变投资逻辑，由投企业转向投赛道，抢占具有前瞻性的赛道投资项目，实现赛道牵引。红杉资本执行合伙人沈南鹏曾指出，根据2008年寒冬前后整理的移动互联网“产业地图”，红杉资本重点关注科技与传媒、消费品及现代服务业、健康产业、能源与环保四大行业。深创投执行总经理刘纲也曾说过，我们已经进入人工智能时代，移动互联网、智能家居、新零售、供应链、工业互联网、金融科技、教育、大健康、汽车交通、安防十条赛道将是未来投资的重点领域和风口。对投资机构来说，好赛道的投资标准并不只是投哪个创业者、投哪个企业，更多的是下注于赛道，把自己熟悉的未来产业地图，作为长期投资研究的方向。

投资媒体雪球网认为，赛道有宽度。赛道的宽度意味着赛道上竞争的激烈程度，赛道有多宽，就预示着赛道市场的竞争格局有多激烈。赛道有长度。赛道的长度意味着这个领域的成长性，其实在任何一个领域它都是有它的萌芽期、发育期、成长期、衰退期，其实也就是代表了这个领域能够达到相对稳态的一个速度。工业互联网和教育、大健康等不同行业、不同赛道的成长性是不同的，这是与这个行业的特性是密切相关的。赛道有高度。实际就是规模到底有多大，在这个规模里面这个生意能做多大、生意领域越多，它的赛道高度就会高。

晨哨网认为影响投资方向的有三个要素：政策的导向、技术的变革和市场需求。三个要素渐渐融汇成一股合力，共同指向下一个十年的一个新的赛道：以新制造、新健康、新能源新材料、新一代信息技术、新消费为代表的新兴产业。

新场景突破—新物种涌现—新赛道循环构建新经济产业生态，良好创新创业生态和产业生态是涌现和培育新赛道的土壤。新场景是新赛道的起点，技术应用涌现新场景，新场景的突破推动新物种加速涌现。新赛道出现在新物种涌现的领域，新物种是客观存在和后天界定，是技术与市场的最佳连接者，是企业对新场景的应用，是形成新赛道的关键。新赛道方法论是做了新赛道生态评估的产业促进，新赛道生态评估既包括创业、研发、服务等创新创业生态评估，又包括新场景涌现、新物种涌现、新赛道涌现。产业促进服务包括赛道牵引、场景清单、企业培育、新治理等。

二、新赛道的特性

新赛道具有爆发性。新赛道是多领域跨界融合形成的产物，相较于传统单一行业，新赛道的企业在业务拓展空间、生产资料获取、下游客户服务等多个方面均拥有一定优势，往往能在短时间内爆发式抢占新形成的市场份额。一般情况，新赛道企业在未来 3—5 年内的成长性基本可以达到最佳状态。

新赛道具有海量市场。新赛道市场空间广阔，至少拥有千亿级市场。新经济背景下，涵盖新技术、新产品、新业态、新模式等的新赛道亮点频出，消费升级和居民生活水平普遍提高，市场边界由原来的传统市场向下沉市场和定制化要求更高的高端市场同时延伸，各种长尾需求聚合形成全新的市场领域。由于消费市场的不断扩大，新赛道作为新兴产业中最具引领力的领域，迎来广阔的市场空间。

新赛道具有跨界性。跨界是新赛道的典型特征，也是当前新经济最新的现象。数字经济时代，数据成为新的创新与生产要素，为产业跨界提供了重要前提，同时也为传统产业发展提供前所未有的驱动力。信息技术、生物技术等前沿技术引领的技术跨界为产业发展提供了前所未有的驱动力，加速涌现出有爆发性的新赛道。数字经济和实体经济跨界融合是涌现新赛道的重要源泉。

除此之外，新赛道具有生态性、无限可能性以及颠覆性等特性，其中生态性表现为，新赛道是新经济条件下产业生态化发展的新结果，在一个区域中，双创生态越活跃越容易培育出新赛道。**无限可能性表现为，**新场景不断突破，新物种不断涌现，主赛道不断裂变增长，新赛道不断迭代更新。**颠覆性表现为，**新技术推动产业转型升级，颠覆产业链各个环节，形成新赛道。跨界改变了原有产业线性发展的逻辑，而形成对整个产业链的颠覆，同时在各个环节都形成了跟以往不一样的颠覆性体验。

拓展知识

专栏 11-1：网络直播赛道

网络直播赛道是一个非常典型的实体经济和数字经济跨界所形成的赛道。电视和广播是我们传统的接收资讯的渠道，它们的互动性和及时性欠缺，信息为单向传播。随着信息技术的加速发展，互联网、大数据、人工智能等技术加速赋能传统手段和途径，突破形成社交、购物等新的场景，从而颠覆我们以往单向收到信息的传统模式，涌现了字节跳动等新物种企业。2015—2019 年，网络直播市场规模年均复合增长率达到 103%[1]。

——2016 年 7 月，淘宝众筹直播出售跑步机，通过创新直播乌龟跑步挑战赛，仓鼠、虫、猫虫、狗等小动物风出现在跑步机上，轮番挑战“网红龟”，吸引了几十万人点击观看，在直播的强势助力下，“小乔智跑”跑步机上线 14 小时销售额即突破 1024 万元，当日销售记录 1298 万元，当天共计销售 11990 台[2]。

——2020 年 8 月，小米科技 CEO 雷军在抖音就小米全新数字旗舰小米 11 首次开展网络直播活动，2 小时的直播累计观看人数达到 5053 万，销售金额达 2.1 亿元，订单数量超 57 万单。雷军指出，未来直播的发布会可能会越来越多[3]。

（资料来源：作者参考相关资料编写）

三、主赛道与新赛道的关系

赛道呈现迭代更新、裂变增长特征，可分为两个层次：主赛道和新赛道，

[1] 数据来源：中研普华，https：//www.chinairn.com/scfx/20210104/151500418.shtml.

[2] 数据来源：中国日报中文网，https：//caijing.chinadaily.com.cn/chanye/2017-12/20/content_35345634.htm.

[3] 数据来源：腾讯视频，https：//v.qq.com/x/page/s0317sttcm8.html.

主赛道可以理解为大的赛道，新赛道可以理解为小的赛道。

新赛道具有千亿级的市场规模，未来3—5年有望达到万亿级，进而发展成主赛道。新赛道处于成长阶段时，市场规模将逐渐增大，成长性也逐渐向好，当其增长到万亿级的时候，新赛道就会成为主赛道，当其市场规模进一步发展至更大规模时，便成为新兴产业。所以新赛道在某种意义上是新兴产业的雏形，它会从小到大快速成长，发展成主导产业。

当主赛道发展到一定规模时，随着新场景不断突破、新物种涌现，主赛道会持续细分，可能会细分出10个千亿级或若干个百亿级，最终形成若干新赛道。主赛道和新赛道通过迭代更新和裂变，实现市场规模的爆发式增长，在爆发式成长的过程中会出现平台型的领军企业，领军企业达到一定数量的时候意味着主赛道就会形成。

拓展知识

专栏11-2：电子商务主赛道

电子商务赛道加速发展，据商务部数据统计，2005年，全国电子商务规模突破1.3万亿元，此后孩子王、洋码头、酒便利、爱回收等新物种加速涌现。2019年，全国电子商务交易额达34.81万亿元[1]。

在电子商务发展过程中，随着线上购物方式被广泛认知，互联网、大数据等技术驱动各个消费领域和零售方式不断变革，在不同消费领域涌现孩子王、口袋购物等一批新物种企业，形成母婴电商、社交电商、医药电商等新赛道；在零售方式创新方面涌现无人零售、网红爆品等新赛道。

（资料来源：作者参考相关资料编写）

四、新场景、新物种、新赛道的关系

新场景是新赛道的起点，也是新赛道的基础设施。只有搭建了多元的应用

[1] 数据来源：商务部电子商务司《中国电子商务报告2019》。

场景，才可能为各种新技术提供试错和试验的空间，才能为各类创业者提供创业实验室，并构成产业的基础设施。其次，场景创新突破会诞生新物种企业。当场景中越来越多的创业者集聚，新技术不断突破创新与应用，将会诞生新物种企业。新物种企业是技术与市场的最佳连接者，是企业对新场景的应用。最后，新物种是新赛道的引领者。新赛道是后天的认知和界定，涌现新物种是形成新赛道的关键，当某个领域中新物种企业越来越集聚的时候，新赛道就形成了。

拓展知识

专栏 11-3：新物种企业引领新赛道发展情况

长城战略咨询连续 7 年发布中国独角兽企业报告、连续 2 年发布潜在独角兽报告、2020 年首次发布哪吒报告。

独角兽—新赛道体系：独角兽出现意味着赛道的形成，《中国独角兽企业研究报告 2021》提出 88 个赛道，代表着独角兽引领着这些新的行业领域，也代表着未来 5—10 年这些赛道会成长的新兴产业，甚至会成为主导产业。

潜在独角兽—新赛道体系：潜在独角兽企业是成为独角兽更前端的一个阶段，《2021 中国潜在独角兽企业研究报告》提出 32 个赛道方向，赛道的数量更多意味着在还没有形成爆发式增长的这些企业群体当中，已经孕育了更多的新的赛道。

哪吒—新赛道体系：《中国哪吒企业研究报告 (2020)》提出 71 个赛道方向，这些赛道的方向可能孕育有更前端的技术、更高的技术含量，可能更具有爆发成长性。

在未来的 3—5 年潜在独角兽企业、哪吒企业成长为独角兽企业之后，企业所在领域或将代表新的赛道，成为投资机构热点关注的领域。

（资料来源：作者参考相关资料编写）

五、新赛道的涌现历程

回顾 1990—2022 年这三十几年，从演进迭代时序看，新赛道的涌现方向与数字经济渗透难易程度有关，越贴近人的消费需求，其流量越大、受众越广、市场主导力量也越强，数字经济渗透难度越小，越易涌现新赛道，新技术在商业领域应用日益成熟后，逐步向医疗、教育、交通、文娱等社会民生行业渗入。新技术基于新的价值体系跨界赋能多个产业领域，形成若干产业新赛道。随着硬科技等不断突破并找到应用场景实现爆发，形成更具科技感、未来感、消费感的新赛道。由此，逐渐形成了从商业到民生、社会、数字、产业、科技六大主赛道方向。

第一个十年（1990—2000 年），商业方向的赛道开始萌芽，1990 年国家部委将电子数据交换列入“八五”国家科技攻关项目；1995 年马云创办“中国黄页”，成为中国最早的互联网商业网站和互联网应用技术提供商；2000 年国家在杭州等地开展电子商务应用首批试点。新技术不断成熟后，逐渐向民生、社会领域渗透，1997 年网易成立，新浪、完美世界、歌华有线等数字文娱老牌企业相继成立；2000 年中国将智慧出行系统 ITS 列入“2001—2005 年中国国民经济和社会发展的计划”；2000 年教育部批准清华大学等 68 所高校为全国现代远程教育试点院校；2003 年文化部颁布《关于支持和促进文化产业发展的若干意见》，将文化娱乐、网络文化等列入管理；数字文娱、智慧出行、互联网教育等民生、社会方向的赛道逐渐涌现。

第二个十年（2000—2010 年），以互联网、云计算、物联网等为代表的数字方向、以智能终端为代表的产业方向，开始涌现新赛道。2000 年，百度成立，让个体实现共通，让数字科技为人民的美好生活服务；同年，国务院颁布《鼓励软件产业和集成电路产业发展的若干政策》，提出加快软件产业和集成电路产业发展，带动传统产业改造和产品升级换代。2004 年，国家发改委发布《汽车产业发展政策》，支持研发氢燃料等新型车用燃料和新型燃料汽车，加速在汽车产品、销售物流和生产企业中运用电子信息技术，推动汽车产业发展。2007 年，政府牵头构建公有云，2009 年，物联网被正式列为国家五大新兴战略性产业之一，以及诺基亚、华为等手机龙头企业先后发布智能触屏手机，智能终端赛道出现。

第三个十年 (2010 年至今)：2010 年以来，随着新一代信息技术的不断突破以及在各行各业的应用深化，各产业方向的新赛道涌现得越来越多。此时，科技方向的赛道快速崭露头角。2014 年 6 月 9 日，习近平总书记在中国科学院第十七次院士大会、中国工程院第十二次院士大会开幕式上发表重要讲话强调："由于大数据、云计算、移动互联网等新一代信息技术同机器人技术相互融合步伐加快，3D 打印、人工智能迅猛发展，制造机器人的软硬件技术日趋成熟，成本不断降低，性能不断提升，军用无人机、自动驾驶汽车、家政服务机器人已经成为现实，有的人工智能机器人已具有相当程度的自主思维和学习能力。……我们要审时度势、全盘考虑、抓紧谋划、扎实推进。"2014 年我国第一家商业卫星公司成立；2016 年工信部发布国内首个区块链官方指导文件《中国区块链技术和应用发展白皮书》；2019 年国内首个量子信息政策《济南市人民政府关于加快建设量子信息大科学中心的若干意见》出台；2021 年我国"十四五"规划和 2035 年远景目标纲要强调，在类脑智能、基因技术等前沿科技和产业变革领域，组织实施未来产业孵化与加速计划，谋划布局一批未来产业。

拓展知识

专栏 11-4：防疫抗疫催生新赛道情况

2022 年，随着全球新冠疫情进入常态化，中国进入疫情中后期，消费需求多变，疫情防控催生线上经济爆发，推动创新主体利用信息技术开展生活方式、生产方式的创新，开展无接触、线上化服务模式的创新，新场景加速突破，传统产业助力跨界，作为新经济发展重要抓手的新赛道加速涌现并高速发展。

互联网教育新赛道：疫情期间，由于不能正常上学，涌现在线课堂、语言教育、AI 教育、VR 教育、编程教育等赛道。以猿辅导为代表的新物种企业为全国中小学生免费提供全年级全科目直播课，持续到公立学校开学；开放旗下猿辅导网课、猿题库、小猿搜题、小猿口算、斑马 AI 课等产品的核心功能。以 VIPKID 为代表的语言教育赛道新物种企业推出"春苗计划"，免费为全国延迟开学的 4—12 岁孩子提供春季在线英语和数学课程。以松鼠 AI 为代表的 AI 教育赛道新物种企业把全部教学资源转移到线上课堂，由孩子在家使用 AI 系统和老师线上授课完成；捐赠 5 亿元的全国免费 AI 在线学习账号，供湖北省及全国学生免费领取。2020 年 2 月至 3 月，新东方在线用户涨幅 105%，跟谁学在线用户涨幅 130%，在线教育概念股超 20 只个股涨停，猿辅导获 10 亿美元融资创造行业史上最高融资纪录[1]。

互联网医疗新赛道：在疫情的背景下，互联网诊疗成为医疗服务的一个重要组成部分，涌现在线问诊、医药电商、影像云诊断等新场景新业态。在线问诊领域，腾讯医典、阿里健康、平安好医生等多个专业平台都推出了针对新型冠状病毒感染问诊专区。在医药电商领域，阿里健康在淘宝APP上线“买药不出门”服务，通过线上问诊开方、药品配送到家。影像云诊断领域，依图医疗“新型冠状病毒性肺炎智能评价系统”在上海应用。2020年疫情期间，国家卫健委的委属管医院互联网诊疗比去年同期增加了17倍。10余家互联网医疗平台推出在线问诊专页，调动医生10万余名，超过400万人次在线上咨询，诊疗咨询量比同期增长了20多倍，处方量增长了近10倍[2]。

无接触识别新赛道：疫情期间，无接触式红外测温检测系统广泛用于车站、办公楼、小区、商场等场所，减少感染风险。商汤科技利用领先的人脸识别算法和热成像智能测温技术，推出了“AI智慧防疫解决方案”；区域通行模块已率先在北京、上海、深圳等重点城市的部分地铁站、校园、社区等区域完成部署，实现每秒10人的高效通行。旷视科技上线“无接触”AI测温系统，研发出一套“发热及潜在被感染对象识别、追踪与分析系统”，命名为“明骥”，部署于北京地铁、海淀政务大厅等，应对返程高峰及重点区域疫情防控。根据工信部预计，2020年，全国全自动红外体温检测仪需求6万台，手持式测温仪55万台，预计的红外体温检测仪市场需求达到73.1亿元。2020年大立科技发布第一季度营业收入3.05亿元，同比增长334.12%；高德红外第一季度营收4.51亿元，同比增长154.79%[3]。后疫情时代，无接触识别设备已成为常态化的存在，政府公共空间类项目出于战略物资储备的角度，该类设备也可能会成为常规的采购项目。

机器人智能服务新赛道：随着新冠疫情常态化发展，机器人和无人机技术的潜在作用越来越明显，据中国人工智能产业联盟智能外呼机器人的首轮评测统计的参评产品截至2020年2月7日的呼叫情况，其中，54%的产品总呼叫量为百万级，15%的产品总呼叫量达千万级，38%的产品日呼叫量达到万级，

[1]　数据来源：中研网，https：//www.chinairn.com/hyzx/20200414/103709124.shtml.

[2]　数据来源：国家卫健委，http：//m.people.cn/n4/2020/0320/c34-13800220.html.

[3]　数据来源：东方财富网，https：//finance.eastmoney.com/a2/202005101479984378.html.

31%的产品日呼叫量达十万级。上海钛米的40多台智能消毒机器人在武汉协和医院等6家医院的隔离病房、ICU、手术室、发热门诊7×24小时不间断投入使用[1]。达闼科技向华中科技大学附属协和医院等多家医院捐赠5G云端智能机器人，能够代替2—4人的工作量。云知声上线“疫情防控机器人”，排查效率较人工提升数百倍；能迅速导出结果报表并反馈给服务单位。据IDC中国预测，疫情影响下，中国机器人与无人机市场规模将在2024年达到1211.2亿美元，占全球市场的44%。

数字文娱新赛道：疫情期间，“宅”成为全国人民的主流生活方式，以线上社交、粉丝经济为基础的短视频、网红直播、虚拟游戏等迎来爆发式增长。快手春晚直播间累计观看人次7.8亿次，最高同时在线人数2524万人，用户共送出426万个“武汉加油”公益礼物[2]。哔哩哔哩在疫情期间上传的抗击疫情主题视频总长61218小时，用户观看19亿次，2020年一季度总营收为21.5亿元至22亿元，环比和同比均明显增长[3]。2020年1月27日晚，央视频正式开启对火神山医院和雷神山医院建造过程的慢直播，24小时不间断地呈现施工现场的实时画面，吸引超9000万网友在央视频观看[4]。Keep发起“假期运动直播大全”，截至2020年2月5日，参与运动直播课程的用户累计突破了5650万人次，最高同时在线的运动人数达到16万人[5]。此外，腾讯游戏截至2020年2月7日，App Store畅销排行榜的前5名中腾讯占据三席，其中《王者荣耀》取得爆发式增长，日流水破纪录达到20亿元，同比去年增幅超50%[6]。

云办公新赛道：疫情期间，远程办公和在线办公的企业云服务软件、工具、平台成为全国企业的刚需，创造了巨大市场。2020年2月3日，年后第一天开工，就有超过一千万家企业组织和2亿名员工使用钉钉进行在线办公[7]。2月5日，阿里旗下移动办公应用“钉钉”，首次超过微信，跃居苹果免费App

[1] 数据来源：海钛米机器人科技有限公司CEO兼董事长潘晶，http：//sh.sina.com.cn/news/m/2020-02-05/detail-iimxxste9134050.shtml.

[2] 数据来源：环球网，http：//tech.china.com.cn/internet/20200125/362844.shtml.

[3] 数据来源：上观新闻，https：//www.jfdaily.com/news/detail？id=224026.

[4] 数据来源：人民网，http：//media.people.com.cn/n1/2020/0204/c40606-31569470.html.

[5] 数据来源：凤凰网，https：//tech.ifeng.com/c/7uVeIo7190q.

[6] 数据来源：腾讯网，https：//new.qq.com/omn/20200207/20200207A0RHUU00.html.

[7] 数据来源：中国消费观察，http：//www.jobinhe.net/see/20200205/4702.html.

Store 排行榜第一[1]。此外，疫情期间，小鱼易连向全国政府机关、医疗机构、教育机构、企业单位免费提供 100 方云视频会议，保障政府机关疫情指挥、医疗机构远程会议、教育机构线上授课、企业单位在家办公[2]。2020 年 2 月 1 日正式推出云端 Office 办公软件远程办公版，同时上线一系列远程办公模板和攻略供用户免费使用。2020 年 2 月 5 日，青云针对新型冠状病毒感染疫情推出在线战“疫”计划，赠送 1 千万元公有云资源，支持在线医疗、在线教育、远程办公等在线服务商。疫后这种办公模式亦成为工作新方式，对企业组织形态、运行模式都将产生深远的影响。

（资料来源：作者参考相关资料编写）

---

[1]　数据来源：凤凰网，https：//tech.ifeng.com/c/7toiTqEKu0e.

[2]　数据来源：小鱼易连，https：//www.sohu.com/a/369004924_699071.

第二节　新赛道创业企业的典型案例

一、平台型企业与新赛道

科技赋能传统领域，涌现出一批平台型企业，服务模式加速创新，通过内部孵化对传统行业颠覆，引领智慧供应链、智慧医疗、数字房产、智慧保险、母婴电商等新赛道的爆发。

（一）深圳越海全球供应链有限公司

深圳越海全球供应链有限公司，成立于 1997 年，以提供传统仓储、运输服务为主。自 2012 年起，公司创新一体化供应链管理模式，通过数字赋能，提供“B2B+B2C+ 供应链协同”服务，涵盖智能产线、增强现实 AR、堆垛机立库、机械臂和自动引导运输车系统等。2017 年，越海全球供应链完成 12 亿元 A 轮融资。企业爆发式增长的原因有：一是贯彻创新式跨界融合理念，利用新技术颠覆传统仓储等服务，助力实现爆发式增长。二是建立一体化供应链管理系统，形成包含货代、物流、进出口贸易、一站式清关等多项服务的生态圈。三是搭建网络式智慧物流平台。目前，越海全球供应链已成为全球性、智慧型物流供应链协同企业，仓网搭建、日均单量、跨境电商业务量位于行业第一。

（二）平安医疗健康管理股份有限公司

平安医疗健康管理股份有限公司，简称“平安医保科技”，是平安集团内部孵化的集医疗“系统 + 服务 + 运营”于一体的全方位赋能医疗生态圈的企业，以智慧医保系统为核心，咨询、服务、保险为辅助，打造智慧医保一体化平台，为医保、商报及医疗服务供给方提供一揽子智能化解决方案。企业爆发式增长的原因有：一是紧抓政策红利，推动数字医疗发展。2018 年国务院发布《关于促进“互联网 + 医疗健康”发展的意见》，利用“互联网 +”做优存量，做大增量。二是直击行业痛点，缓解控费难题。针对医保费用逐年递增，控费问题愈加严峻难题，平安医保科技创新建立智慧医保、商保服务等平台，实现管理机构与医疗机构的信息化建设与服务融合，助力企业爆发式发展。

（三）贝壳找房科技有限公司

2018年，以直营模式为主的链家推出了贝壳找房，定位是以技术驱动的品质居住服务平台，拥有房产服务业和互联网双重DNA，聚合和赋能全行业的优质服务者，相继推出了“VR看房、VR讲房、VR带看”三大核心功能，其商业模式对原有房产中介商业模式有极大的颠覆性，贝壳找房继承链家线下房源数据，保证平台上拥有海量且真实的房源，以VR看房、房屋估计等亮点功能提升买卖双方客户体验；实行CAN经纪人协作机制，即经纪人共享佣金，以售房为例，任一经纪人只要完成房源录入即可获得房产成交后10%的业绩。

因此，平台型企业应自身资金、技术等优势强链补链延链，通过搭建平台型企业科技创新平台，打造企业科技创新生态，外延开拓新兴业务、发展新领域、研发新技术、设计新产品，以实现产业链的有效整合、实现产业跨界，释放技术创新活力，带动全产业链高质量发展。

二、硬科技领域企业与新赛道

硬科技赋能传统产业智能化升级、原创新兴产业形成，引领AI芯片、基因科技、人工智能物联网、商业航天航空等新赛道爆发。

（一）寒武纪科技有限公司

寒武纪科技有限公司，致力于打造各类智能云服务器、智能终端以及智能机器人的核心处理器芯片，是全球第一个成功流片并拥有成熟产品的智能芯片公司，也是全球第一个AI芯片领域的独角兽创业公司。商业模式以终端卖IP、云端卖芯片为主，针对终端产品，将复制与华为的合作，依靠IP授权的方式扩张；针对服务器端，计划推广自有品牌芯片，并成功推出我国第一款云端人工智能芯片。企业爆发式增长的原因有：一是形成一个完整的、基于底层自主指令集的智能新生态，建成终端AI处理器IP+云端高性能AI芯片+人工智能软件平台。二是在城市大脑、教育行业、智能制造、工业、交通等众多领域进行布局，如支撑阿里打造数字平行世界、支撑眼控科技推出车辆现场违法智能审核系统等，只有技术在场景中去试错、落地，才会有新产品、新产业的出现。

（二）碳云智能科技有限公司

碳云智能科技有限公司，致力于利用生命大数据、互联网和人工智能引擎，建立个性化的数字生命管理平台，可记录和展示用户的基因、代谢、肠道微生物等 10 余项分子级生命数据，为用户提供定制化健康解决方案。碳云智能的硬核之处在于针对全景、全时、全民级别的多维数据综合处理能力，是市面上少有的拥有组装多维度的生命数据，整合、转化海量生命数据能力的公司。其商业模式是构筑数字健康管理的产业链条，上游是对生命数字量化，一方面获取用户的基因、微生物、蛋白及代谢等数据，另一方面通过研究机构、药厂、体检中心等合作伙伴获取多维临床、体检等数据；中游运用人工智能处理数据，对生命数字分析理解；下游打造健康管理和应用生态，将数据商业化，为用户提供健康管理方案或为医疗机构提供数据服务。

（三）涂鸦信息技术有限公司

涂鸦信息技术有限公司，易用可靠的一站式人工智能物联网的 PaaS 级解决方案提供商，是全球领先的 IoT 云平台，连接品牌、OEM 厂商、开发者和连锁零售商的智能化需求，提供一站式人工智能物联网解决方案。其商业模式涵盖三大业务生态：一是 SaaS 服务平台，通过提供 AI 视觉、NLP、IoT 全链接多种技术，在全屋、酒店、养老等行业培育出 SaaS 级智慧解决方案。二是 Tuya Go 智选平台，即一站式智能产品采销平台，所有由涂鸦智能化升级的设备都能加入涂鸦智选，免费将产品推向全球。三是一站式智能化平台，涵盖硬件接入、云服务及 APP 软件开发 3 个方面，从软硬件解决方案、到支持各种协议的连接模块，到 APP 一应俱全，帮助产品快速实现智能化。

因此，硬科技领域创业企业拥有跨界创新、技术领先、科技赋能、服务链条完整等特点，硬科技领域创业者应在自身技术优势的基础上，建设生态型商业模式，通过生态系统中的各类价值创造链条，覆盖目标客户，捕捉具体需求，为客户提供集成式的价值创造服务。

拓展知识

专栏 11-5：疫后爆发企业

新冠疫情改变社会生活方式，推动新物种开拓“无接触、在线化”场景，助力服务机器人、互联网＋医疗服务等新赛道发展。

上海钛米机器人股份有限公司以医疗机器人为载体，打造医疗智慧化系统，助力智慧化医院建设和发展。公司拥有三大核心业务：一是院内感染控制，通过医疗机器人实现自主导航、全智能化操作、人机分离，可满足复杂环境下自动、定时、高效、准确的消毒防疫需求。二是智慧医疗服务，集成医疗检测装置、搭配机器人、人工智能及多媒体互联网等方案，根据场景特殊需求，提供针对性的服务。三是医疗物资配送管理，通过机器人提高院内物资配送效率，实现物资精细化管理。疫后公司积极进行创新布局，与中国移动协同深度合作打造数据管理平台，持续拓展医疗智慧化感染管理系统、毒麻药品管理系统等，在院感管理、手术室药品及耗材管理等智慧医疗场景中，推动新技术的落地应用，以助力新市场形成。

依图网络科技有限公司在AI+医疗领域超前布局，致力于将先进的人工智能技术与行业应用相结合，面对疫情阶段的新形势、新需求，依图科技针对疫情进行产品研发，助力疫情防控一线。其中"新型冠状病毒性肺炎智能评价系统"为业内首款胸部CT新型冠状病毒肺炎智能评价系统，驰援百家医疗及公共机构。自主研发的传染病大数据防控系统入选工信部知识图谱案例集。发布离线"会议超极本"，以强大AI赋能，面向政企市场，以离线、高精度、超准确等特点，有效提升会议语音实时转写的体验和效率。

北京旷视科技有限公司是一家人工智能产品和解决方案公司，提供包括算法、软件和硬件产品在内的全栈式、一体化解决方案。针对疫情，旷视科技春节期间紧急开发上线"明骥疑似发热人员智能筛查系统"，提出"人体识别＋人像识别＋红外/可见光双传感"的解决方案，并落地海淀政务服务大厅、武汉方舱医院、北京各大商超等场所。2020年4月，中关村《非接触式智能体温筛查系统技术规范》发布，旷视科技将自身战疫经验融入智能测温标准制定之中，引领测温产品发展规范化。

（资料来源：作者参考相关资料编写）

第三节　新赛道的投资热点

一、投资机构重点关注的新领域

以深创投、IDG资本、红杉资本、高瓴资本等为代表的投资机构，重点关注医药健康、消费与零售、企业服务等领域。

深圳市创新投资集团有限公司（深创投）是中国本土规模最大、运营管理最成功的风险投资机构之一，截至2021年2月28日，深创投投资企业数量、投资企业上市数量均居国内创投行业第一位，投资项目1244个，累计投资金额约620亿元，投资行业领域多元，涵盖高端装备制造、信息科技、互联网/新媒体、医疗健康、新材料/化工、商业航天等。[1]

拓展知识

专栏11–6：深创投重点关注领域

高端装备制造：智能电气成套开关设备、车用交流发电机、风力达电机、精密钣金件、精密铸件等；

医疗健康：基因治疗、细胞治疗、核酸药物、基因编制、合成生物学、骨科机器人等；

商业航天：卫星发射、微信制造、卫星应用、地面设备制造等；

互联网/新媒体：产业互联网、在线音乐、数字影视等；

新材料：高端环保新材料、建筑防水材料、改性材料、生物再生材料等；

现代服务：电子商务、综合物流、金融科技等；

[1] 资料来源：深创投官网，http：//www.szvc.com.cn/main/aboutUs/companyIntroduce/index.shtml.

新能源：清洁能源（绿色照明）、太阳能光伏等。

（资料来源：作者根据深创投官网资料编写）

IDG 技术创业投资基金（IDG 资本）是一家全球领先的投资机构，也是最早进入中国的外资投资基金。经过近 30 年的发展，IDG 资本在全球已投资超过 1000 家优秀企业，支持了近百家估值超过 10 亿美元的头部公司，重点投资领域涵盖 TMT（科技、媒体和通信）、医疗、消费 & 娱乐、先进制造 & 清洁能源。[1]

拓展知识

专栏 11-7：IDG 资本重点关注领域

TMT：智能语音、移动安全威胁感知、数据可视化服务、产业互联网、机器视觉、科技金融、第三方支付等；

医疗：基因编辑、基因测序、互联网视频医疗、智能健康管理、新药研发、智慧慢病管理、智能医疗器械等；

消费 & 娱乐：新零售、食品电商、网络游戏、在线教育、网络社交、互联网运动、智能影院、网红新茶饮等；

先进制造 & 清洁能源：自动驾驶、共享汽车、集成电路芯片、锂离子电池、光电子器件、惯性 MEMS 传感器等。

（资料来源：作者根据 IDG 官网资料编写）

股融易是国内领先的专注股权融资互联网平台，提供股权融资、股权投资、创业投资、风险投资、私募股权、创业融资等服务，服务于全国 2 万多家专业投资机构，重点关注行业涵盖医疗健康、电子商务、信息技术、餐饮酒店、教育培训、金融支付、汽车交通等。[2]

[1] 资料来源：IDG 官网，https：//cn.idgcapital.com/about-us.

[2] 资料来源：股融易官网，https：//www.guronge.com/.

拓展知识

专栏 11-8：股融易重点关注领域

电子商务：家居电商、母婴电商、化妆品电商、生鲜电商、食品电商等；

医疗健康：医学数字电影、智能健康管理、新药研发、慢病管理；

教育培训：STEAM 教育、素质教育、留学游学服务在线素质教育等；

互联网：在线旅游、服务业互联网、共享广告、共享 Wi-Fi 等；

餐饮酒店：共享公寓、互联网餐饮、便捷美食等；

金融支付：移动支付软硬件产品及服务、互联网金融服务、智慧保险等；

汽车交通：共享汽车、互联网修车、汽车零售、汽车金融、智能终端车联网等；

信息技术：人工智能、大数据、物联网等；

文体娱乐：数字音频、互联网影视、数字资讯、体育科技、游戏竞技等。

（资料来源：作者根据股融易官网资料编写）

金沙江创投成立于 2004 年，现已成为全球最成功的早期风险投资机构之一，同时管理美元与人民币基金，管理资本量超过 30 亿美元，专注于早期投资，积极布局美国、中国和亚洲其他地区的投资机会，重点关注 AI 赋能企业服务、消费互联网和医疗科技等领域。其投资逻辑是选择与视野远大的创始人同行，一路支持他们的颠覆创想，或者是寻找在各自赛道中具有颠覆性的公司。[1]

拓展知识

专栏 11-9：金沙江创投重点关注领域

消费互联网：智慧出行、网络直播、知识付费、社区电商等；

企业服务：机器人、大数据、自动驾驶、人工智能等；

医疗科技：互联网医疗服务、智能可穿戴医疗器械等。

（资料来源：作者根据金沙江创投官网、千龙网相关资料编写）

[1] 资料来源：金沙江创投官网、千龙网，http：//china.qianlong.com/2022/0623/7336271.shtml.

二、咨询机构前瞻预判的新方向

以麦肯锡、罗兰贝格、36氪研究院等为代表的咨询机构，通过分析研究预判更具未来性、更有科技感的新方向，洞见新赛道。罗兰贝格是欧洲的顶级战略咨询公司，1984年进入中国市场，在《中国各行业趋势洞察报告：预见2020》报告中指出IP泛娱乐、创新药与高端仿制药研发、金融业务中台、区块链等发展趋势。

拓展知识

专栏11-10：罗兰贝格重点关注领域

IP泛娱乐：以IP为核心的“泛娱乐”布局正在成为最重要的趋势之一，内容+商业运营，通过对IP的不断挖掘、运营与衍生，联动出版、网络文学、动漫、影视、游戏、主题公园、消费品等各垂直领域；

创新药与高端仿制药研发：药品招采模式改革对2020年市场影响巨大，仿制药进入微利模式，具备持续创新能力的药企会更加被市场看好；

金融业务中台：将大数据、人工智能等技术应用于金融场景、整合内部外部、线上线下数据支持，实现客户画像并进而客制化产品与服务，将为金融企业创新发展提供动力；

区块链：区块链将实现更广泛的应用，在司法系统中的电子证据管理、金融领域的区块链票据、公益领域中的资金管理、医疗领域的电子病历、产业供应链的商品溯源体系等。

（资料来源：《中国各行业趋势洞察报告：预见2020》）

36氪研究院是依托36氪媒体与创业服务属性，专注于中国一级市场创投行业研究，提前把脉行业风向和梳理创业赛道，帮助创业者把握创业热点，拥有完善的一级市场数据与强大的传播资源，在《2020年中国新经济趋势洞察报告》中分析了产业互联网、5G、生物医疗、人工智能等发展趋势。

拓展知识

专栏 11-11：36 氪研究院重点关注领域

产业互联网：产业互联网包括农业、工业、汽车、交通、医疗、零售等各个行业，其中工业是重要组成部分，包括上游的硬件设备、中游平台搭建、下游的行业应用；

生物医疗：抗肿瘤靶向创新药研发，重点关注对标国际主流的新靶点；医疗器械品类高度碎片化，将以科室为核心集中爆发；精神及神经系统疾病领域将成为远期高潜力赛道；

人工智能：智慧物流、MRO（非生产原料性质的工业用品）将成为未来人工智能较快落地应用领域；

5G：5G 架构体系包括终端、基站系统、网络架构，以终端为核心产业链，包括通信芯片、通信模组、天线、射频等；网络架构包括网络设备、光缆组、网络规划及优化等。应用于自动驾驶、VR/AR、物联网领域将在 5G 商业化应用中率先受益。

（资料来源：《2020 年中国新经济趋势洞察报告》）

德勤咨询，2002 年由德勤拆分为独立公司，在四大咨询业务中占据首位，在《2020 科技、传媒和电信行业预测报告》中指出边缘人工智能芯片、专业服务机器人、私有 5G 网络、智能手机增值服务、卫星互联网等发展趋势。

拓展知识

专栏 11-12：德勤咨询重点关注领域

边缘人工智能芯片：企业在边缘人工智能芯片助力下，将自身物联网应用推升到新的高度，应用于视频监控、虚拟现实、自动飞行无人机和自动驾驶；

智能手机增值服务：硬件，包括音频配件、电源相关配件、可穿戴设备、智能音响等配件；内容，涵盖游戏、音乐、视频和其他内容类型的手机广告和软件内容；服务，包括维修、保险、云存储和商务软件；

卫星互联网：高速低轨卫星，对目前尚未覆盖网络的农村与欠发达地区，提供高速低延迟的网络，以及为物联网设备网络提供主干网；

机器人：专业服务机器人，应用于制造业之外的领域，如零售、酒店、医疗、物流等；

私有5G网络：对于众多国际大型企业来说，私有5G网络有望成为他们的首选，尤其是制造企业、物流中心以及港口等工业环境。

（资料来源：《2020科技、传媒和电信行业预测报告》）

三、政府引导和支持的新兴业态

当前以广州、上海、北京、深圳、南京等为代表的城市地方政府积极出台政策，引导和支持较为成熟的新业态。广州市于2020年3月通过《广州市加快打造数字经济创新引领型城市的若干措施》，提出重点支持工业互联网、数字创意、新型显示等业态发展。

拓展知识

专栏11-13：广州市重点支持领域

工业互联网：高端工业软件、工业互联网平台、优势行业的二级节点建设、标识注册和解析服务；

生物医药：计算生物、人工智能与智能诊疗、药品设计研发、基因分析、医用机器人、3D生物打印、医疗大数据等；

智能制造：芯片设计封装制造、智能汽车整车、核心关键零部件、智能家居等；

数字创意：VR/AR、游戏交互引擎、数字特效、全息成像、裸眼3D、超高清影视、动漫、电竞等；

智慧轨道交通：传感器、全站仪、激光扫描仪、监测云平台、自动化检测系统、BIM等；

新型显示：OLED面板制造、4K/8K超高清视频关键设备制造，以及其中原材料、设备、零部件到终端等。

（资料来源：《广州市加快打造数字经济创新引领型城市的若干措施》）

2020年4月，上海市政府正式印发《上海市促进在线新经济发展行动方案（2020—2022年）》，目标是到2022年末，将上海打造成具有国际影响力、国内领先的在线新经济发展高地，提出重点支持在线服务、生鲜电商零售与无接触配送、新型移动出行、工业互联网等领域。

拓展知识

专栏11-14：上海市重点支持领域

在线服务：数字化技能培养、市民终身教育等在线教育领域；互联网医院、远程医疗、智能医疗设备等在线医疗领域；无边界协同、全场景协作、在线定制化设计、在线技术交易平台等在线办公领域；线上申贷续贷还贷、智慧财富管理等在线金融服务领域；网络视听、网游手游、网络文学、动漫电竞等在线文娱领域；云会议、云展览等在线展览展示领域；

生鲜电商零售与无接触配送：无人超市、智能零售终端、直播电商、社交、社群电商等生鲜电商零售领域；冷链物流、限时速送、夜间配送、社区储物设施、全时空响应物流、定制化物流、网络货运、供应链综合服务等无接触配送领域；

新型移动出行：智能网联汽车、分时租赁共享汽车、自动驾驶出租车、空间位置服务；

工业互联网：大型企业专网、工业互联网平台、无人工厂、无人车间、柔性制造、云制造、共享制造。

（资料来源：《上海市促进在线新经济发展行动方案（2020—2022年）》）

2020年6月，北京市发布《关于加快培育壮大新业态新模式促进北京经济高质量发展的若干意见》。2020年9月，北京市政府正式发布《北京市促进数字经济创新发展行动纲要（2020—2022年）》，提出要加快新场景建设培育数字经济新生态，重点支持智慧交通、工业互联网、智慧医疗、远程办公、科技冬奥、

线上教育、数字文娱等领域。

拓展知识

专栏 11–15：北京市重点布局场景及支持领域

智慧交通：自动驾驶、5G 车联网路侧基础设施、城市交通管理智能化体系、环境智能感知及控制、智能安检、BIM 等；

智慧医疗：互联网医院、医院智能化管理、智能化诊疗预导诊机器人、语音录入、身份认证、人工智能辅助诊疗等；

线上教育：数字资源共享交换、互联网教学、智慧校园、智慧教育、线上教育产品；

工业互联网：工业自动化控制、工业 AR、数字孪生和超高清视频的研发、设计、检测等；

远程办公：智能协同办公平台、办公信息和数据安全、无边界协同、全场景协作等远程办公服务；

数字文娱：内容创作、设计制作、展示传播、信息服务、消费体验等；

科技冬奥：数字孪生、云转播、沉浸式观赛、复眼摄像、智慧导览、高清直播、智能机器人、数字化 3D 重建。

（资料来源：《北京市促进数字经济创新发展行动纲要（2020—2022 年）》）

2020 年 7 月，深圳市工业和信息化局发布《深圳市数字经济产业创新发展实施方案（征求意见稿）》，支持发展大数据、云计算、人工智能、信息安全、工业互联网、区块链、科技金融等一批数字经济产业领域平台型产业，助力“在线、智能、交互”新业态新模式发展。

拓展知识

专栏 11–16：深圳市重点布局场景及支持领域

在线服务：数字化技能培养、市民终身教育等在线教育服务；互联网医院、远程医疗、医疗设备等在线医疗领域；无边界协同、全场景协作、在线定制化设计、在线技术交易平台等在线办公领域；云会议、云展览、云体验等在线展览展示领域；

生鲜电商零售：无人超市、智能零售终端、直播电商、社交、社群电商等；

“无接触”配送：冷链物流、限时速送、夜间配送、全时空响应物流、定制化物流、网络货运、供应链综合服务等；

新型移动出行：智能网联汽车、分时租赁共享汽车、自动驾驶出租车等。

（资料来源：《深圳市数字经济产业创新发展实施方案（征求意见稿）》）

第四节　新赛道的发展趋势及建议

一、新赛道的发展趋势

（一）机制更加完善

随着社会经济及信息技术的加速发展，以人的需求为核心，面向未来的新场景将不断涌现。数字技术的升级演变带来新的场景创新与爆发。新一代信息技术快速迭代，数据参与科技创新，并寻求新的应用。场景成为各种前沿技术落地的竞争焦点。以新技术、新模式带来的具有前沿性、科技感、体验感和创造性的各种生产生活方式场景，将影响和改变着家庭、企业、建筑、城市的运行和形态。场景创新是新经济的起点，是通过洞见创造未来，是创意和技术的结合，是从“小切口”入手解决大问题。改变世界的场景来自伟大创业者和新物种企业的创意，新型基础设施发展为数字化应用场景的突破提供有力支撑。

场景的创新与爆发将加速新物种企业的涌现和集聚。新冠疫情前中国已经出现无人零售、无人支付、智能安防等改变世界的十大场景，疫情后则从无人到非接触，在中国进一步出现场景大爆发，新物种企业加速涌现。以在线场景为例，疫情期间，线下复工复产短期内难以实现，在线场景则广泛存在，远程办公、在线办公的企业云服务软件、工具、平台等成为全国企业在疫情期间开展工作和业务的刚需，钉钉、小鱼易连、石墨文档、青云等为代表的新物种企业或有望成长为新物种的企业，在企业社交、云视频会议、在线文档写作、企业云等领域积极响应市场需求推出新产品，快速开拓市场。新物种企业将新技术新创意应用在新时代的消费，实现爆发式成长。

新物种企业越多，所分布的领域越广，形成的新赛道也将更加多元。新物种企业最主要的特征是爆发式成长，新物种企业在哪个领域集聚，哪个领域就最有可能涌现新赛道。数字经济时代，加之疫情等外部环境影响，越来越多的企业紧抓技术突破、需求升级、产业跨界、规制变动等机遇，尤其是围绕教育、医疗、商业等贴近人类需求的方向，企业积极研发新技术、新产品，并将其用于创造更好的生产生活方式，开创出众多有颠覆性的应用场景，以场景创新实现技术突破和商业化应用爆发，推动自身快速成长，成为新物种企业。新物种企业涌现越多，开辟的新赛道也将越多。

（二）体系更加完整

产业跨界行为越来越频繁。随着科学技术的突飞猛进，由信息技术、数字技术等前沿技术引领的技术跨界为产业发展提供了前所未有的驱动力，组织形式、资源配置、产业边界发生变化，新旧产业交互作用，重构新的创新链、产业链、价值链。当跨界行为越来越频繁，最终表现为新物种企业的产生及新产业、新业态、新模式的涌现，形成新赛道。

主赛道与新赛道共同促进新经济产业体系更加完整。随着社会发展及主体需求多样化，在新一代信息技术的持续赋能下，已有的主赛道将不断裂变出更多新赛道，已有的新赛道不断成长为主赛道，并向新产业发展，替代或推动传统产业迭代升级。同时，新技术突破以及更加频繁的跨界应用行为，将开辟若干新赛道。最终，跨界形成的新赛道、已有主赛道裂变的新赛道、前沿科技应用催生的新赛道和已有的主赛道，共同形成新赛道体系。无论新赛道或主赛道，都是一个不断演进、迭代、丰富的过程，产业跨界、技术突破随时可能产生。由此，生态化的新赛道、主赛道共同推动新经济产业体系愈加完整。

（三）科技感更加强烈

科技方向将涌现更多新赛道。区块链安全隐私关键技术、量子精密测量等前沿新技术加速创新，新技术应用场景加速落地，区块链、量子信息等科技方向的新赛道将会加速涌现。以区块链技术为例，其应用场景覆盖金融服务、供应链管理、智能制造等众多方面，随着加密算法、网络协议、共识机制等关键共性技术加速突破，其与物联网、人工智能等技术的无缝对接、跨链相融，会形成产业链、价值链的“可信万物互联”，从而将涌现一批新赛道。

科技的不断突破及应用将推动新赛道科技感越来越强。随着新经济时代的来临及主体需求智能化、数字化，以人的消费需求为核心的市场竞争日趋激烈，前沿科技也将深度赋能商业、民生、社会、产业等与人类生产生活方式密切相关的方向，为经济社会发展带来无限可能，使得新赛道也将更具未来感和科技感。如研发未来人类进化的高级基因编辑技术，开启肿瘤精准防控新时代，是"健康中国"的强力助推剂；大数据与人工智能让无人驾驶从科幻变成现实；物联网使得物联数据统一汇聚，城市运行数据整合和共享，可为城市的智慧创新和可持续性经营发展提供强有力的支撑；智能算法也正在帮助数千万失能人士恢复正常的生活。

（四）主体更加多元

新赛道发展需要多元主体参与治理。新赛道的发展多与现有的监管格局发生冲突，甚至会对原有利益格局产生冲击，也会出现制度真空。随着新赛道对新治理的需求加大，在新赛道成长过程中，会逐步形成多元共治的模式，参与传统制度的颠覆及新经济制度的探索供给。在共治模式下，由政府相关部门组织引导，企业、产业组织者、服务机构及其他相关主体共同参与，建立共治机构，形成共治机制。通过共治机构，有效加强业界、学界、政界联系，发挥各方优势，依据新赛道发展逻辑，研究制定更符合新经济规律的新制度，将政府政策单向输出转变为共同协商、共同治理，促进跨界融合、加速场景创新和新物种企业涌现，提供更多的试错机会和包容审慎的制度环境，为新赛道发展保驾护航。

拓展知识

专栏 11–17：新场景加速新世界到来的进程

生产生活更加高效智慧。场景成为新技术的高效应用中心和创新中心，新技术的快速发展及应用催生、带动涌现了大量具有前沿性、科技感的新场景，为人类的衣、食、住、行、游、购、医、娱等带来了颠覆性体验，并将进一步深刻改变人类的生产生活方式。社会生产领域，"机器换人"将更加高效智能，生产信息化和自动化技术改造促进产业升级，实现高端产业"智能化""无人化"生产和中低端产业"省人化"生产。日常生活领域，城市治理模式和社会服务模式实现网络化、信息化，让人们生活更加丰富、便利。新型基础设施的加快布局和新技术创新应用，将使智慧城市、智慧社会加快发展步伐。

职业选择更加自由灵活。互联网、移动互联网、大数据等技术将推动全新的职业场景涌现，互联网平台为求职者与招聘者快速匹配，远程协作、全息投影等技术使得远程办公“常态化”，职场人员工作时间、工作地点更加弹性。同时，新经济孕育新职业，新职业连接新需求，职业选择朝着多元化、自由化发展，下一代物联网、5G、大数据、人工智能等新技术不断催生极具商业前景的新职业工种，物联网工程技术人员、数字化管理师、无人机驾驶员等新职业正在脱颖而出，为求职者提供更多的成长机会和更广阔的舞台。

休闲体验更加丰富多样。虚拟现实、增强现实、交互娱乐引擎开发、文化资源数字化处理等核心技术的突破，将开拓全新的消费领域、文化业态和商业模式，线上化、智能化的娱乐消费将成为主要的娱乐休闲方式。互联网健身、云游戏等逐步升温，文化场馆、文娱场所、景区景点、街区园区将形成数字化产品和服务，促进文化娱乐产业上线上云，将创作、生产和传播等拓展至云上，已有文化内容逐步向沉浸式内容移植转化，丰富虚拟体验内容，“宅经济”也将快速发展。

（资料来源：作者参考相关资料编写）

二、新赛道的发展建议

加强认知驱动。主动参与关于新经济认知的培训和学习，主动了解新经济五日谈等产品，认知新经济事物的本质特征，学习新思维、新治理、新赛道、新场景、新制度等内容，通过相关知识的学习，认知新经济事物的本质特征，提升对新经济事物的敏感度及反应能力。

选好创业领域。新赛道将是未来产业的重要构成、新动能的源头，创业者应开展创业领域研究，重点考察投资机构、咨询机构、地方政府关注领域，研判区域发展中关注的新兴领域，洞见未来重点发展领域，抓住技术突破、需求升级等机会，从中洞见新赛道，选好产业领域。

参与场景创新。场景是新赛道的起点，场景创新驱动带来科技创新模式变革，场景创新是新技术产业生态的聚合器，是新物种企业最新的创新方向。而创业者是技术与市场的最佳连接者，要主动参与区域政府或创新主体举办的场景创新、场景路演等活动，推动新技术新产品新模式商业化应用，加速新赛道领域发展。

本章小结

本章主要讲述了新赛道与创业，阐述了新赛道的概念与内涵，以及新赛道的发展特征，说明了创业企业发展与新赛道的关系、最新赛道的投资和创业的风口，并给出了新赛道的发展趋势与发展建议。

推荐阅读

- 王德禄著，《创业是中国的希望：我在中关村做新经济咨询》，金城出版社，2018。
- 王德禄著，《与创业者谈心：26 年来我对创业的思考》，金城出版社，2019。
- 吴声著，《场景纪元：从数字到场景的新商业进化》，中信出版社，2020。
- [美] 彼得 · 戴曼迪斯、史蒂芬 · 科特勒著，贾拥民译，《未来呼啸而来》，北京联合出版公司，2021。

思考题

- 结合本次课程，选择 3—5 个你认为能引领新赛道发展的新物种企业，并说明选择原因。
- 选择 3—5 个你认为创业比较活跃的新赛道，并说明选择原因。

第十二章　新治理与创业

目前，新治理呈现三大变化。首先是理念变化，新治理强调社会多元主体的共同管理，除却行政或司法约束思维外，更加强调公共服务思维。其次是主体变化，新治理主体多元化，尤其是新经济企业的参与，打破了原有公共服务边界，承担了部分社会和行业治理功能，并不断拓展治理领域。第三是手段变化，开放场景成为政府新的治理手段，制定灵活多样的规则成为新经济企业参与治理的重要手段，数字技术提升治理的实效性和精准性。

第一节　新治理

一、新治理的概念

新治理是场景创业中爆发出现的制度创新和管理创新，新经济创业往往通过新治理建立符合场景创新特征和规律的新规则，新治理是新经济发展最根本的动力。公司治理问题产生的根本原因是委托代理关系之间的信息不对称，公司治理的过程是董事会自上而下指导和监督经理层的过程。而新经济环境下，公司的治理过程趋于创业团队共创共担，由此一贯沿袭的公司治理要义，即以满足股东利益为核心的股东、董事会中心主义，趋于创业团队共治共享，“激励”取代“控制”成为新治理的导向。

新经济下的企业需要公司治理有更高的宽容度。新经济创业类公司大多从事高科技业务，往往成立时间较短、规模较小，业绩也不突出，但有很大的成长空间，需要通过资本市场获得融资途径孵化成长。基于初创企业的特点，资本市场需要在上市门槛、监管制度、信息披露、交易者条件、投资风险等方面给予这些企业低门槛进入、严要求运作的上市通道设置，有助于有潜力的中小企业获得融资机会。

总之，新治理既要适应于新经济发展，也要超前于新经济。新经济发展需要新治理，治理能力也将成为未来区域竞争的新优势所在，因此要以新治理抓机会、抓未来、抓增长。同时，新经济的发展倒逼政府不断深化改革与治理创新，而在不断升级的数字技术加持下，大数据、云计算、人工智能等成为提升治理实效性和精准度的重要驱动力，推动政府和企业走向联合治理创新，形成精准预警、信用自律、生态共治的数字化治理新机制。

二、新治理的基本原则

新治理的基本原则包括：认知升维、包容审慎、生态多元、数字赋能。

第一，认知升维。科技创新不断突破，推动新经济持续衍生出新业态，及时准确把握新经济发展规律成为科学决策的基本前提。社会各界都应充分认识到新经济对于传统管理制度冲击，提升认知、顺势而为、持续创新，以治理思维促进跨界发展、生态融合。

第二，包容审慎。在明确安全底线的基础上，政府要实行包容审慎的准入和监管制度，并结合新的政策手段，为新经济企业发展建立“试错空间”，既为新业态新模式发展留足空间，又不放纵野蛮生长。

第三，生态多元。新经济生态化特征决定治理主体的多元化，构建全民共建共治共享的治理格局，成为新时期治理导向。尤其是要发挥新经济企业在平台、技术、数据等方面的优势，有效助推和制衡政府治理。

第四，数字赋能。数字化的治理新工具越来越成为科学决策的必要条件，积极采用大数据、云计算、人工智能等数字技术，有效解决治理过程中信息不对称、效率低下等问题，不断提升治理水平。

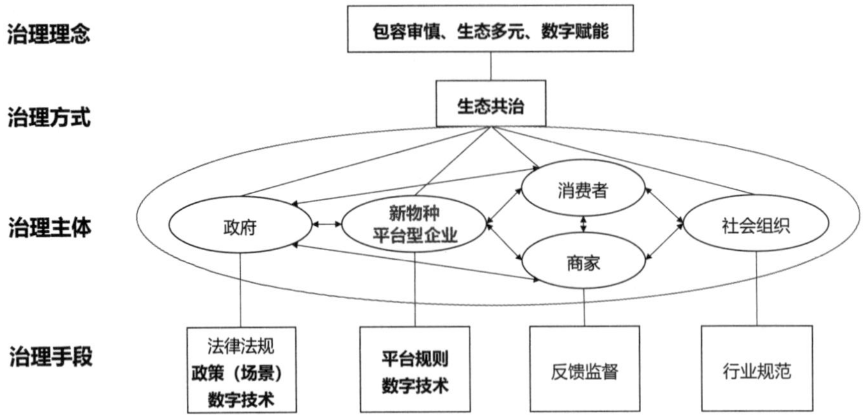

图 12.1　新治理模型

三、新治理的核心要义

新治理即促进新经济发展的治理范式，其核心是适应新经济发展。主要表现为新经济发展倒逼治理创新、平台经济发展变革治理模式、数据驱动带来治理挑战。

（一）新经济发展倒逼治理创新

新经济具有鲜明的颠覆式创新、跨界融合、数据驱动、生态共荣等特点，发展范式与传统工业经济已截然不同，基于工业经济思维的传统管理模式与新经济发展的矛盾愈发凸显。新经济企业重塑治理需求。以瞪羚、独角兽、哪吒企业为代表的新经济业对制度和政策的需求与传统企业截然不同，传统的行业管理规则、政策和产业培育手段都难以适应新经济企业的发展需求。

一是与传统市场准入制度不相适应。新经济企业基本都源自创业，也就意味着对现有产业与社会体系的破坏式创新，其发展之初可能面临无法律法规可依、合法性模糊、无标准可循、业务开展受限等问题。例如，出于安全考虑，有关法规曾明确规定不得对首诊患者开展互联网诊疗活动，直到 2020 年国家发改委出台文件，明确可以在卫生健康领域探索推进互联网医疗医保首诊制和预约分诊制。

二是与传统监管制度不适配。新经济企业创新速度远远超过政府监管制度创新，进而容易产生监管空白、重复监管、“一刀切”监管等问题。例如，往往在新业态“野蛮生长”到对社会产生一定冲击或影响的时候，政府新的监管责任或部门才出现；企业跨界融合属性容易导致政府多个部门重复调研和监管，大大增加了企业的生存和管理成本；而且“一刀切”式的监管常常变成扼杀产业跨界新业态的工具。

三是现有政策手段不适用。新经济企业具备爆发式成长特点，土地、资金等传统产业促进方式往往不能满足和支撑企业的爆发式增长。对于企业来说，更加需要的是场景机会。例如，爱泊车等企业借力政府场景开放，实现了爆发式成长。

（二）平台经济发展变革治理模式

随着平台经济发展，在政府和市场之间加进了“平台”这个具备双重性质的跨界组织形态，平台型企业天生具有社会属性，因此自然承担起了部分公共治理的功能。当前面临的问题是：一方面是平台型企业连接的主体已扩展到普通消费者、商户、各类社会组织及政府部门，面临数量巨大的纠纷和各种问题，平台型企业既要兼顾各方面的诉求和利益，又要及时有效处理，一旦处置失当或迟缓，损失难以估量；另一方面是政府以传统“线下单个企业市场”模式来规范平台，难以形成有效监管，反而会导致规制不及时、规制不当、规制偏差甚至规制过度等问题。因此，平台型企业必然会主动联手政府，承担起局部市场的协调和监管职能。此外，平台型企业可以灵活运用与其他各类主体的民主协商和所掌握的数字技术等优势手段，成为政府治理有效的补充与支撑。

（三）数据驱动带来治理挑战

在新的发展阶段，数据已成为新的生产要素和战略性资源，改变了传统的生产力与生产关系，也提高了治理的效率。但与此同时，数据产权、数据保护等治理体系建设仍面临挑战。一方面，数据产权制度还不完善，数据的财产和资源属性尚未在法律中作出明确规定，数据确权的要求与传统资产确权的排他、竞争属性存在冲突；数据保护、应用激励等机制也亟须加快建立。另一方面，企业数据不当收集和使用现象时有发生，“强制收集”“数据霸权”“算法合谋”“大数据杀熟”等不加限制的数据利用行为会侵害消费者权益、破坏正常的市场秩序，要实现数据的合法有效收集、价值挖掘及隐私保护，需要建立政府、企业、公众等多元主体共同参与的数据治理体系，强化协同配合。

综上所述，为了适应新经济发展范式，需要加快探索并建立适应和推动新经济发展的治理方式，从工业经济的政府管理走向新经济的创新治理成为“时代之需”。

第二节　新经济发展中的新治理

一、新经济企业中的新治理现象

（一）阿里巴巴探索平台打假治理

随着中国互联网经济的快速发展，电子商务在给消费者带来便利的同时，也面临假冒商品屡禁不止、侵权商品治理困难等突出问题，假冒伪劣商品治理已成为社会各界重点关注的问题。阿里巴巴作为行业领军企业，探索建立了“平台+品牌权利人+执法部门”三方合作的打假模式。一是构建平台防控体系。发起成立打假联盟，运用实时搜索引擎、生物实人认证等技术手段，构建“上架拦截—平台甄别—线上投诉”的全流程防控体系，对嫌疑链接预警或移除，并依托线上知识产权保护平台提供维权解决方案。二是联合品牌权利人主动防控。与权利人共同开展主动防控合作项目，并向其反映线上发现的侵权新动向，通过加强信息互通，优化防控算法，提升防控效率。三是协同政府部门执法。依托自身数据收集、处理能力，与政府执法部门开展线下专案合作，为执法部门电子证据采集、搜证提供技术支持，协助挖出假货的生产源头、线下批发窝点。四是引导消费者线上举报。鼓励消费者对线下发现的疑似侵权线索，通过“3小时公益”项目进行线上举报，挖掘线下假冒门店、假冒商品及制售假窝点等侵权线索。2020年，阿里巴巴协同全国执法机关开展专项打击，涉及假冒农资、伪造地理标志农产品等多个领域，全年累计推送涉假线索2744条，协助抓捕犯罪嫌疑人2927名，捣毁线下窝点1458个。

（二）字节跳动强化文化内容治理

随着移动互联网的发展和普及，公众更加便捷、全面地获取文化知识，但同时虚假盗版、低俗内容等侵害个人和公众利益的问题愈发凸显。字节跳动长期关注谣言与低俗内容治理、未成年人保护等社会性问题，联合多方力量开展文化内容治理，有效限制不良内容的传播。一是提升平台治理能力。通过加大原创激励、提供免费维权服务等方式，建立原创版权保护机制；发布反低俗小程序“灵犬”来检测低俗低质内容，识别谣言事件 / 谣言文章；针对未成年人保护推出一系列措施，包括防沉迷系统、时间锁、直播锁和钱包锁等。二是开展政企协同治理。字节跳动利用技术优势，主动开展反诈骗、反传销、反赌博监测，及时向政府部门反馈，并联合政府开展法律法规、打击违法犯罪等相关内容宣传。三是引导多元主体参与。通过组建“今日头条专家团”，建立专家团监督机制，实现对平台内容和服务进行监督；上线“啄木鸟举报平台”，建立覆盖评论、用户私信等各种信息源的举报方式，优化网民参与平台内容治理机制。字节跳动对于文化内容的治理效果显著，截至 2020 年 12 月，官方辟谣矩阵共发布辟谣内容 3482 条，为 12.86 亿人次提供权威辟谣科普内容服务，抖音安全中心封禁色情导流和色情招嫖账号超 100 万个。

（三）美团创新食品安全治理

网上餐饮服务满足了现代社会快节奏的生活和消费模式，逐渐成为人民群众日常消费的选择，但无证经营、管理混乱、环境卫生差等问题日益突出，严重影响到网上餐饮行业健康发展。美团针对食品安全问题探索建立完整的预警、规范和惩罚机制，创新网络外卖食品安全领域的治理新模式。一是建立平台管理制度。在商户准入方面，明确审核标准、建立信息数据库，运用数据比对等技术，提高审核效率；在平台规则方面，梳理用户协议、服务条款、交易规则等内容，依法公示并听取各方意见；在评价体系方面，完善线上投诉处理机制，优化内部投诉处理流程。二是协助政府开展行业监管。研发“天网”“天眼”系统，协助监管部门对入网餐饮商家全周期动态管理，解决以传统方式对食品经营许可证进行审核及验真的效率较低等问题。此外，美团联合政府部门打造“政企通”智慧监管服务软件，实现监管信息精准高效投放和风险监测排查，大幅降低市场监管部门资源投入。三是引入第三方机构加强监督。联合中农孚德、艺康集团等专业检测机构和食品安全机构，在餐饮商户抽检和专项检测、食品安全培训等方面开展深度合作，加强平台对外卖商家食品质量的监督管理。截至目前，美团“政企通”智慧监管系统已与 15 个省市部门建立合作关系，“天网”“天眼”系统也实现与上海、深圳、成都、厦门等多个城市监管部门数据对接。

（四）云账户治理助力脱贫攻坚

国家将促进就业作为巩固拓展脱贫攻坚成果重要内容，列入乡村振兴重要议事日程。以创造灵活就业岗位来实现农民工增收，不仅缓解了城市就业的压力，更解决了劳动者生计，在完成脱贫攻坚的硬任务中起到关键作用。云账户通过数字化手段助力劳动者尤其是贫困地区劳动者灵活就业，协同政府探索解决劳动者权益保障问题，推动灵活就业持续健康发展。一是搭建共享经济服务平台。为个体经营者提供登记办理、身份核验、业务承揽分包、用工匹配、收入结算、智能报税、保险缴费等服务。二是建立平台风控机制。开发风控引擎，构建事前、事中、事后全流程风险控制体系和“四位一体”风控机制，确保业务真实、风险可控。三是推动政府开放场景资源。打通与天津市委网信办、市税务局等相关部门政务服务技术接口，推出线上秒批电子营业执照服务，帮助个体经营者第一时间接单干活、获得收入。四是推动灵活就业领域的规范发展。参与制定《共享经济灵活就业人员管理与服务平台开发指南》等三项地方标准，向国家有关部门提报《劳动法》修正案、劳动者兜底保障等政策建议，为解决劳动者权益保障问题建言献策。截至目前，云账户已面向 5000 多万名个体经营者提供各类服务，其中 1130.6 万人来自曾经的国家级贫困县，建档立卡贫困户 218.2 万人。董事长杨晖获得“全国脱贫攻坚先进个人”和“中国青年五四奖章”等荣誉称号。

（五）快手电商扶贫推动乡村振兴

在我国脱贫攻坚过程中，由于大部分贫困地区受区位、资源等条件约束，直接救济等方式不足以帮助其形成造血功能，创新扶贫方式成为重点议题。快手基于自身技术，依托平台的下沉和渗透优势，从电商扶贫、教育扶贫等方向，为脱贫攻坚和乡村振兴注入新动力。一是探索“短视频、直播 + 扶贫”的新模式。推出以 KOL 为中心的带货模式，将短视频、直播与电商结合，直接连接农产品原产地与消费者，降低农产品在渠道环节的流通成本，有效解决农产品滞销问题。同时，快手挖掘贫困地区的特色物产，利用平台流量优势，全方位赋能曾经的国家级贫困县的优质特产走出山区，提升可持续发展和自我造血能力。此外，快手作为直播行业领头羊，构建内容安全防控体系、用户投诉举报体系等平台规则，从严把控平台内容质量，积极维护线上消费环境和公平竞争秩序。二是联合政府开展扶贫培训。快手联合多地政府共同开展电商专业人才培训、成立电商学院、开启“乡村带头人”计划等，通过为乡村创业者及一线政务工作者人群提供专业培训，普及长期、持续、有效的发展思路和工具，促进其带动乡村产业发展、增加就业，将传统的“输血式扶贫”向“造血式扶贫”转变。目前，快手助农扶贫直播已覆盖海南、广西、河北、河南、山东、陕西、新疆、辽宁等地，2019年，近500万来自贫困地区的用户从快手平台获得收入。

（六）水滴推动完善社会救助体系

近年来，个人大病求助互联网服务平台作为个人求助及社会互助的创新模式，发挥了辅助的“救急难”作用，帮助不少家庭渡过难关，也一定程度上防止了因病致贫、返贫的发生，成为我国社会救助体系的有益补充。水滴公司通过搭建大病筹款平台与募捐平台，在医保之外形成了多条医疗资金供给的有效补充渠道，创新和完善我国社会救助体系。一是开展平台自律治理。联合行业多家平台发布了《个人大病求助互联网服务平台自律公约》，构建了全流程风险管理制度，围绕患者身份核验建立“熟人＋大数据”发起人验证机制，搭建信息公示系统完善筹款公示机制，实施失信筹款人黑名单管理。二是以数字技术提升筹款效率。建立大病筹款平台“水滴筹”和互联网募捐平台“水滴公益”，依托互联网和“指尖公益”优势，提升了救急、救难效率。三是加强多方协同。例如，与第三方机构合作探索建立罕见病多方支付保障与风险防范机制，与银行合作建立资金专管账户，确保筹集款项专款专用；与公安部合作开展“清流计划”，打击多名涉嫌违法犯罪的失信筹款人。截至2020年底，“水滴筹”已成功为经济困难的大病患者免费筹得超过370亿元的医疗救助款，3.5亿爱心人士支持了平台的救助项目，共计产生超过11亿人次的爱心赠予行为。

（七）爱泊车参与城市交通治理

随着我国城镇化进程的加快，城市汽车保有量持续增加，由于老旧城区空间有限、新社区停车位规划不足、停车泊位使用效率低等原因，停车需求的增长与停车供给不足的矛盾凸显，“停车难、停车乱”已成为当前及未来民生“痛点”和城市治理“难点”。爱泊车依托其技术和运营优势，积极参与城市静态交通治理。一是协同多个政府部门开展泊车治理。爱泊车通过打造城市级智慧停车管理平台，与交通、城管、交警等多个部门联动，参与了包括泊位管理、违停行为取证、交通大数据决策等多项公共服务，为城市管理者提供城市停车行为分析、交通调度、车场规划建设等建议。二是推动政府开放路侧停车场景资源。与北京静态交通投资运营有限公司联合出资成立了北京静态交通智慧科技服务有限公司，挖掘路侧停车场景资源，推动道路停车改革实现“经营性收费”向“政府非税收入”“人工现场收费”向“电子收费”的全面转变。三是利用数字技术赋能。爱泊车应用高位视频技术、大数据积累和高阶算法等人工智能核心技术，引入智能前端设备 Alpark 天眼，赋能城市路侧停车管理。爱泊车的静态交通治理模式已在全国多个城市商用落地，现场议价、黑收费、乱收费、“跑冒滴漏”等现象基本消失，大幅度提高泊位管理效率，有效解决了城市“停车难、停车乱、治理难”等问题。例如，北京市道路停车收费价格投诉举报下降近 40%，选择在线缴费的市民高达 99.3%。

从上述案例可以看出，相较于基于工业经济思维的政府管理，当前涌现的新治理呈现三大变化。首先是理念变化，从管理走向治理。管理存在着主体与客体的界分，即管理者与被管理者二元管理关系，这是行政或司法约束思维，而治理强调社会多元主体的共同管理，除却约束思维外，更加强调公共服务思维。其次是主体变化，从以政府为核心向多元主体转变。尤其是新经济企业的参与，打破了原有的公共服务边界，承担起了部分社会与行业治理功能，并不断拓展治理领域；同时对于其他主体，如消费者、公众、社会组织等，参与治理的投诉反馈、监督举报等渠道变得更加便捷、透明。第三是手段变化，更加灵活、高效。就政府而言，在行政、司法、政策手段外，开放场景成为新的社会治理手段；就企业而言，通过制定守则、标准、程序等灵活多样的规则参与到治理当中。此外，数字技术提升了治理的实效性和精准性。

二、新治理能力提升的着力点

（一）强化新治理体系研究

发挥社会智库在思想引领方面的优势，重点强化政府、企业与智库的合作，加强对新经济发展规律和趋势、关键制度障碍等问题研究，建立服务于新经济发展的治理体系。就政府而言，一是联合研究制定新经济生态共治的指导性意见、实施方案等，强化引领效应；二是发挥智库独立客观优势，联合研究界定新经济各参与主体的权责边界，规范政府行为，避免政府与企业各自的责任不当扩大；三是联合研究制定政府场景开放机制，激发企业参与治理积极性。就平台型企业而言，一是联合研究制定多方认可的平台规则体系，围绕经营者准入、信息核验、网络和数据安全保障、信用管理、风险控制等方面规范平台管理；二是发挥智库智力密集、专业突出的优势，立足企业的社会属性，联合研究编制社会责任报告，进一步明确和规范平台型企业的社会责任。

（二）营造良好的监管环境

充分把握新经济创业式创新特点，坚持“促进创新、主体公平”原则，优化政策和监管环境。一是强化政策先行先试。放宽行业准入许可，全面清减不必要的行政干预和审批备案事项；丰富瞪羚、独角兽和哪吒等高成长企业培育、场景建设、数据开放、未来产业和新赛道的政策供给，建立多元主体参与的政策制定和调整机制。二是建立创新导向的监管机制。坚持安全红线、包容审慎理念，通过设置“观察期”“规制沙盒”等方式，允许一时看不准的新业态新模式在“安全空间”内试错；探索信用分类分级监管，根据新物种企业信用等级和风险类型，实施差异化监管。

（三）探索生态治理

充分把握新经济生态化属性，引导企业主体、行业组织、社会公众等多元主体发挥各自特点和特长，探索生态共治。一是坚持政府“掌舵不划桨”原则，加快政府向生态环境的营造者、产业服务的组织者转变，构建创新导向的监管机制。二是鼓励企业发挥平台、技术、数据等优势，积极参与平台治理和社会协同治理。三是鼓励行业协会等社会组织出台行业服务规范和市场竞争自律公约，开展纠纷处理和信用评价，完善行业自律机制。四是利用数字技术，进一步优化和畅通社会公众监督渠道，建立健全投诉举报和监督机制。五是探索敏捷治理机制，鼓励具有不同目标和利益诉求的参与主体之间探索建立利益协商机制，科学合理地化解和解决利益差异化所产生的纠纷与冲突。

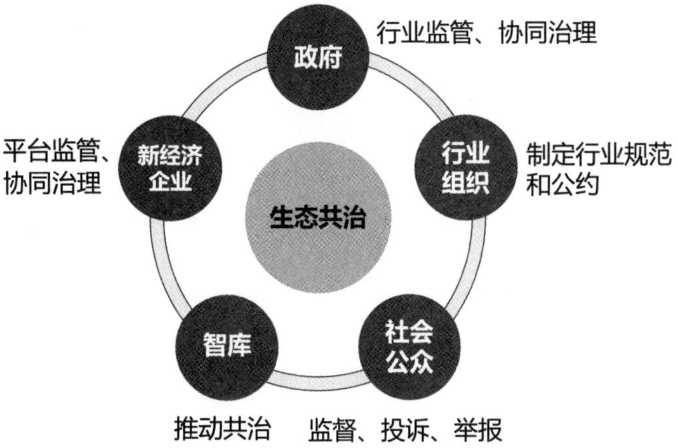

图 12.2　多元主体协同的生态治理

（四）优化数字治理

数据成为新的生产要素，改变了传统的生产关系，数据的治理成为社会热点，数字技术应用提高了治理的效率，成为治理的重要工具。政府和企业作为数据资源的主要掌握者，要积极探索高效互动、监督到位的数字化治理机制。就政府而言，要加快探索建立数据资源确权、流通、交易、应用开发规则和流程，明确数据资源开发利用的顶层设计；要逐步制定和拓宽数据开放清单，加强部门间数据共享及政企数据双向流通；要加强数字政府建设，利用数字技术优化政务服务。就企业而言，要建立严格规范的数据收集、利用和保护机制，规范数据使用行为，确保用户数据安全；要利用数字技术建立和优化平台治理体系和风控管理体系，形成企业利益与社会责任协调共赢的发展格局。

本章小结

本章主要讲述了新经济与新治理，阐述了新治理的内涵与要求，以及新经济发展中的新治理，通过分析新经济发展中的新治理现象，得出了提升新治理能力的着力点。

推荐阅读

• 刘西友著，《新治理：数字经济的制度建设与未来发展》，中国科学技术出版社，2022。
• 徐晨、吴大华、唐兴伦主编，《数字经济：新经济 新治理 新发展》，经济日报出版社，2017。
• 李维安、薛澜等著，《大型企业集团创新治理》，科学出版社有限责任公司，2021。
• 吴超、李卓繁著，《中国特色科技创新治理体系：主体、能力与战略》，天津人民出版社，2021。

思考题

- 请选择 1—2 家创业企业说明新经济发展中的新治理现象。